간헐적
몰입

INTERMITTENT
FLOW

간헐적
몰입

책추남 조우석 지음

진정한 변화와
성장의 마스터키

누군가 내게 인생을 살아가는 데 가장 좋은 친구 하나를 꼽으라면 사람을 제외하고는 당연히 '책'을 손꼽을 수 있을 것 같다. 오직 명문 대학에만 가면 행복할 수 있을 거라는 집단 최면 속에서 감수성 예민했던 나는 유난히도 버거운 청소년기를 보냈다. 집과 학교에서 소위 말하는 수많은 '엄친아'들과 매일 비교를 당했던 나는 완벽하지 못한 나 자신이 너무나도 미웠다. 수학의 정석과 성문 종합영어와 맨투맨을 달달 외워야 하고, 성적이 떨어졌다는 이유로 선생님들의 합법적 체벌을 당연시하던 분위기 속에 내 여린 가슴은 정말 터져버릴 것만 같았다. 인생에는 명문 대학 졸업장과 잘 먹고 잘 사는 것 이상의 의미가 있을 것 같은데, 그 의미를 묻고 싶고, 찾고 싶다고 말하면 '호강에 겨운 철부지'의 배부른 이야기로 취급되어 정말 나만 이상한 사람인 것 같았다. 마치 《꽃들에게 희망을》의 주인공 '줄무늬 애벌레'가 그랬듯이, 《갈매기의 꿈》의 '갈매기 조나단'이 그랬듯이 말이다. 그래서인지 어린 시절, 뜻도 제대로 이해하지 못한 채, 매력적인 동화들을 그냥 그렇게 마냥 좋아했던 것 같다. 마치 내가 줄무늬 애벌레인 것 같고, 갈매기 조나단인 것 같아서….

정말 너무나 간절히 변화하고 싶고, 성장하고 싶었다. 그래서 어린 시절부터 책이라면 만화책, 무협지, 잡지 등 가리지 않고 좋아하기도 했고, 또 많은 선택권이 없었던 청소년기에는 유일한 돌파구였던 책을 닥치는 대로 읽었다. 현실에서 벗어나고 싶은 마음으로, 또 '한 사람의 가능성과 잠재력을 최대로 꽃피게 해 주는 진정한 변화와 성장의 비밀은 과연 어디에 있을까?'라는 질문을 품고 그 어딘가에는 내가 찾는 답이 있을지 모른다는 희망에 읽고, 읽고 또 읽었다. 대학 진학 후에는 1만 권이 넘는 독서는 물론, 갖가지 자기계발 프로그램, 성공학, 리더십, 상담, 영성 수련 등등 다양한 경험을 해보며 이에 대한 답들을 간절히 찾아 헤맸지만, 명확한 답을 찾기는 쉽지 않았다. 마치 흩어져 숨어 있는 보물들처럼 한 알 한 알의 진주알들을 찾을 수는 있었지만, 그 진주알들을 하나의 목걸이로 이어주는 한 줄의 마스터키가 무엇인지 알아차리게 되기까지는 정말 적지 않은 시간과 에너지, 비용과 노력이 들었던 것 같다.

좋은 질문을 가지고 있으면 언젠가는 그 답이 나를 찾아온다고 하던가? 이렇게 변화와 성장이라는 화두를 가지고 살아가던 어느 날 '책추남TV'를 통해 동시성의 인연이 내게 '간헐적 몰입'이라는 핵심 키워드로 선물같이 찾아와 주었다. 본서 《간헐적 몰입》을 집필하면서 그동안 찾아 헤매던 진주들을 하나로 엮어 낼 수 있었다. 평생 화두로 찾았던 '진정한 변화와 성장'의 실마리를 드디어 발견한 것이다. 애벌레 책추남이 나비로 날아오르는 여정 가운데 발견한 소중한 한 알 한 알의 진주알들로 엮인 본서가 여러분에게 아름다운 진주 목걸이와 같은 멋진 선물이 되기를 바란다.

부디 독자 여러분들도 본서를 통해 최고의 나를 일깨우는 위대한 삶의 기술인 '간헐적 몰입'의 지혜를 깨달아 불필요한 불안함과 죄책감에 시달리지 않고 푹 쉴 수 있는, 아니 반드시 편안히 쉬어야만 하는 본연의 영적, 정신적 육체적 권리를 회복하길 바란다. 또한 좌뇌, 우뇌 활용을 넘어 의식, 무의식, 잠재의식까지 아우르는 전뇌를 활용하여 자신만의 잠재력을 온전히 발현하며 애벌레가 나비로 날아오르듯 그렇게 '나답게, 자유롭게, 충만하게' 살아갈 수 있기를 기도 드린다.

따뜻한 오후 햇살 속에 먼 산이 아련히 보이는
아름다운 평창동 한 카페에서
_ 메신저 북튜버 책추남 코코치(Co-Coach)

contents

시간 관리의 시대에서
에너지 관리의 시대로

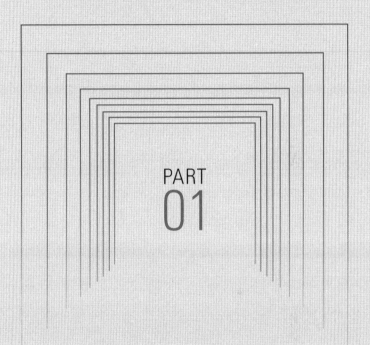

PART
01

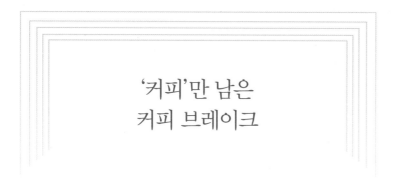

'커피'만 남은
커피 브레이크

　　　　　　　아내는 커피광이다. 신혼집을 구하는 조건도 스타벅스가 10분 거리 안에 있어야 한다는 조건을 걸 정도였다. 그런 아내가 유럽 여행을 갔을 때의 일이다. 종일 걸어 나니다 보니 몸이 노곤해 시원한 아이스 아메리카노 한 잔이 너무나 간절했다. 요즘말로 '카페인 수혈'이 간절했던 것이다. 어서 시원한 커피 한 잔을 들이키고 싶었으나 카페에 아이스 아메리카노를 파는 곳이 없었다. 유럽인들은 미국에서 건너온, 커피의 요상한 변종인 아이스 아메리카노는 잘 마시지 않는다고 했다. 그들은 뜨거운 에스프레소를 한 잔 시켜 노상 카페에 앉아 느긋하게 신문이나 책을 보며 '커피 브레이크'를 즐겼던 것이다.

　　2018년 기준으로 한국인의 커피 섭취량은 1년에 353잔이다. 하루에 한 잔 정도는 꼭 마신다는 결과다. 직장인이라면 누구나 공감할 이야기다. 일과 중에 필요한 커피가 어디 겨우 한 잔뿐이겠는가? 스타벅스의 연중 판매량 1위는 아내의 소울푸드이자, 직장인의 소울푸드가 되어버린 문제의 '아이스 아메리카노'다. 그렇다면 이 문제적 커피는 이제 나만의 문제에서 우리 모두의 문제로 확대된다.

아침에 잠이 덜 깬 정신을 깨우는 음료, 시원하고 빠르게 몸속으로 들어온 카페인은 혈액을 타고 나를 각성시킨다. 그리고 커피를 마신 후에 기대하는, 그리고 바로 실행하는 중요한 행위는 바로 노동이다. 자고로 차와 커피란 향을 음미하는 음료로서 휴식을 취할 때 마시는 기호식품이 아니던가? 그러나 우리에게 커피란 커피 브레이크(Coffee Break)에서 '커피(Coffee)'만 빠르게 차용하는 것이다. 업무에 집중할 수 있고 능률을 올려주는 일종의 부스터와 같은 것이 씁쓸하게도 현대 사회의 '커피'의 진정한 의미처럼 느껴진다.

우리는 잘 사용하지 않는 이 브레이크에 대한 이야기를 해 보려고 한다. 커피에는 이렇게 열광하면서 정작 휴식(Break)에 대한 생각은 어떠한가?

유독 목표가 뚜렷한 삶을 살아왔던 우리는 태어나서부터 성인이 될 때까지, 성인이 되어서도 좀처럼 끝나지 않는 목표를 달성하느라 고된 삶을 살아간다. 좋은 학교, 높은 연봉을 보장하는 직장, 배우자를 만나 내 집을 마련하고, 아이를 낳고 그 아이를 또 나와 비슷한 인생의 굴레로 교육시키며 산다. 개인의 선택은 조금 다를 수 있겠지만 안정된 삶을 향한 인간의 욕망은 비슷한 삶의 모양새를 만든다.

그 안에서 우리는 얼마나 잘 쉬고 있는지 한번 생각해 본 적이 있는가? 안정적이고 풍요로운 미래를 추구하는 것은 언제나 합리적이고 효율적인 인간의 미래 선택 방식이다. 하지만 그것 자체에 매몰되면 우리는 자신도 자연의 일부, 하나의 생명체라는 것을 잊고 살아갈 위험에 빠진다. '나'라는 인간 자체가 아닌 '목표'가 중심이 된 인생은 아주 위험하다. 당신이 나온 학교가, 다니는 회사가, 사는 집이, 당신의 가정이 모두 소중한 삶의 일부일 수는 있지만 그것이 진정한 당신 그 자체일 수는 없다.

《24시간 사회(The Twenty-Four Hour Society)》의 저자인 생리학자 마틴 무어-에드(Martin Moore-Ede) 박사는 이런 쉼 없는 삶에 대해 경고한다. 그는 본디 인간의 신체는 낮에는 활동하고 밤에는 수면을 취하도록 만들어졌다고 설명한다. 하지만 현대 사회는 어떤가? 노동과 휴식의 경계 없이 체력이 뒷받침된다면 우리는 24시간을 일할 수도 있다. 요즘처럼 비대면 업무가 활성화된 시점엔 더더욱 공감할 수 있는 부분이다. 일과 사생활의 경계가 모호해졌다. 디지털 기기만 있다면, 접속만 할 수 있다면 언제 어디서든 회사 업무를 할 수 있다.

하루 만에 지구 반대편으로도 날아갈 수 있고 새벽부터 해외 주식 시장에 접속해 주식 거래도 가능하다. 그러나 문제는 인간이 발전시킨 기술이 인간의 자연적인 신체 능력을 초과해 버렸다는 데 있다. 마틴 무어-에드 박사는 "문제의 핵심은 인간이 만든 문명이 요구하는 것과 뇌와 몸으로 구성된 신체가 요구하는 것 사이의 갈등이다."라며 현대인들의 잘못된 생활 방식을 변화시켜야 한다고 강조했다.

즉 우리는 자연적으로 인간에게 에너지 재충전을 위해 필요한 휴식시간을 무시하고, 이미 가진 에너지를 소모만 하면서 앞으로 나아가고 있는 것이다. 에너지란 동력원이 없이 앞으로 나아갈 수 있다는 것을 상상이나 할 수 있을까? 이렇게 되면 필연적으로 '번 아웃 증후군(Burnout Syndrome)'에 빠지게 된다. 효과성은 물론 효율성에서 큰 구멍이 생기는 것이다.

행동 심리학자 짐 로허와 토니 슈워츠는 《몸과 영혼의 에너지 발전소》에서 이러한 상황의 핵심을 '문제는 시간이 아니라 에너지다'라는 한마디로 정의했다. 이는 '무작정 두드리면 언젠가는 열린다'는 식의, '목표를 달성하기 위해서는 무작정 시간과 노력을 투자하면 된다'는 식의 우리의 오래된 고정관념을 송두리째 뒤흔드는 주장이다. 인간의 창의력이 무기가 된 4차 산업혁명 시대를 살아가는 우리는 이제 시간이 아닌 에너지 관점에서 진정한 효과성과 효율성에 대해 심사숙고해야 할 시점이다.

출근하고, 일하고, 동료와 친구를 만나는 것, 혹은 가사와 육아를 하는 모든 활동 하나하나에는 '에너지'가 필요하다. 하지만 우리는 한 번이라도 우리 삶을 진지하게 에너지라는 관점에서 생각해 본 적이 있을까? 무한정 쓸 수 있는 에너지는 없다. 하지만 인간의 모든 생각과 감정, 그리고 행동들은 언제나 에너지를 소진시킨다. 결국 모든 정신적, 신체적 활동에 에너지를 소진했다면, 당연히 휴식을 통해 다시 에너지를 충전해야 한다. 그래야 다음 활동을 해 나갈 수 있기 때문이다.

우리의 성공과 건강과 행복은 효과적인 에너지 관리에 달려 있다. 즉, 얼마나 간신히 버티며 살아가는가가 아니라, 주어진 시간에 어떤 양과 질의 에너지를 활용하며 사느냐에 달려 있는 것이다. 이제 시간 관리보다 '에너지 관리'가 더 중요한 시대이다.

그러나 여전히 대부분의 사람들은 무작정 최선을 다하는 것을 미덕으로 생각하며 살아간다. 안정적인 일자리를 얻기 위해, 타인의 기대에 부합하는 직업을 가지기 위해서 체력에 버거운 일을 기꺼이 받아들이며 밤낮을 지새운다. 직업을 가진 이후에도 아등바등 하루를 살아가지만 상사가 원하는 일정에 일을 완수해내기란 쉽지가 않다. 대충 끼니를 때우고, 하루 종일 커피를 입에 달고 일과를 보내다가, 저녁이면 잔뜩 쌓인 스트레스를 풀기 위해 술을 마셔 대기도 한다. 이렇게 숨 돌릴 새도 없이 하루가 지나간다. 인간의 몸에 본연적으로 내재된 자연적인 리듬은 생각조차 할 여유도 없이 일과 업무의 홍수 속에서 휴식 시간마저 SNS에 중독되어 소중한 에너지를 급속도로 고갈시키는 일을 당연시하며 간신히 생존하는 삶을 살고 있는 것이다. 그저 최선을 다하고 있다고 착각하며 실제로는 아등바등 간신히 버티며 살아가고 있다.

모든 생명에는 리듬이 있다. 꽃이 피는 역동적 순간에 찬사가 있는 것은 발아 이전에 뿌리를 내리는 아주 고요한 시간이 있기 때문이라는 것을 알아야 한다. 우리는 일개미처럼 쉼없이 성실히 일하는 것만 배웠지 베짱이처럼 제대로 쉬는 법은 배우지 못했다. 인간의 삶은 장기적 관점에서 작은 몰입과 이완의 연속이다. 그리고 그 과정마다 온전히 기쁨을 느끼고 행복을 영위하는 것이 정말 중요한 일이라는 것을 깨달아야 한다.

앞서 가벼운 농담처럼 이야기했지만, 휴식 즉, 브레이크만 빠진 커피가 사실은 생각보다 그리 가볍게 치부할 문제는 아니라고 말하고 싶다. 아직도 늦은 밤 사무실에서, 도서관에서 잡히지 않는 미래와 치열한 싸움을 벌이고 있는 당신이라면 반드시 생각해 보길 바란다. 나에게 있어 '진정으로 충만 삶'이란 무엇인가에 대해서 말이다.

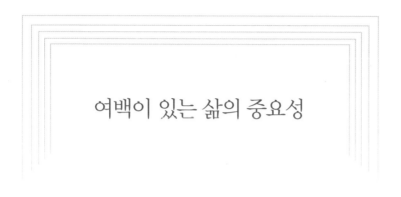

여백이 있는 삶의 중요성

유명한 학원가가 있는 동네라면 노란색 학원 버스들이 인근 도로를 점령하고 있는 것을 아주 심심치 않게 목격할 수 있다. 뜨거운 교육열을 대변하는 웃지 못할 풍경이다. 아마 한국에서 학창 시절을 보냈던 사람들이라면 누구나 이런 풍경에 익숙할 것이다. 실제로 2007년 세계적인 미래학자 엘빈 토플러(Alvin Toffler)가 한국을 방문했을 때, 한국의 교육에 대해 다음과 같이 강도 높은 비판을 했다.

> "한국에서 가장 이해하기 힘든 것은 미래를 짊어질 아이들에 대한 교육이 시대의 발전과 달리 정반대로 가고 있다는 것이다. 한국 학생들은 15시간 이상을 학교와 학원에서 앞으로 존재하지 않을 직업을 위해, 자신들이 살아갈 미래에 필요하지 않은 지식을 배운다고 아까운 시간을 낭비하고 있다. 새벽부터 시작해 밤늦게 끝나는 지금 한국의 교육 제도는 이전의 산

업화 시대의 낙후한 인력을 만들어 내기 위한 것일 뿐이다."

엘빈 토플러가 이런 말을 남기고 한국을 떠난 지가 15년이 지났지만 대한민국의 교육은 크게 달라진 것이 없어 보인다. 소위 명문대를 입학한 학생들을 대상으로 한 인터뷰에선 '하루에 몇 시간을 공부했는가?'는 빠지지 않고 등장하는 단골 질문이다. 성실하게 공부에 투자한 시간을 보상받은 아이들은 또 비슷한 궤적을 그리며 성장한다. 그것이 이 사회에서 성공적인 아웃풋을 내는 방법임을 이미 체득했기 때문이다. 이들이 자라 직장인이 된다면 또 어린 시절부터 몸에 익힌 방법 그대로 '열심히' 일한다. 아침 일찍 출근해 밤늦게까지 자리를 지키는 것이다. 대학과 회사라는 그럴듯한 간판, 월급과 수당이라는 물질적이고 표면적인 목표들이 인생을 잠식했기 때문에 생기는 결과다. 본인이 인식하지 못했던 어린 시절부터 그렇게 길러져 왔기 때문이다.

불행히도 우리는 잘 쉬는 법을 배우지 못했다. 정반대의 사회로 돌아가 보자. 독일의 명상가이자 경영 컨설턴트인 니콜레 슈테른(Nicole Stern)은 《혼자 쉬고 싶다》를 통해 고대 그리스와 로마 철학자들의 휴식에 대해 다루었다. 그들은 아무것도 하지 않고 휴식을 취하는 시간이야말로 인성과 창의력을 계발시킬 수 있는 가장 적합한 시간이자, 필수적인 시간이라 여겼다. 우리가 잘 아는 소크라테스 역시 심심함을 '자유의 동생'이라 말했고, 아리스토텔레스는 '좋은 삶을 살기 위해 양질의 여가가 필수다'라고 말할 정도로 쉬는 시간의 중요성에 대해 강조했다. 로마 시대의 정치가이자 철학자였던 세네카 또한 여가 시간을 삶의 필수 요소로 여기며 인생을 어떻게 살아야 하는지 답을 찾기 위해 《한가함에 대하여(De Otio)》라는 책을 집필하기도 했는데, 책에서 세네카는 휴식은 삶에서 필수적인 요소이며 생활에 균형을 가져다주는 것은 물론, 인간의 존재 이유가 흔들리는 위험에서 구원할 수 있는 중요한 힘이 될 수 있다고 설명했다.

고대 그리스 시대 사람들은 이처럼 일과 휴식의 균형이 자신의 존재 이유를 끊임없이 성찰하도록 돕고, 자신의 잠재력을 최대로 발휘하며 행복하게 살아가는 데 필수적이라고 생각했던 것이다.

행동 심리학자인 짐 로허(Jim Loehr)도 그리스 철학자들과 같은 생각을 전한다. 오랫동안 어떤 것에 완전하게 몰입할 수 있는 능력은 우리의 상식과 다르게 '주기적으로 몰입에서 벗어나는 것'에 있다고 말한다. 즉 일에 대한 몰입과 이로부터 규칙적으로 벗어나는 능력이 중요하다는 의미이다.

이제는 일이 시간의 양이 아닌 질, 그리고 그 질을 최상의 상태로 끌어올려 놀듯이 즐겁게 일상을 살아갈 수 있는 문화, 내 몸과 영혼의 리듬을 자연의 리듬에 순응시키며 살아가는 것이 보편적인 일상이 될 수 있는, 생각의 전환이 필요한 시대가 되었다.

《일만 하지 않습니다》라는 책에 등장하는 진화론의 창시자 다윈의 사례는 매우 흥미롭다. 그가 아침 산책을 즐겼다는 것은 유명한 일화인데, 특히 그는 연구와 휴식을 균형감 있게 즐기면서 연구

자치고는 꽤 여유 있는 하루를 보냈다. 다윈은 아침에 일찍 일어나 산책을 마친 후에는 오전 8시까지는 연구실에서 한 시간 반 정도 연구에 몰두했다. 9시 30분부터는 친구나 동료들에게 편지를 보내며 안부를 묻는 등 지극히 개인적인 시간을 보내기도 했다. 그 이후에는 좀 더 진지하게 연구에 몰두했다. 새장이나 실험용 동물들이 있는 우리에서 시간을 보내다가 정오가 되면 다시 긴 산책을 떠났다.

한 시간 혹은 그 이상의 긴 산책을 마치면 점심을 먹고 또다시 수많은 편지에 답장을 썼다. 오후 3시에는 낮잠을 한 시간 정도 잤으며 낮잠을 자고 일어나면 다시 산책을 나갔다. 5시 30분에 연구실로 돌아와 아내 엠마와 가족들과 함께 저녁 식사를 했다. 다윈의 하루 일과 중에 우리가 일이라고 분류할 수 있는 시간은 하루에 90분씩 세 차례 있었을 뿐이다. 매일 이런 일과대로 생활한 다윈은 과학 역사상 가장 유명한 책이자, 인간과 자연을 고찰하고 지금까지 여러 방면에 영향을 미치고 있는 《종의 기원》을 포함한 19권의 책을 저술했다.

다윈의 하루는 우리가 알고 있는 24시간을 몰두하는 연구자의 모습과 다르게 평온함과 고요함이 깃든 여백의 시간들로 가득했다. 다윈의 위대한 연구 성과는 엄청난 업무량이 아니라 오히려 많은 휴식 시간이 있었기 때문에 가능했던 것이다.

모든 분야에서 그것도 아주 다양하게 '과잉'과 '과열'된 사회에서 우리는 살아가고 있다. 그 속에 사는 사람들은 대체로 바쁘고 뜨겁게 과열되어 있다. 쉴 새 없이 공부하고, 일하고, 매일매일 달린다. 게다가 손에 쥔 스마트폰으로 계속 연결에 연결을 거듭해, 쉬고 있지만 쉴 수 없는 환경을 만든다. 무언가를 하고 있지 않으면 불안한, 우리는 지금 그런 사회에서 살고 있다.

물질적으로 풍요롭게 잘사는 방법에 대해서는 늘 열의를 갖고 대하지만, 자신의 삶에 대한 성찰 혹은 휴식에 대한 고민은 늘 부족하다. 제대로 쉬지도 못하고 제대로 집중하지 못하는 불안과 공허함 속에서 결국 극심한 에너지 불균형 상태를 초래하고 마는 것이다. 이와 반대로 다윈의 삶은 어떤가? 그는 자신의 신체와 감정의 고유한 리듬에 대한 충분한 이해를 바탕으로 내적 잠재력을 최대로 끌어올려 수많은 업적을 남기게 되었다. 다윈의 자연적 리듬에 따라 사는 여유로운 삶은 우리가 가진 에너지의 불균형이라는 큰 숙제에 좋은 힌트를 준다.

노력의 배신

그 어렵다는 다이어트에 성공하거나, 각종 시험에서 합격했거나, 자신의 분야에서 최고가 된 사람을 만나면 우리는 항상 다음과 같은 점이 궁금하다. 그들은 도대체 얼마나 노력해서 성공한 걸까? 여기에서 '얼마'는 대체로 일정 목표에 다다른 시간을 의미하는 정량적인 표현으로 해석된다. 사람에 따라 짧은 시간에 목표에 도달했을 수도 있고, 유년 시절부터 성인이 될 때까지의 성장 과정을 모두 담은 긴 시간이 될 수도 있다. 이 천차만별의 '얼마'라는 기간 속에서 우리는 '그들의 노력은 곧 어느 정도 시간의 투자'라는 공식으로 아주 단순하게 구조화하는 우를 범하기도 한다. 그래서 단순히 성공한 사람의 투자 시간을 자신에게도 곧바로 대입하면 성공이란 것을 할 수 있지 않을까 하는 착각에 쉽게 빠진다. 그리고 결과적으로 우리는 아주 빈번히 실패를 거듭하는 경험을 하게 된다.

이런 실패에 자연스러운 의문이 뒤따르기 마련이다. '열심히 했는데 왜 나는 안 되는 걸까?', '그렇게 많은 시간을 투자했는데도 왜 나는 실패하는 걸까?', '나보다 못한 저 사람은 어떻게 성공하게 되었을까?'처럼 실제 우리가 마주하게 되는 현실은 나보다 늘 노력하지 않은 것 같은 사람이 좋은 학교를 가고, 대기업이나 전문직의 일자리를 얻고, 고액 연봉을 받는 것처럼 보인다. 이는 나뿐만이 아니라 모두가 가질 수 있는 의문이다. 도대체 무엇 때문일까? 그 많은 시간 동안 '노력'했던 것은 왜 물거품이 되는 걸까? 왜 당신의 노력은 자꾸 당신을 배신하는가?

이유는 간단하다. '어떻게'라는 시간의 질과 밀도에 대한 해답은 찾지 못했기 때문이다. 이 해답에 대한 실마리는 안데르스 에릭슨(Anders Ericsson)과 로버트 풀(Robert Pool)의 《1만 시간의 재발견》에서 찾을 수 있다.

'1만 시간의 법칙'은 말콤 글래드웰(Malcolm Gladwell)의 베스트셀러 《아웃라이어》에서 등장해 화제가 된 개념이다. 누구나 1만 시간을 노력하면 최고의 전문가 수준에 다다를 수 있다는 법칙으로, 어느 분야에나 통하는 마법의 주문처럼 많은 독자들의 공감을 얻어 세계적인 베스트셀러로 자리잡았다. 그러나 그 인기만큼이나 1만 시간 법칙의 진위 여부에 대한 많은 논란 또한 야기되었다.

1만 시간의 법칙은 《1만 시간의 재발견》의 지자이자 1만 시간 연구의 창시자인 플로리다 대학교의 안데르스 에릭슨 교수에 의해 철저히 과학적으로 증명된 진실이다. 하지만 말콤 글래드웰에 의해 임의로 편집되어 많은 이들이 무작정 신봉하고 있는 1만 시간의 법칙은 잘못 이해되고 있는 측면이 있다.

말콤 글래드웰은 "각각의 분야에서 최고의 자리에 오른 사람들은 단지 조금만 더 열심히 노력한 것이 아니라, 그들은 엄청나게 노력했다."라고 말한다. 그는 대략 1만 시간의 연습을 하지 않고서는 어떤 분야에서도 전문가가 되지 못한다고 1만 시간의 법칙을 설명했지만, 사실 분야마다 개인마다 필요한 시간은 각각 다르다. 그리고 더 나아가 에릭슨 교수의 연구는 글래드웰이 말한 것보다 훨씬 중대한 의미가 담겨져 있다. 바로 '휴식'에 관한 것이다.

오래전부터 우리는 산업화 시대 교육의 산물로 '얼마나 그 일에 많은 시간을 엉덩이를 붙이고 의자에 앉아 있느냐'에 따라 성공이 결정된다고 믿어 왔다. 별다른 아웃풋 없는 야근일지라도 표창과 같아서 제일 늦게 남아 있는 사람들이 회사에서 대우받는 시대를 살아오기도 했다. 그저 오랫동안 열심히만 하면 다 되는 줄 알았다. 그렇게 오랫동안 해도 성과가 나타나지 않으면 '타고난 재능이나 운이 없어서'라고 생각하며 절망에 빠지곤 한다. 똑같이 열심히 노력하는데 왜 누군가는 더 나은 결과를 얻고, 다른 이는 그렇지 못한가?

에릭슨 교수는 최고 성취를 이룬 전문가들을 대상으로 한 30년간의 연구를 바탕으로 1만 시간의 법칙의 핵심은 '얼마나 오래'가 아니라 '얼마나 올바른지'에 달려 있다는 사실을 밝혀냈다.

즉, 1만 시간 법칙의 핵심은 '무턱대고 열심히 하기'가 아닌 '제대로 열심히 하기'라는 진실을 의미한다. 목표한 1만 시간을 거쳐 최고가 되고자 한다면 시간만큼 중요한 것은 어떻게 그 과정을 보내느냐에 따른 방법과 질, 즉 시간의 밀도를 의미한다.

에릭슨 박사는 이를 '신중하고 정교한 연습(Deliberate Practice)'이라고 설명한다. 이는 말 그대로 대충 시간만 때우는 식의 연습이 아닌, 큰 목표를 이루기 위해 신중하게 일이나 학습과 휴식과 여가를 계획하고 세부 목표들을 정교하게 실행하는 연습이라는 의미이다.

당신의 뜨거웠던 수험생이었던 시절, 혹은 취업 준비생이었던 시절이 생각나는가? 그것도 아니라면 지금 이 순간 그 시기를 겪고 있는 독자라도 좋다. 그때의 나, 혹은 지금 그 시기를 겪고 있는 현재의 나는 어떠한가? 그 기간을 혹독하게 겪은 나 역시 기억이 또렷하다. 그 시간 동안 목표가 있는 사람이라면 누구나 힘들고 고통스러운 인고의 시간을 보내게 된다. 책상 앞에서, 인터넷 강의 화면 앞에서 버티고 또 버틴다. 시간을 쪼개고 쪼개다 보니 밥 먹는 시간, 화장실 가는 시간, 잠자는 시간까지 아깝게 느낄 정도로 우리는 무언가를 열렬히 원했고 그만큼 절박했다. 하지만 미세한 차이로 성과를 내는 사람은 따로 있다. 바로 그 시간을 고도의 집중과 차분한 단계적 목표 실행으로 이끄는, 고밀도의 시간을 보내는 사람들이다.

결국 원하는 것을 얻기 위해선 어떤 시간을 보내느냐가 관건이 된다. 지금 나는 여러분들에게 묻고 싶다. 당신은 그저 불안과 강박에 쫓기는 마음만으로 단순히 시간만 때우며 무의미하게 인생을 허비하고 있는 것은 아닌지 말이다.

그렇다면 어떻게 시간을 현명하게 사용해야 하는지에 대한 물음이 생길 수밖에 없다. 다시 에릭슨 교수의 연구로 돌아가 보도록 하자.

에릭슨 교수는 1993년에 규칙적인 훈련 효과를 검증하기 위해 바이올린 연주자들을 대상으로 특별한 실험을 실시하고 〈전문가 수준의 실력을 얻는 일에서 신중하고 정교한 연습의 역할(The Role of Deliberate Practice in the Acquisition of Expert Performance)〉이라는 논물을 통해 그 결과를 발표하였다.

두 명의 동료 연구자와 함께 진행한 이 실험에서 에릭슨 교수는 베를린 뮤직 아카데미 소속 젊은 바이올린 연주자 30명을 교수들의 평가를 기준으로 3그룹으로 나누었다. 1그룹은 가장 실력이 뛰어난 학생들로 졸업 후 전문 솔로 연주자로 활동할 예정이었다. 2그룹은 그 다음으로 실력이 우수한 학생들로 대부분 오케스트라 단원을 희망하고 있었다. 마지막으로 3그룹은 가장 연주 실력이 낮은 학생들로 졸업 후 진로로 음악교사를 고려하고 있었다. 바이올린을 배우기 시작한 나이는 세 그룹 모두 평균 8세 정도로 비슷했다.

에릭슨 교수는 바이올린 연주자들의 일상생활을 면밀히 관찰했다. 이를 위해 베를린 뮤직 아카데미에 재학 중인 학생들에게 노트를 나눠주고 일주일 동안 매시간 무엇을 했는지 기록하도록 했다.

그리고 각각의 활동에 대해 특정한 기준으로 1~10점까지 점수를 매기도록 했다. 그 3가지 기준은 해당 활동이 연주 실력 향상에 얼마나 도움이 되는가, 얼마나 힘든가, 얼마나 즐거운가였다. 에릭슨 교수의 관찰 결과 졸업 후 전문 연주자를 희망하고 있는 1그룹, 2그룹 학생들은 일주일에 평균적으로 24시간을 연습했다. 반면 3그룹은 9시간 정도 연습하는 것으로 나타났다. 이는 앞의 두 그룹에 비해 3분의 1 정도밖에 되지 않는 시간으로, 절대적인 연습 시간이 연주 실력에 얼마나 큰 영향을 미치는지를 보여주는 결과였다. 하지만 연습 시간보다 더 놀라운 차이가 있었다. 그것은 바로 연습 시간과 휴식 시간의 조합이었다.

30명의 학생들 모두 혼자 연습하는 시간이 연주 실력 향상에 제일 중요한 요소라는 사실에는 동의했다. 또한 그 시간이 가장 힘들고 즐기기 어려운 시간이라고 얘기했다. 하루 평균 3.5시간을 연습하는 1, 2그룹 학생들은 대부분 90분 미만 단위로 연습을 했다. 이들은 되도록 충분한 수면을 취했으며, 특히 오전 시간에 집중적인 연습을 했고 규칙적인 휴식을 취했다. 반면 하루 평균 1.4시간을 연습하는 3그룹은 불규칙적으로 연습을 했다. 종종 오후에 연습했으며, 시간을 미루거나 늑장을 부리는 모습도 자주 보였다.

연습 시간 다음으로 학생들이 꼽은 중요한 요소는 '수면'이었다. 1, 2그룹 학생들은 하루 평균 8.6시간을 잤다. 반면 음악 교사를 지망하는 3그룹은 그보다 1시간 정도 적은 7.8시간을 잤다. 또한 앞의 두 그룹은 3그룹에 비해 낮잠도 더 많이 자는 것으로 나타났다. 음악 교사 지망 학생들의 낮잠 시간은 일주일에 평균 1시간 미만이었고, 연주자 지망 학생들은 3시간 정도였다. 이 연구를 통해 에릭슨 교수는 뛰어난 연주자들은 집중적으로 연습을 하며 동시에 충분히 휴식을 취한다는 결론을 내렸다.

비단 바이올린과 같은 악기 연주에만 국한되는 예는 아닐 것이다. 우리는 그간 무수히 들어왔다. '공부는 체력전이다, 취업은 장기전이다'와 같은 지극히 현실적이고 옳은 그 말을 말이다. 어떤 목표를 이루기 위해서는 내가 가진 에너지를 최대로 끌어내야 하기 때문에 체력적 소모가 대단하다. 어떤 일에도 무너지지 않을 단단한 정신력도 필요하지만, 그 정신력을 든든하게 뒷받침해 주는 것은 체력이다.

며칠 밤을 새워 과제를 마치거나, 업무를 수행한 경험이 있는 사람은 알 것이다. 그 시간 내내 또렷한 집중력을 유지하면서 학업이나 업무를 해내기는 어렵다는 것을 말이다. 카페인의 힘을 빌려 본들 아주 잠시일 뿐, 아주 짧은 시간에 성과를 내야 하는 시험이나 과제, 급박한 업무이면 모르겠지만 우리의 일생을 좌우하는 주요 시험과 관문들은 매우 오랜 시간, 정교하게 쌓아 올린 탑을 만드는 일과 유사하다. 그 일들은 단기간에 온 에너지를 쏟아부어 벼락치기로 만든다 한들 부실 공사로 급하게 쌓아올려 언제 무너질지 모르는 '모래성'과도 같게 된다. 따라서 장기전에 대비하기 위해서 일과 휴식의 균형을 통해 자신의 에너지를 관리하는 일은 매우 중요하다.

결론적으로 에릭슨 교수가 밝혀낸 '월드 클래스 퍼포머(World Class Performer), 세계 최고 수준 성취자'들의 핵심 비결은 2가지로 요약할 수 있다. 첫째는 신중하고 정교한 연습이며, 둘째는 휴식과 몰입의 균형이라는 것이다. 즉 이는 몸과 마음이 아주 편안한 상태에서 최고의 몰입 상태에 도달한 뒤 잠재력을 이끌어내는 것이라 할 수 있다. 이 상태를 유지하면 갑작스럽게 아이디어가 떠오르는 유레카 모멘트를 경험할 수도 있고, 같은 일을 반복하는 악기 연주자나 스포츠 선수들은 계단식 성장 과정에서 수직적으로 성장하는 과정을 경험할 수 있다. 이는 마치 본인에게는 어느 날 문득 갑작스럽게 찾아온 '선물'처럼 느껴질 수도 있겠지만, 사실 그간 수없이 자신을 도닥이고 날래며, 신중하고 정교하세 세심하고 지혜로운 노력을 반복하며 얻은 진정한 결과물인 것이다. 이때 우리는 감히 이 말을 쓸 수 있다. '진정한 노력은 절대로 배신하지 않는다'고.

이 진짜 노력이 바로 '간헐적 몰입(Intermittent Flow)'이다. 이 간헐적 몰입은 번개처럼 왔다가 순식간에 원하는 것만 놓고 가는, 일종의 마법 같은 일이 아니다. 간헐적이라는 사전적 의미처럼 얼마 동안의 시간 간격을 두고 '되풀이하여' 일어나는 현상이다. 그러니 이 간헐적 몰입이 될 수 있는 조건을 만들어 준다면 반복적으로 일어날 수 있는 일이 되는 것이다. 앞서도 설명했지만 간헐적 몰입은 개인의 노력 없이 얻을 수 있는 깜짝 신물도 아니며, 성탄절에만 나타나는 산타클로스처럼 드문드문 나타나는 일도 아니다.

최고 수준의 잠재력을 끌어내는 간헐적 몰입의 순간은 반드시 어떤 조건이 충족되어야 일어날 수 있는 현상이다. 일이나 학업만큼이나 휴식과 놀이 또한 신중하고 정교하게 계획하는 것이 중요하며, 이는 바로 에너지의 활용이 핵심이 된다. 레스트풀 컴퍼니((Restful Company)의 설립자이자 스탠퍼드 대학 객원 연구원인 알렉스 수정 김 방(Alex soojung-Kim Pang) 박사에 따르면 각 분야에서 세계 최고가 되려면 1만 시간의 신중하고 정교한 연습과 1만 2,500시간의 의도적인 휴식, 그리고 3만 시간의 잠이 필요하다고 한다.

최고의 잠재력 계발이란 스스로의 한계를 뛰어넘어 성장하고 자신의 가능성과 삶의 질을 최정상의 경지에 가깝게 하는 일이다. 그리고 우리는 주어진 에너지를 최대로 활용함으로써 이 경지에 다가설 수 있다. 간헐적 몰입을 통해, 우리 외면과 내면에서 양질의 에너지를 최대로 이끌어내고 이를 지혜롭게 활용할 수 있도록 독자들을 돕는 것이 바로 이 책의 목표이다.

당신의 천재성을 이끌어내는 마법의 4시간

하루 중에서 가장 많은 시간을 보내는 곳은 어딜까? 학생이라면 학교가 될 것이고 직장인이라면 회사가 될 텐데, 그중에서도 바로 '책상' 앞에서 많은 시간을 보낼 것이다. 이렇게 시간을 보내 본 사람이라면 모두 공감하겠지만, 사실 학업이나 업무에 몰입하기까지 상당히 많은 시간을 허비하게 된다. 간밤에 있었던 뉴스도 확인하고, SNS도 체크하면 어느새 시간은 금방 흘러가 버리고 만다. 그렇다면 하루 24시간 중 보통 우리가 온전히 집중할 수 있는 시간은 얼마나 될까?

앞서 언급했던 안데르스 에릭슨 교수는 몰입 시간 연구에 따르면 초심자는 하루에 1시간 정도 집중하는 것이 한계인 반면, 고도로 훈련된 전문가는 그 시간을 최대 4시간 이상까지 늘릴 수 있다고 한다. 이는 그가 주 연구 대상으로 삼았던 바이올린 연주자들뿐만 아니라 체스 및 다양한 스포츠 선수들을 대상으로 한 연구에서도 마찬가지로 나타났다. 에릭슨 교수는 이 4시간 전후를 '집중력을 최고로 유지할 수 있는 가장 보편적인 한계'라고 표현했다. 이와 같은 에릭슨 교수의 연구 결과를 통해, 우리는 개인에 따라 최상의 몰입 상태에 머무는 시간에 제한이 있으며, 나아가 훈련을 통해 이 시간을 하루 4시간 전후까지 늘릴 수 있다는 것을 알 수 있다.

알렉스 수정 김 방(Alex Soojung-kim Pang) 박사는 저서《일만하지 않습니다》에서 몰입 시간에 대한 흥미로운 연구 결과를 소개한다. 일리노이 공과대학교 심리학 교수인 레이몬드 반 젤스트(Raymond Van Zelst)와 윌러드 커(Willard Kerr) 교수는 동료들을 대상으로 연구 습관과 그들의 일과 등을 조사했다. 학자들의 성과는 보통 발표된 논문이 지표가 되니, 레이몬드와 윌러드 교수는 학자들이 연구실에 머무는 시간과 그들이 발표한 논문의 개수 역시 함께 조사했다. 결과는 놀라웠다. 당연히 많은 시간을 연구한 학자들일수록 발표한 논문이 많을 것이라는 예상과 달랐다.

학자들의 연구 논문 수는 주당 10~20시간의 연구 시간 사이 구간에서 정점을 찍은 뒤 가파르게 하락하기 시작했다. 즉, 연구실에서 주 25시간을 보내는 연구원들이 5시간을 보내는 연구원들과 논문 개수가 같았던 것이다.

물론 더 많이 자신의 시간을 투자하는 연구원들도 있었다. 그러니까 주당 35시간을 일하는 연구자들은 주당 20시간을 일하는 동료들에 비해 성과물이 절반에 그쳤다. 연구실에 틀어박혀 일주일에 50시간씩 일한 연구자들은 35시간씩 일하는 과학자들처럼 하향 곡선을 그렸다. 슬프게도 50시간 이상 연구에 몰두하는 과학자들은 일주일에 5시간만 일하는 동료들과 결과가 같았다. 연구 시간이 주당 50시간 이상이 되면 그래프가 계속 하락한다. 주당 60시간 이상 연구를 하는 연구가들은 모든 그룹을 통틀어 성과가 가장 낮은 것으로 나타났다.

흥미로운 결과가 아닐 수 없다. 단순히 연구실에서 보내는 시간만으로는 성과를 가늠할 수 없다는 것이며 이는 우리의 일상에도 그대로 적용된다. 오랜 시간을 책상 앞에서 버티지만 그 안에서 무엇을 하는지, 얼마나 집중하는지는 알 수 없다. 결국 성과로 이를 증명해야 하는데 그것이 단지 앉아 있는 시간만으로는 이룰 수 없다는 것을 알게 된 것이다.

학생들을 대상으로 한 동일한 연구 결과도 있다. 조지타운 대학교 컴퓨터과학과 교수로 재직 중인 칼 뉴포트(Cal Newport)는《대학성적 올에이 지침서》를 집필하며 미국의 최고 명문 대학인 하버드, 프린스턴, MIT의 학부생을 상대로 인터뷰를 실시했다. 그는 이를 통해 우등생들이 학점을 기준으로 하여 바로 아래 그룹에 속하는 학생들보다 공부 시간이 적다는 사실을 발견했다. 우등생들은 생산성에서 집중 강도가 차지하는 중요성을 알았으며, 집중력을 극대화하려고 애썼다. 그래서 성과의 질을 낮추지 않고도 시험을 준비히기나 과제를 히는 데 드는 시간을 크게 줄었다. 역사적으로 탁월한 성과를 이루었던 인물들, 이를테면 노벨 문학상 수상자인 토마스 만(Thomas Mann), 앨리스 먼로(Alice Munro)를 비롯한 여러

작가들과, 전 세계 65개국에서 연재되고 있는 만화 '딜버트(Dilbert)'
의 작가 스콧 애덤스(Scott Adams) 등의 몰입 시간을 살펴보아도 4시
간 전후로 유사하다. 이런 다양한 사례들을 통해, 결국 성패는 오
래 앉아 있는 것보다 몰입의 질에 달려 있으며 온전한 몰입의 시간
을 늘리는 것이 중요하다는 것을 알 수 있다. 만약 평균적으로 하루 1
시간뿐인 평범한 우리의 하루 몰입 시간을 4시간으로 늘릴 수 있다
면 어떤 일이 일어날까?

우리의 잠재력을 온전히 이끌어내는 4시간의 온전한 몰입을 위
해 적절한 양질의 휴식을 갖는 것이 필수적이다. 몰입과 휴식의 적
절한 균형을 맞추는 것이 바로 핵심 비결이다. 즉, 제대로 잘 쉬는
사람들이 일도 잘할 가능성이 높은 것이다.

일이 잘 풀리지 않을 때, 업무에 좀처럼 진전이 없을 때가 있다.
그럴 때는 잠시 일을 손에서 놓는 것이 좋다. 되지 않는 일을 붙들
고 있는 것보다 밖에 나가서 걷거나, 피로하다면 잠시 잠을 자는
것도 좋다. 이렇게 몸이 회복된다면 집중력이 달라질 것이고 다시
업무에 빠르게 몰입할 수 있다.

평범한 사람들이 할 수 있는 하루 1시간 정도의 몰입은 차별화
된 성과를 내기에는 다소 부족할 수 있다. 따라서 자신의 영역에서
탁월함을 추구하고 싶다면 하루 4시간이라는 최대의 몰입 시간을
얼마나 자주 이끌어낼 수 있느냐 하는 것이 관건이 된다. 직장인이
하루에 보통 8시간씩 근무하니, 4시간의 온전한 몰입 시간을 가질
수 있다면 평균적인 근무 시간의 절반으로도 수준 높은 성과를 낼

수도 있다는 의미가 된다.

지금까지 살펴보았듯이 우리 내면의 천재성을 이끌어내는 4시간의 온전한 몰입을 지속할 수 있느냐의 여부는 일하지 않는 시간에 얼마나 적절한 휴식을 취해 몸과 마음을 충분히 이완시킬 수 있느냐에 달려 있다. 학습이나 업무를 중심으로 살아가는 우리들에게 아이러니하게도 그 학습이나 업무와 얼마나 거리를 둔 삶의 균형을 유지할 수 있느냐가 온전한 몰입의 시간을 늘려주는 마스터키가 되는 것이다. 이 마법의 4시간은 우리의 한계를 넘어 새로운 나로 거듭나게 해 주는 멋진 시간이 되어 줄 것이다.

일터와 놀이터의
경계를 허물다

앞서 우리는 휴식의 중요성에 대해서 알아보았다. 잘 쉰다는 것은 참 포괄적인 의미다. 몸과 마음을 진정시키며 느긋하게 시간을 보내는 것이 아마 가장 기본적으로 통용되는 휴식의 의미일 것이다. 여기서 중요한 것은 잘 쉰다는 것, 재충전의 시간을 보내는 것은 그저 단순히 늘어져 있는 시간만을 뜻하는 것은 아니다. 정신없이 돌아가는 삶 속에서 방전된 에너지를 온전히 재충전하려면 이 시간을 아주 밀도 있게 보내는 것이 중요하다. 그래서 필요한 것이 취미 활동이다. 우리에겐 생산적이지 않을 수도 있지만 개인에게 충분한 즐거움과 에너지를 주는 시간도 필요한 것이다.

정신과 전문의인 문요한 작가는 자신의 저서 《오티움》에서 '내 영혼에 기쁨을 주는 능동적 여가 활동'을 라틴어 '오티움(Ótǐum)'을 차용하여 설명한다. 저자는 결과나 보상과는 관계없이 그 자체로 목적이 되는 '자기목적적(Autotelic)'인 행위들을 오티움이라고 본다.

자신이 좋아서 스스로 선택하는 이 행동은 과정 자체로 만족감을 주고, 일상에 활기를 주는 아주 중요한 활동이다. 실제로 오티움이 가진 강력한 자기목적성은 몰입으로 이끄는 아주 중요한 역할을 한다고 그는 밝힌다. 우리가 가장 좋아하는 취미 활동을 할 때를 생각해 보자. 가벼운 조깅이나 미술 활동, 악기를 다루는 일도 그런 일에 속한다. 누구의 강제도 없이 스스로 선택하고 그 과정 자체에서 충만한 기쁨을 느낀다. 또 지친 일상에 활력이 되기도 한다. 창의력이 곧 경쟁력인 IT기업에서는 이런 오티움의 성격을 지닌 놀이에 대해 아주 중요하게 생각한다.

실리콘밸리에 위치한 구글 본사인 구글 플렉스(Google Flex)는 거의 놀이동산을 방불케 한다. 이곳은 그야말로 직원의, 직원에 의한, 직원을 위한 공간으로 만들어져 있다. '꿈의 직장'이라고 말해도 과언이 아닐 정도다.

전 세계에서 가장 유명하고 위대한 이 회사의 사무실은 개인 트레이너가 있는 체육관은 물론, 배구장, 볼링장, 인공 암벽장과 수영장까지 갖춰져 있다. 또한 곳곳에 배치되어 있는 자전거로 건물들을 오갈 수 있고, 휴게실마저 온갖 먹을거리와 음료, 최고급 에스프레소 기계가 갖추어져 있다. 마치 여기가 일터인지, 놀이터인지 구분이 안 갈 정도다.

사실 이런 파격적인 근무 환경은 IT업계라는 특수한 직무에 맞추어 직원들의 잠재력과 창의력을 극대화시키기 위해 마련되었다. 전문가들의 철저한 분석 끝에 '휴식과 놀이'를 공간 디자인에 반영

했다. 결과적으로 구글의 직원들은 세계 어느 회사보다 만족감을 느끼며 자신의 일에 온전히 집중할 수 있게 되었다.

구글의 전 수석 부사장인 조너선 로젠버그(Jonathan Rosenberg)는 《구글은 어떻게 일하는가》라는 저서를 통해 구글의 놀이 프로그램과 그 의미에 대해 자세히 설명한다. 그는 아이들이나 할 법한 나무를 오르거나, 밧줄을 타는 로프 코스(Ropes Course)를 통해 팀워크 구축이 가능하다고 설명했다. 독서 클럽은 물론, 요리 교실과 같은 개인적 취미와 관련된 시설도 존재하고, 성격 검사나 그룹별 문제 해결 모임, 심리 검사실도 갖추어 조직 내에서 일어날 수 있는 대인 관계 문제 및 개인의 스트레스 관리도 가능하다. 또한 일터뿐만 아니라 국립공원이나 섬, 해변 등과 같이 일터를 떠나 일할 수 있는 여행 프로그램들도 다양하게 준비되어 있으며, 업무 중 난관에 봉착했을 때면 언제든지 직원들이 휴식을 가질 수 있고, 즐길 수 있는 다양한 스포츠 게임이 가능하도록 본사를 디자인했다고 밝혔다. 이 프로그램들에 직원들뿐만 아니라 구글의 창립자인 래리 페이지(Larry Page)와 세르게이 브린(Sergey Brin)도 함께 참여한다고 한다.

구글의 핵심 인력들은 이러한 공간이 구글의 미래 창조를 위한 혁신성을 유지하고 발전시켜 나가는 데 있어 절대적으로 필요하다고 강조한다.

구글처럼 혁신적인 사무실 문화로 유명한 또 하나의 기업이 있다. 《뉴욕타임스》가 선정한 '세계에서 가장 혁신적인 기업', 창조적 사고법인 '디자인 씽킹(Desgin Thinking)'의 창시 기업이라고 알려진 디자인 회사 IDEO이다.

창립자 겸 회장이자 스탠퍼드 대학 석좌 교수 톰 켈리(Tom Kelly)는 IDEO라는 사업을 한다는 자체가 마치 어린 시절 눈사람을 만드는 것과 같은 '신나는 게임'이라고 믿었다. 스스로가 구태의연한 전통적인 기업이나 조직 문화에 적절치 않다고 판단한 톰은 그의 형인 데이비드 켈리(David Kelly)와 함께 직접 그들만의 사업을 시작했다.

IDEO의 사무실은 정말 아이들의 놀이터와도 같다. 형형색색의 책상과 의자, 기하학적 사무실 배치에 도화지와 색연필이 곳곳에 넘쳐난다. 친징에는 직원들이 타고 다니는 자전거와 전투기 프로펠러 등이 매달려 있다. 벽 여기저기에는 직원들의 아이디어가 가득한 포스트잇과 사진들이 붙어 있다. 흥미로운 점은 가장 전망 좋은 곳이 임원들이 쓰는 사무실이 아니라 직원들이 모두 이용할 수 있는 탕비실과 자료실이라는 점이다.

사실 이 회사에는 직위나 조직도, 고정 보직 같은 것들도 없다. 직원들은 본인이 원하는 팀장과 프로젝트를 택해 집중적이고 자유롭게 일한다. '생각을 막으면 생각이 태어나지 못한다.', '회사에 있는 시간을 사랑하고 뚜렷한 문제 의식을 지닌 열정적 팀이 가장 높은 성과를 낸다.'는 창립자 켈리 형제의 신념 때문이다.

최근 SK와 같은 국내 대기업들 역시 구글과 IDEO 같은 사무실 공간을 벤치마킹하여 직원들에게 휴식과 놀이의 공간을 제공하기 위해 큰 노력을 기울인다. 직원들은 언제든지 업무 중간에 휴식을 취하며 기분을 전환하고, 자유롭게 사고함으로써 창의력을 발휘해 회사에 도움이 될 수 있도록 최대한의 배려를 받고 있는 것이다.

이와 같이 세계 굴지의 기업들이 마치 놀이공원 같은 편안한 휴식과 즐거움을 직원들에게 제공하는 이유는 무엇일까? 직원들이 업무에 임할 때 바짝 긴장되고 예민한 상태보다 편안하고 긍정적인 마음가짐을 유지하고 새로운 관점으로 직무를 대하면, 결국엔 그것이 성과로 이어진다는 것을 파악했기 때문이다. 또한 직원들의 능력과 잠재력을 회사의 가장 중요한 자원으로 파악했기 때문이기도 하다. 이와 같은 이유로 기업은 일터에 쉼터와 놀이터라는 휴식과 즐거움의 공간을 마련함으로써 직원들의 집중력과 창의력을 높이기 위해 노력하는 중이다. 이제 일터는 더이상 단순히 밥벌이를 하는 노동의 현장만은 아니다. 그곳에서 먹고 쉬고 놀고 일하면서 그 자체가 개인의 삶 전체에 녹아들고 있다.

《놀이, 마르지 않는 창조의 샘》의 저자인 스티븐 나흐마노비치(Stephen Nachmanovitch)는 인간의 삶에 있어 '놀이'가 얼마나 중요한 의미를 가지는지에 대해 저서를 통해 설명한다. 그에 따르면 인간은 특정한 목적에 대한 열정적인 반복과 연습에서 즐거움을 얻기도 하시만 '놀이'는 그 자체만으로도 우리에 만족감을 준다고 한다.

놀이를 제대로 경험한 사람이라면 누구나 공감할 것이다. 노는 시간은 짧게만 느껴진다. 시간의 흐름을 잊을 정도로 놀이에 흠뻑 빠져 있기 때문이다. 이렇게 몰입에 빠지게 되면 뇌에서 도파민이 생성되는데, 뇌가 각성되면서 집중도가 높아지고 창의력 발휘에 최적의 상태로 변하게 된다. 이런 상태로 업무에 집중한다면 당연히 높은 성과를 낼 수 있는 것이다. 초일류 기업들이 일터인 사무실을 놀이터라는 쉼과 놀이의 공간으로 변화를 준 것도 바로 이런 부분들에 주목했기 때문이다.

단순하게 '놀이'를 그저 아이들이나 하는 유치한 장난 정도로, 성인이 되면 아무도 하지 않는다고 치부했던 적도 있었다. 근엄하게, 진지하게 일에 임해야 한다는 어른 사회의 암묵적인 룰 같은 것이 존재했기 때문이다. 문화학자인 요한 하위징아(Johan Huizinga)도 유희하는 인간 존재를 '호모 루덴스(Homo Ludens)'라 정의 내린 것처럼, 인간에게 일하는 것만큼 중요한 것이 바로 놀이다. 최상의 몰입도와 만족감을 선사하는 놀이는 인간의 기본적인 욕구이자 권리이다. 따라서 자연스럽게 잘 쉬고, 잘 노는 사람이 성공할 가능성도 더 높아지게 된다.

하지만 안타깝게도 우리 모두가 구글이나 IDEO에 다니지 않는 이상, 조직적으로 자신의 건강과 심리 상태를 관리받을 수는 없다. 그렇다고 낙담할 필요는 없다. 내 상태를 가장 잘 알고 있는 것은 직장 동료도, 친구도, 상사도, 회사도 아닌 자신뿐이다. 나의 심신이 어떤 상태인지, 과중한 업무에 번아웃 직전 상태는 아닌지 면밀히 알아차리도록 노력하며 적절한 휴식을 취하면 된다.

또 나를 즐겁게 하는 업무 외적인 일은 무엇인지에 대해서도 고민해보는 것, 더 나아가 직접 해보는 것이 좋다. 나를 무아지경으로 빠지게 만드는 놀이는 과연 무엇인지, 또 그것이 나의 에너지를 어떻게 충전시키는지에 대해서도 살펴보길 바란다.

여행이나 독서, 운동과 같은 고전적인 취미 활동에서부터 게임이나 캠핑과 같은 활동들, 그러니까 업무적으로 무관한 일을 한다고 시간 낭비라고 생각하거나, 죄책감을 느낄 필요가 전혀 없다. 직장이나 조직에 기꺼이 내어 주는 나의 시간은 낭비라고 생각하지 않으면서, 정작 자신에게 내는 시간을 아까워하는 안타까운 생각은 접어두길 바란다.

앞서 살펴보았듯이 이러한 시간들은 오히려 직장 생활이나 사회 생활에도 확실한 도움이 된다. 놀이를 포함한 취미 활동은 삶의 활력을 채우고, 주도적으로 '긍정적이고 창조적인 자세'를 가질 수 있도록 돕기 때문이다. 이런 분위기가 계속 반복되면 공적인 일과 사적인 일에서 임하는 나의 태도 역시 달라진다. 몰입을 방해하는 잡다하게 자신을 짓누르는 잡념들에서 벗어나 스스로가 상황과 행동을 주도할 수 있게 되는 것이다.

일과 전혀 무관하다고 생각했던 이런 활동들이 모여서 언젠가는 자신의 업무에서 성과를 내는 큰 동력이 될 것이다. 일만큼 중요한 것이 바로 휴식, 그리고 자신에게 큰 몰입과 충만한 기쁨을 선사하는 놀이라는 것을 꼭 명심하자.

간헐적 몰입의 8원리

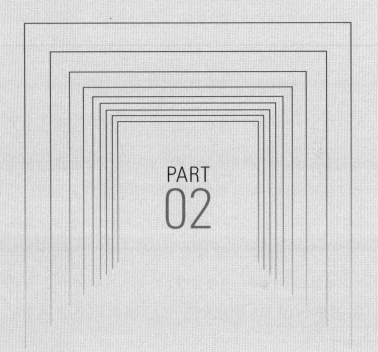

PART
02

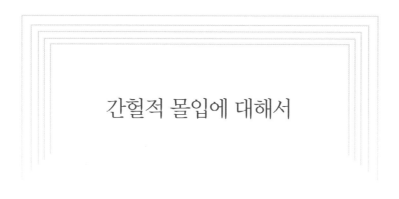

간헐적 몰입에 대해서

몰입(沒入)이란, 말 그대로 어떤 일에 깊게 파고들거나 빠지는 것을 의미한다. 어떤 직업이든 본인의 업무에 깊이 빠져들 때가 있겠지만, 배우란 직업이 특히 몰입을 설명하는 데 적합하지 않을까 한다. 배우가 어떤 배역을 맡았을 때 그들은 극에서 맞닥뜨린 캐릭터의 상황과 사건 등에 깊게 감정적으로 '몰입'한다. 마치 그 역할이 '자신이 된 것'처럼 연기하는 것이다. 이때 우리는 몰입이란 단어를 쉽고 명확하게 이해할 수 있을 것이다.

미하이 칙센트미하이(Mihaly Csikszentmihalyi) 교수가 《몰입의 기술》을 통해 설명한 몰입은 배우뿐만 아니라 더 많은 사람들, 누구에게나 가능한 확대된 의미로 쓰인다. 그가 말하는 '플로우(Flow)'는 어떤 행위에 깊게 몰입하여 시간의 흐름이나 공간, 더 나아가서는 자기 자신에 대한 생각까지도 잊어버리게 될 때를 일컫는 심리 상태를 의미한다. 몰입이라는 표현보다 '흐름(Flow)'이라는 직역이 그 본래의 의미를 잘 나타내 준다. 실제로 칙센트미하이 교수가 최적의 경험 상태를 겪은 사람들을 인터뷰한 결과 공통적으로 '마치 하늘을 자유롭게 날아가는 느낌' 혹은 '물 흐르는 것처럼 편안한 느낌'이라고 묘사하였기 때문이고, 이것은 바로 양질의 에너지가 우리를 관통하여 흐를 때 직접 느끼며 경험할 수 있는 현상이기도 하며, 특정한 사람들에게만 일어나는 일이 아니라는 것이다.

누구나 이런 경험을 한 적이 있다. 자신이 즐거운 일을 하고 있을 때, 친한 친구를 만났을 때 우리는 시간이 어떻게 흘러가는지 잊을 정도로 깊이 그 상황에 빠져든다. 플로우를 경험한 사람들은 이를 '온전한 집중'의 상태에 도달했다고 생각한다. 주의가 산만해지지도 않고 다른 생각이 끼어들 틈도 없는 것이다. 몸과 마음이 모두 깨어 있는 동시에, 일상적인 세상과는 단절된 듯한 고요하고 완벽한 집중의 상태, 그것이 바로 플로우의 경험이다.

칙센트미하이 교수는 플로우를 충만히 경험한 이들의 묘사를 다음과 같이 소개한다.

축구 황제, 펠레(Pele)

"온몸이 이상하게 고요하게 변하는 걸 느꼈어요. 텅 비어 버린 황홀경이라고 할까? 그 상태에 들어서자 온종일 뛰어도 전혀 피곤하지 않을 것 같다는 느낌이 들었죠. 공을 몰고 상대팀 어느 선수가, 아니 그 팀의 모든 선수가 한꺼번에 방어해도 뚫고 나갈 확신이 드는 거예요."

세계 체스 챔피언

"너무나 황홀한 상태여서 자신이 존재하지 않는 것 같은 느낌을 맛보게 됩니다. 나는 이런 경험을 여러 번 거듭해서 경험했습니다. 그런 상태에서 내 손은 더이상 내 몸에 붙어 있지 않지요. 나는 일어나고 있는 일과 전혀 상관이 없어요. 그냥 그곳에 앉아서 경이로움과 놀라움으로 손을 쳐다보고 있을 따름입니다. 스스로 흘러가는 것이니까요."

현대 무용가

"강력한 이완과 차분함이 찾아옵니다. 실패할 거라는 걱정은 없어요. 얼마나 강하고 따스한 느낌인지! 나 자신을 넓혀서 세상을 끌어안고 싶어집니다. 아름답고 고상한 일을 해낼 막대한 힘이 있다고 느끼죠."

암벽 등반가

"불교에서 말하는 선의 경지랄까, 마치 명상이나 좌선을 하는 느낌입니다. 정신 집중을 추구하는 것이지요. 일단 모든 것이 자동적으로 진행되는 경지에 오르면 굳이 생각하거나 행동하지 않더라도 저절로 일이 이루어집니다. 그러면서도 집중력은 더욱 높아지죠."

시인

"어떤 에너지가 몸속을 관통하여 지나가는 느낌입니다. 다만 저는 이런 에너지가 흘러가는 길을 방해하거나 가로막지 않을 뿐이지요. 글을 써 내려 갈 때 무척 지적인 에너지가 몸을 뚫고 흘러갑니다. 이때 집중과 전이가 이루어지는 것은 저의 두뇌가 아니라 에너지인 것이죠. 제 안에 숨어 있는 작가라는 속성이 오히려 글이 자연스럽게 흘러나오는 것을 방해받지 않을 때 비로소 몰입이 나타는 겁니다. 어떻게 방해하느냐구요? 머릿속으로 생각하기 시작하면 지연스리움에 방해기 생기기 시작하는 겁니다."

육아에서 몰입을 경험한 어머니

"아이와 함께 뭔가 할 때, 아이가 뭔가 새로운 것을 배울 때에 삶에서 가장 만족스러운 경험을 느껴요. 아이가 직접 만든 새로운 쿠키나 자랑스러워하는 미술 작품 같은 거죠. 독서도 우리 애가 무척이나 빠져 있는 일이어서 함께 읽기도 해요. 아이가 제게 읽어 주고, 제가 딸에게 읽어 주고, 바로 그럴 때, 바깥세상과 차단되는 느낌이 들면서 하는 일에 완전히 몰두하게 되죠."

칙센트 미하이 교수는 플로우의 유익을 다음과 같이 크게 3가지로 정리한다.

첫째, 플로우는 탁월성의 원동력이 되어주기 때문에 이를 잘 활용하는 사람들은 남들이 생각하지 못하는 수준의 일을 해낼 수 있다.

둘째, 창조력의 근원이 되기 때문에 우리 안의 잠재의식을 깨워 창조성을 활용하도록 해 준다.

셋째, 심리적 에너지의 근원으로 육체적 피곤함이나 스트레스를 사라지게 해 준다.

사실 천재와 평범한 우리의 차이는 다름 아닌 하루 동안 어느 정도의 시간을 몰입할 수 있느냐에 달려있다. 평범한 우리에게 몰입은 의도적으로 들어갈 수 있는 상태라기보다는 어쩌다 가뭄에

콩 나듯이 운이 좋으면 가끔씩 한 번씩 경험할 수 있는 상태인데 반해, 천재들에게는 자신의 의도대로 들어갈 수 있는 상태에 가까운 것이다.

본서에서 '몰입'이라는 단어가 아닌 '간헐적 몰입'이라는 단어를 선택한 이유는 다음과 같다. 기본적으로 깊은 몰입 상태에 들어서는 것은 둘 다 같다. 차이는 '간헐적'에 있다. 간헐적이란 사전적 의미는 '얼마 동안의 시간 간격을 두고 되풀이하여 일어나는 것'이다. 말 그대로 간헐적 몰입은, 몰입의 상태를 의도적으로 반복적으로 일어나게 하는 것을 의미한다. 본서에서는 우리가 의도적으로 우리의 최대 잠재력을 '리드미컬하게 되풀이하여' 이끌어낼 수 있는 이 진짜 노력을 '간헐적 몰입(Intermittent Flow)'이라고 명명하고 탐구해 천재들의 몰입의 비밀을 밝혀냄으로써, 우리 스스로에게 적용해보고자 한다.

보통 몰입이라는 단어에는 '푹 빠져든다'라는 뉘앙스는 충분히 전달되는 데 반해 진정한 몰입을 위해서 꼭 필요한 비몰입의 시간, 즉 무질서한 시간, 게으름의 시간, 빈둥거리는 시간, 휴식과 같은 충분한 이완과 여백의 시간들에 관한 중요성이 간과되는 측면이 있다. 사실 무엇이든 주어진 계획을 열심히 잘 지키는 것, 성실한 것을 미덕으로 삼아온 우리에게 휴식이란 어쩐지 죄책감마저 느끼게 하는 불편한 영역이 된 것 같다.

아무것도 하지 않으면 어쩐지 불안한 우리에게 온전한 휴식이란 과연 가능한 것일까? 소파에 누워 스마트폰이나 TV를 보는 것이 보통의 직장인들이 가지는 휴식이겠지만 이는 진정한 휴식이 아니다. 스마트폰은 인간의 뇌를 끊임없이 깨어 있게 만든다. 스마트폰과 컴퓨터는 진정한 쉼을 가질 수 없게 만들뿐더러 오히려 진정한 몰입을 경험할 수 없도록 방해하고 있다. 이러한 이유에서 우리가 처한 상황 가운데 일과 휴식, 몰입과 비몰입의 역동적 균형의 중요성을 강조하기 위해 '간헐적 몰입'이라는 단어를 선택했다.

간헐적 몰입은 다음과 같은 3가지 의미를 내포하고 있다.

첫째, 간헐적 몰입은 지나치게 애쓰는 느낌을 피하는 동시에 학습이나 일을 통한 몰입긍정적이고 에너지가 높은 긴장 상태과 휴식과 놀이의 몰입긍정적이고 에너지가 낮은 이완 상태이 반복되는 리듬과 박자 감각을 되찾는 것에서부터 시작된다. 우리 내면의 본연적 리듬과 박자 감각의 회복을 의미한다. 또한 무조건 성실히 오랜 시간 앉아 있으면 된다는 우리 문화 속에서 무거운 죄책감이나 부담감 없이 마음껏 자유롭게 휴식과 일의 균형을 맞춘다는 의미를 담고 있다.

둘째, 진정한 간헐적 몰입의 경험이란 신체적으로는 편안하지만 동시에 정신적으로는 고도로 집중된 상태가 됨을 의미한다.

셋째, 간헐적 몰입은 일정한 조건과 환경을 만들어 줄 수 있다면 우리가 삶 가운데 반복적이고 지속적으로 경험하고 누릴 수 있다는 의미를 내포하고 있다.

간헐적 몰입에 대한 이해를 돕기 위해 간헐적 몰입의 프로세스를 전체적으로 개관해 보면 다음과 같다.

간헐적 몰입 프로세스

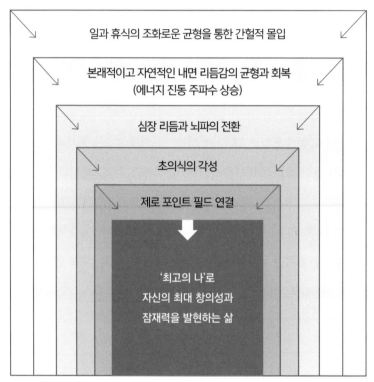

간헐적 몰입은 당신이 더 스마트해지고, 더 창의적이고, 더 행복한 인생을 누릴 수 있도록 돕는 황금 연쇄가 되어 줄 것이다. 간헐적 몰입의 개념과 원리, 방법을 깨달아 많은 사람들이 쉴 때는 제대로 쉬고, 일하고 공부할 때는 제대로 몰입해 탁월한 성과를 누

리는 삶을 살 수 있길 바란다.

이런 선순환이 일어나면 휴식으로 인해 불필요한 불안감이나 죄책감에 시달릴 필요도 없다. 우리는 모두 당당하고 자유롭게 푹 쉴 수 있는 권리가 있다. 반드시 편안하게 쉬어야만 하는 영적, 정신적, 육체적 권리를 되찾고 누림으로써, 좌뇌, 우뇌뿐 아니라 전뇌의 균형 잡힌 활용이 가능해진다. 더 나아가 잠재의식과 무의식, 초의식까지 아우르는 통합 의식 활용의 지혜를 익혀야만 자신만의 창의력과 잠재력을 온전히 발휘하며 살아갈 수 있게 되는 것이다. 그리고 바로 이렇게 조화롭고 균형 잡힌 삶이야말로 행복한 삶을 살 수 있는 지혜의 핵심이다.

사람은 근본 원리를 깊이 이해해야 이에 대한 신뢰를 바탕으로 자유롭게 실제 삶에 적용하고 응용할 수 있기 때문에 다음 장에서는 간헐적 몰입을 위한 8가지 핵심 원리를 함께 살펴보기로 하자.

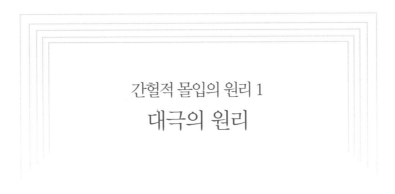

간헐적 몰입의 원리 1
대극의 원리

간헐적 몰입의 첫 번째 원리는 동양 경전의 최고봉으로 손꼽힐 뿐만 아니라, 공자는 물론이고, 양자물리학의 아버지 닐스 보어(Niels Bohr), 아인슈타인(Albert Einstein), 헤르만 헤세(Hermann Hesse), 괴테(Johann Wolfgang von Goethe), 예이츠(William Butler Yeats), 칼 융(Carl Gustav Jung)도 즐겨 읽고 깊이 연구했던, 최근에는 삼성을 비롯한 대기업의 CEO들도 공부하고 있다고 알려져 있는 《주역(The Book of Changes)》에서 잘 묘사해 주고 있는 대극의 원리이다.

태극음양도

우주 만물의 근본 법칙인 대극의 원리는 음과 양이 서로를 필요로 하고, 서로가 보완이 되며 같이 있을 때 비로소 완전하며 전체이자 하나가 된다는 의미이다. 주역 태극의 상징은 이를 간단하고 명료하게 잘 보여준다. 이 대극의 원리를 우리가 몸소 체험할 수 있는 가장 쉬운 사례는 생명과 맞닿아 있는 우리의 호흡일 것이다.

호흡은 들숨이 있어야 날숨이 있고, 날숨이 있어야 들숨이 있는 법이다. 만약 숨을 쉴 때 어느 한쪽만을 지나치게 강조하다가는 굉장히 곤란한 일이 발생하게 될 것이다. 우리의 인생도 삶과 죽음이 맞닿아 역동적 균형을 이루고 있다. 밤과 낮이 있으며, 사람과 동물, 식물도 암수로 구성되며, 원자는 양전기를 띤 핵 주위에 음전기를 띤 전자가 도는 구조로 이루어져 있어, 양측이 반대 극의 성질을 띠면서도 동시에 서로 잡아당기는 역동적 균형을 이루고 있다.

이러한 조화롭고 역동적 균형을 로마 신화에서는 전쟁의 신 아레스와 사랑의 여신 아프로디테가 만나 하르모니아(Harmonia)를 낳는 상징으로 표현된다. 조화로운 균형을 의미하는 하모니(Harmony)는 바로 이 하르모니아에서 유래된 단어이다.

양과 어울리는 태양이 강한 낮 시간에 낮잠이나 명상과 같은 음의 영역을 함께해 주면 건강과 정신 컨디션 향상에도 큰 도움이 된다. 이렇듯 대극의 원리를 잘 아는 것은 우리 삶을 행복하고 풍요롭게 살아가는 데 중요한 지혜가 된다.

칼 융의 수제자 마리아 폰 프란츠(Maria von Franz) 박사는 이러한 대극의 원리를 삶에서 지혜롭게 잘 활용했는데, 그녀가 스위스의 쿠스나흐트에서 룸메이트와 함께 지낼 때, 둘 중 한 사람에게 행운이 생기면 그 사람이 일주일 동안 쓰레기를 치우는 일을 맡았다고 한다. 이는 단순하지만 매우 효과적이었던 행위로, 긍정적인 일이 생길 때마다 반드시 그 일에 수반되는 그림자적인 측면을 청소라는 행동으로 해소시킴으로써 좋은 일의 흐름이 자연스럽게 이어지도록 한 것이다.

이 대극의 법칙은 나 자신의 장점과 단점, 빛과 그림자를 온전히 수용하여 조화로운 사람으로 살아가는 데도 큰 지혜를 선물해 준다. 다음의 예를 살펴보자.

"나는 완벽했어요!" 백조에서 흑조까지 아우르며 광적인 예술혼을 불태웠던, 영화 '블랙 스완'의 주인공 니나의 마지막 대사다. 그녀는 어떻게 완벽해질 수 있었을까?

백조의 호수 공연에서 순수하고 가녀린 '백조' 역을 완벽하게 표현해 내는 발레리나 니나는 갑자기 감독으로부터 정반대의 '흑조' 역할을 제안받는다. 충동적이고 도발적이기까지 한 흑조를 끌어내기 위해 니나는 자신의 내면에 있는 어두운 면모를 드러내기 시작한다.

영화 '블랙 스완'은 예술가의 심리와 인간 내면의 빛과 그림자라는 대극성을 잘 보여 주는 명작이다. 이 영화에서 주목할 부분은 평범하고 성실했던 주인공이 자신도 몰랐던 거칠고 어두운 내면의 세계를 인정하면서부터 '나를 얽매던 나'에서 벗어나는 부분이다. 빛도 그림자도 공존하는 '온전한 나'와 조우하며 해방감과 동시에 온전함을 느끼는 것이다.

'블랙 스완'은 칼 융의 그림자 이론의 좋은 예가 되어주는 영화다. 융은 내면의 세계에 존재하는 어두운 부분, 스스로 인정하고 싶지 않은 단점과 부족한 면들을 그림자라 설명한다. 살면서 그런 경험을 한 번은 해 봤을 것이다. 통제 불가능한 것처럼 행동하거나, 나태하게 그저 시간을 소비하거나, 매번 일을 엉망으로 만들어 버리는 어떤 치명적인 단점들이 누구에게나 있다. 나조차 인정할 수 없는, 자신을 혐오스럽게 만드는 부분들이다.

우주 창조의 기본 원리인 대극의 원리에 따라 인간으로서 빛을 가진다면, 필연적으로 동시에 그림자 역시 가질 수밖에 없다. 광기 어린 동물과 같은 모습도, 이성적으로 이해할 수 없는 모습도 나를 구성하는 다양한 요소 중 일부인 것이다. 이를 인정하고 수용할 수 없다면 온전한 자기 자신에 이르지 못한다고 융은 말한다. 그리고 더 나아가 이 그림자를 인정하고 수용하는 과정이 창의성과 긍정적 에너지를 얻을 수 있는 길이라고 융은 설명했다. 인간 내면의 그림자의 영역을 창조적 에너지가 숨어 있는 '보물섬'이라고까지 표현한 것이다. 디즈니 만화 영화 '알라딘'에서는 커다란 호랑이 동굴 밑에 바로 지니의 램프가 숨겨져 있는데 이는 칼 융이 말한 우리 내면의 그림자가 내포하고 있는 창조적 에너지와 잠재력을 상징적으로 묘사한 부분이다.

'블랙 스완'에서 니나는 자신이 연기한 백조처럼 순결하고 단정한 모습으로 실제 생활을 해 나간다. 하지만 그런 그녀가 갑자기술을 마시고 이성을 만나는 등 방탕한 생활을 하기 시작한 것이다.

그녀 안에 있는 어두운 면을 마주하고 드러내는 순간 그녀는 묘한 해방감 또한 느끼며, 뼈를 깎는 듯한 고통으로 그림자를 받아들이기 시작한다. 그리고 마침내, '온전'이라는 단어를 온몸으로 체험한다. 그간 나를 대표했던 밝은 면의 자신에서 벗어나 어두운 면인 그림자의 나 또한 포용하면서 온전한 나로 다가선 것이다. 그리고 이를 예술적으로 승화시켜 표현해냈다. 완벽하지 못한 자신을 인정하는 순간, 완벽을 느끼는 놀라운 경험을 하게 된 것이다.

완벽하다는 것, 완전하다는 것의 의미는 무결점을 의미하는 것이 아니다. 어둡고 실수투성이인 부족한 면까지 부둥켜 안고 인정하는 것이 바로 내면의 성숙함을 보여 주는, 한 인간 존재로서의 온전함을 의미한다.

칼 융은 내면의 그림자 통합에 대해 다음과 같이 말했다.

"나는 선한 사람이 되기보다 온전한 사람이 되고 싶다. 온전함이란 빛과 어두움을 모두 포함하는 것이다. 그림자란 우리가 외면하거나 숨기고 싶은 자신의 또 다른 모습이다."

분석 심리학자 로버트 존슨(Robert Johnson)도 자기 자신의 그림자를 발견하고 수용하는 일은 심오한 단계의 영적 수행이며, 이 수행은 온전한 자기 자신이 되는 과정이므로 그 자체만으로도 성스럽다고 표현하며, 인간 영혼의 기대치 않았던 원천인 이 그림자를 통합해 나갈 때, 우리는 온전한 삶을 찾아 그 삶의 깊이와 풍요로운 신비를 살아낼 수 있다고 말한다.

따라서 대극의 원리를 이해하는 것은 자기 수용과 자기 사랑에 있어서도 큰 영향을 미친다. 사실 자신의 단점까지 인정하고 받아들이는 것은 매우 힘든 일이다. 보통 쉽게 자신의 강점이나 장점은 수용하면서도 단점이나 약점은 거부하고 밀어낸다. 하지만 이렇게 한쪽만을 지나치게 강조할 때, 다른 한쪽은 그림자 속으로 들어가 같이 자라나게 된다. 대극의 원리에 따라 우리의 단점이나 약점들은 그림자 속으로 숨게 되고, 어느덧 부지불식간에 자라나 삶의 어느 순간에 갑작스럽게 우리 자신을 덮치게 된다. 그 결과 우리는 영문도 모른 채, 더 큰 상처와 아픔을 겪게 되는 경우를 마주하게 되는 것이다. 따라서 이 대극의 비밀을 아는 것만으로도 우리 삶의 예견된 어려움을 지혜롭게 피하는 데 큰 도움이 될 수 있을 것이다.

우리는 대극의 원리를 따라 우주와 인생의 음과 양을, 빛과 그림자가 있음을 인정하고 이를 활용할 수 있어야 한다. 어느 한쪽도 밀어내지 않고 '좋다-나쁘다'의 판단 없이 있는 그대로의 나, 장점과 단점, 좋은 점과 싫은 점을 조건 없이 수용해 나가는 자세가 필요하다. 일상에서 일과 휴식, 유위와 무위의 조화로운 균형을 추구해 나갈 때 온전한 몰입감을 느끼게 된다. 이때 바로 내면의 가능성과 창의성을 온전히 펼치며 살아갈 수 있는 가능성이 열린다. 대극의 원리를 바탕으로 간헐적 몰입의 기초를 튼튼히 세울 수 있게 되는 것이다.

간헐적 몰입의 원리 2
의식 vs 무의식 vs
초의식의 원리

영화 '인셉션'은 주인공인 산업 스파이 도미닉 코브가 꿈속으로 들어가 타인의 생각과 기억을 조작하는 일을 그린다. 코브에게 꿈의 침입을 당한 사람은 본인의 의지가 아닌 누군가에 의해 만들어진 의도대로 행동하게 된다. 이렇게 주인공은 누군가의 무의식에 침투해 정보를 빼 내오거나, 경영 판단을 흐리게 만들어 자신의 이익에 부합하게 만드는 것이다. 기억과 선택에 있어 무의식의 영향력이 어마어마하다는 것을 상징적으로 잘 보여 주는 영화라고 할 수 있다.

우리는 살면서 다양한 선택들 앞에 서게 된다. 살면서 매일 하게 되는 일상적이고 사소한 선택부터, 배우자를 만나거나 직장을 선택하는 등 중대한 결정들도 있다. 보통 본인은 심사숙고 끝에 결정을 내린다고 착각하지만 영화에서처럼 수많은 선택들은 미처 의식하지도 못하는 사이에 무의식적으로 결정되고 만다. 현대 정신분석학의 창시자인 지그문트 프로이트(Sigmund Freud)의 무의식(無意

> "나는 어떤 결정을 내릴 때 그 결과가 가져올 장단점을 꼼꼼
> 하게 살핀다. 그러나 정작 중요한 문제에 대해서는 내 마음
> 어딘가에 자리한 무의식이 결정을 내린다."

그는 우리 마음의 대부분은 의식의 표면 아래에 위치한 무의식 영역에 속해 있으며, 이 무의식이 정신 세계의 대부분을 차지하고, 인간의 행동을 지배하고 행동 방향을 결정한다고 말했다. 그러니 영화 '인셉션'에서처럼 누군가의 무의식을 조종하는 일이 영 허무맹랑한 소리는 아니라는 의미다. '무의식 마케팅'이라는 용어가 존재할 정도로 사실 현대의 많은 마케팅 기법들은 인간의 무의식적인 특성들을 과학적으로 분석해 활용하고 있다.

다시 프로이트로 돌아가 보자. 인간의 심리 구조를 빙산으로 비유해 설명한 그의 이론은 아주 유명하다. 프로이트는 빙산의 물 위로 드러난 부분을 의식, 물에 잠긴 부분은 무의식으로 설명한다. 그는 우리가 의식하고 있는 부분은 사실 수면 위로 드러나 있는 아주 작은 부분에 불과하고, 자각할 수 있는 인식 범위의 밖에 존재하는 무의식은 물 밑에 잠겨 있는 빙산의 거대한 부분처럼 의식보다 훨씬 크다고 말했다.

분석 심리학의 창시자인 칼 융 역시 무의식에 관해 다음과 같이 말했다.

"무의식을 의식화하지 않으면 무의식이 우리 삶의 방향을 결정하게 되는데, 우리는 바로 이런 것을 두고 운명이라고 부른다."

인간이 자신도 모르게 무의식적으로 프로그래밍된 채, 마치 꼭두각시 인형처럼 살아가지 않으려면 자신의 무의식을 의식화해 나가는 노력을 기울어야 하는 것이다.

하버드 대학교 의대 교수로 근대 심리학을 창시한 윌리엄 제임스(William James)도 무의식에 관해 다음과 같이 말했다.

"인산의 무의식 속에는 세계를 움직이는 힘이 있다."

위 세 사람의 이야기를 한마디로 정리하면 '무의식은 우리 삶에 크나큰 영향력을 끼친다'고 말할 수 있다.

무의식은 전문가에 따라서는 잠재의식이라고 부르기도 하는데, 무의식이라는 개념의 폭이 워낙 방대하기 때문에 분야와 전문가, 또 학파에 따라 각각의 정의와 이해가 달라서 아직까지 학계에서조차 통합된 이론이나 개념으로 정리되어 있지 않은 실정이다. 하지만 현대에도 이 미지의 분야에 대한 연구는 활발히 진행되고 있는데, 하버드 경영대학원의 교수이지 무의식 마케팅의 선구자인 제럴드 잘트만(Gerald Zaltman)은 다음과 같이 말했다.

"인간의 인식 활동 중 무의식이 차지하는 비중이 95퍼센트이
며 의식은 단 5퍼센트에 불과하다."

버지니아 대학교의 심리학 교수인 티모시 윌슨(Timothy D.
Wilson) 역시 잘트만 교수와 같은 의견을 펼친다.

"매초마다 사람이 받아들이는 정보는 1,100만 바이트, 그중
의식이 처리할 수 있는 용량은 대략 0.000004퍼센트인 40바
이트 수준이다. 우리의 의식은 빙산 위의 눈덩이 하나에 지나
지 않는다."

이들 주장에 따르면 우리는 하루 중 고작 1~5퍼센트 이하 정
도의 의식적인 희망과 욕구에 따라 움직일 뿐이며, 그 외의 시간은
무의식에 입력된 행동 프로그램에 따라 행동하고 살아가고 있다
는 의미이다. 따라서 주도적인 삶을 살아가고 싶은 이들이라면 너
무 익숙해 인식조차 못했던 자신의 행동들을 다시 한번 돌이켜봐
야 할 것이다. 예를 들어 식후에 습관적으로 커피를 마시고, 특정
한 이성에게 반복적으로 이끌리며 또 매번 같은 실수를 반복하는
등 우리는 일상생활에서 제대로 인식도 하지 못한 채, 무의식적 패
턴에 막대한 영향을 받으며 살아가고 있기 때문이다.

하지만 이러한 무의식을 의식화할 수 있다면, 즉 자신의 무의식
적 패턴을 인식할 수 있게 된다면 어떨까? 사실 수면 아래 거대한

빙산과 같은 방대하고 불가해한 무의식을 모두 의식화한다는 것은 불가능하겠지만, 그래도 우리가 할 수 있는 한 의식화해서 자신을 성찰할 수 있다면 꼭두각시와 같은 운명을 지닌 삶이 아닌 자신이 진정 원하는 삶으로 조금씩 다가설 수 있을 것이다.

세계적인 베스트셀러 《끝나지 않은 여행》의 저자이자 저명한 정신과 전문의인 M. 스캇 펙(M. Scott Peck)의 다음 이야기를 유념해서 들어야 할 필요가 있다.

> "우리는 언제나 우리가 믿고 있는 자신보다 모자라거나 넘치는 능력을 갖추고 있다. 그러나 무의식은 우리의 참모습을 알고 있다. 여러분이 자기 자신을 오랫동안 열심히 이해하려고 하면, 자신이 거의 알지 못하는 마음의 큰 공간에 무의식적인 부분이 상상할 수 없는 보물창고를 지니고 있음을 발견하게 될 것이다. 문제는 모든 것에 대한 우리의 무의식이 의식보다도 더 큰 지혜를 지니고 있다는 것이다."

이처럼 내가 미처 알아채지 못하고 있지만 내 삶에 막대한 영향을 미치고 있는 무의식에 대한 특징을 이해한다면 우리 삶에 매우 유용할 것이다.

여러 학자와 전문가의 이야기를 종합해서 정리해 보면 무의식은 다음 12가지 특징을 가지고 있다.

무의식의 특징

1 무의식은 감정에 크게 영향을 받는다.
2 무의식은 생생한 심상, 즉 이미지에 큰 영향을 받는다.
3 무의식은 자주 반복되는 것에 큰 영향을 받는다.
4 무의식은 현실과 상상을 구분하지 못한다.
5 무의식은 시간 개념이 없다. 즉 과거, 현재, 미래를 구분하지 못한다.
6 무의식은 부정형 문장을 이해하지 못한다.
7 무의식은 옳고 그름, 진실과 거짓을 판단하지 않는다.
8 무의식은 긴장이 풀린 이완 상태에서 효과적으로 작용한다.
9 무의식은 모든 주어를 1인칭으로 이해한다.
10 무의식은 잠들지 않는다.
11 무의식은 의식만큼 균형 잡히고 실질적인 힘이며 의식보다 더 큰 지혜가 숨어 있다.
12 한 사람의 무의식은 다른 사람들의 무의식과 깊이 연결되어 있다. 때문에 한 사람의 강한 생각은 주변에 사람들과 환경에도 영향을 미친다.

무의식이 어느 날 갑자기 나타나 나의 행동과 결정을 쥐락펴락하는 것은 아니다. 아주 어린 시절부터 쌓인 수많은 생각과 감정, 경험들이 녹아들어 프로그래밍된다. 많은 사람들이 이 패턴에 따라 형성된 고정관념이나 편견에 갇혀 일생을 살아가게 된다. 이렇게 자신의 무의식을 자각하지 못한다면 인간은 필요 없는 에너지를 다량으로 낭비하면서 원인도 모른 채 같은 실수와 실패를 반복하면서 끝내 원하는 것을 얻지 못하고, 아니 진정으로 자신이 원하는 것이 무엇인지도 모른 채, 막연한 삶을 살아가게 되는 것이다.

따라서 내 안에 있는 무의식의 부정적인 패턴을 의식화하여 수용하거나 변화시킬 수 있는 지혜를 갖는다는 것은 인생의 필수적인 과제라 할 수 있다.

다음은 빙산이 떠 있는 대양으로 비유해 볼 수 있는 초의식에 대해 조금 더 살펴보도록 하자.

다사카 히로시는 자신의 저서 《운을 끌어당기는 과학적인 방법》에서 인간의 의식 구조를 다음과 같이 더 세분화하여 설명한다.

첫째, 개인적 의식 세계

둘째, 집합적 의식 세계

셋째, 개인적 무의식 세계

넷째, 집합적 무의식 세계

다섯째, 시공간을 뛰어넘은 초의식의 세계

즉 초의식이란 의식과 무의식을 초월한 의식의 세계를 의미한다. 인간은 이 초의식의 상태에서 양자물리학자들이 말하는 무한한 정보와 에너지의 근원이 되는 '제로 포인트 필드(Zero Point Field 영점장)'와 연결될 수 있다.

우리가 간헐적 몰입을 통해 궁극적으로 깨우고자 하는 것이 바로 이 초의식이다. 초의식 상태에 다다르면 제로 포인트 필드와 연결되는데, 이때 사고력과 창조력, 기억력이 놀랍게 활성화되어 자신의 잠재력과 내재된 천재성을 최대로 발휘할 수 있는 상태가 된다.

다사카 히로시는 제로 포인트 필드와의 연결을 통해 직관이나 예감, 호기, 동시성과 같이 우리의 통제 밖의 영역이라 생각했던 부분들을 활성화시킬 수 있고 이 부분을 발달시켜 결국 좋은 운을 끌어당길 수 있다고 주장한다. 이 놀라운 제로 포인트 필드에 대해서는 간헐적 몰입의 8원리 '제로 포인트 필드의 원리'에서 조금 더 자세히 설명하도록 하겠다.

이렇게 의식하는 마음을 넘어 나도 모르는 내 마음인 무의식과 초의식 원리에 대한 이해를 바탕으로 '나'를 새로운 차원에서 인식하는 것은 간헐적 몰입의 삶을 위한 중요한 지혜가 된다.

간헐적 몰입의 원리 3
가짜 나 vs 진짜 나의 원리

각 분야의 최고 경지에 오른 사람들을 가끔 만날 수 있다. 운동 선수나 예술가처럼 천부적 재능을 타고난 것은 물론, 방대한 연습 시간까지 너해져 세계 최고 수준의, 그야말로 '그랜드 마스터(Grand Master)'가 된 사람들이다. 이들에게 도대체 당신의 경쟁자는 누구냐고 묻는다면 십중팔구 이렇게 대답할 것이다. '바로 나 자신'이라고 말이다. 그들은 그렇게 스스로를 넘어서 자신을 초월한 경지에 이른 것이다.

이런 대단한 사람들이 아닌 평범한 우리들의 인생 또한 정도의 차이는 있지만 사실 마찬가지다. 인생에서 가장 무서운 경쟁자는 등수를 엎치락뒤치락하는 반 친구도 아니고, 입사 동기도 아닌 바로 '스스로를 가로막는 나'다. 큰 시험을 준비할 때, 다이어트를 할 때, 조직에서 승진을 열심히 준비힐 때 우리는 스스로를 가로막는 나를 여실히 느끼게 된다. 이렇게 지속적으로 나를 가로막는 나로부터의 위협과 유혹들을 이겨나가야 하고 포기하고 싶은 순간에도 이를 극복하며 계속 나아가야 하는 것이 우리의 인생이다. 누구라도 인생에서 다음 단계로 넘어가기 위해서는 끊임없이 나를 가로막는 나 자신을 넘어서야 하는 것이다. 그렇다면 어떻게 하면 이런 나를 극복할 수 있을까?

스포츠계의 역사를 획기적으로 바꾼 티모시 걸웨이(Timothy Gallwey)의 《테니스 이너게임(The Inner Game of Tennis)》이란 책이 있다. '마음으로 배우는 테니스' 정도로 번역할 수 있는 이 책은 이너게임의 원리에 대해서 설명하는데 스포츠는 물론 교육, 기업 경영, 의료, 음악 등 다양한 분야에 적용되고 있다. 제목처럼 책은 실제 경기장 안에서 일어나는 외부의 게임보다 내 안에서 일어나는 내면의 게임의 중요성을 강조한다. 티모시 걸웨이에 따르면 우리 마음 안에는 '셀프 1(Self 1)'과 '셀프 2(Self 2)'라는 두 개의 '자기(Self)'가 공존하고 있다고 한다. 셀프 1은 가혹한 심판관이다. 주로 비판하고 판단하고, 깎아내리는 반면 셀프 2는 타고난 우리 본연의 모습에 가깝다. 즉 셀프 1이 바로 스스로를 가로막는 나의 정체인 것이다. 티모시 걸웨이는 내면의 셀프 1 모드를 끄고, 본연의 모습에 가까운 셀프 2 모드를 켜면 누구라도 큰 노력 없이, 무엇이든 자연스럽게 배울 수 있다고 주장한다. 이때 우리의 배움이 가장 효과적이며 극대화된다는 것이나.

이너게임의 '셀프 1, 2'와 유사한 개념을 다양한 문화권에서 유래한 종교와 철학에서 찾아볼 수 있다. 유교에서는 소인(小人)과 대인(大人)으로, 불교에서는 이를 가아(假我)와 진아(眞我)로, 유대 기독

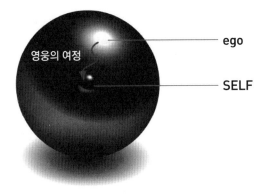

교 문화에서는 옛사람과 새사람으로 표현하고 있다. '거짓 나(ego)'
와 '참된 나(SELF)'라는 두 가지의 나는 인간이 자신을 이해하고 진
정으로 원하는 것을 찾아내는 데 있어 가장 먼저 이해되어야 할 개
념이다. 위의 이미지와 다음 노표들이 이 개념을 이해하는 네 도움
을 줄 것이다.

　프로이드의 빙산 비유처럼 인간의 정신 구조를 상징하는 다양
한 모형이 있지만, 본서에서는 이해를 돕기 위해 칼 융의 인간 정
신 모델을 참조하여 위와 같은 구(球)의 형태로 쉽게 표현해 보았
다. 그리고 구 이미지에 표기했듯이 인간의 인생이란 구 표면의 가
짜 나인 에고(ego)에서 구 중심의 진짜 나인 셀프(SELF)를 찾아가는
'영웅의 여정'이라고 말할 수 있다.

	ego	영웅의 여정	SELF
미운 오리 새끼	미운 오리		백조
해리 포터	찌질한 고아		위대한 마법사
라이온 킹	한심한 사자		위대한 왕
매트릭스	평범한 프로그래머		네오: 구원자
갈매기의 꿈	갈매기 떼		위대한 갈매기
피노키오	꼭두각시 인형		사람
신데렐라	재투성이 하녀		공주
미녀와 야수	야수		왕자
꽃들에게 희망을	애벌레		나비
불교	가아		진아
유교	소인배		군자
기독교 (유영모)	겉사람&옛사람 (제나)		속사람&새사람 (얼나)

영웅의 여정을 암시하는 사례들

　간헐적 몰입을 기반으로 한 라이프 스타일로 살아갈 수 있으려면 위와 같이 우리 안에는 '두 명의 나'가 있다는 사실을 알고 궁극적인 인생의 목적이 진정한 내가 되기 위해 사는 것임을 깨닫는 것이 굉장히 중요하다. 왜냐하면 '어떤 내'가 삶을 주도하느냐에 따라 인생이 달라지기 때문이다. 행복하고 충만한 삶을 살 수 있을 것인가? 아니면 불안과 초조와 산만함으로 불행한 삶을 살아갈 것인가는 바로 2가지 나로 인해 결정된다.

	에고(ego) 중심의 삶	셀프(SELF) 중심의 삶
감정 상태	두려움 불안 초조 좌절 불행 죄책감 수치심	기쁨 즐거움 사랑 용기 행복감 자유로움 자부심
결과	불안정한 심리 상태 산만하고 초조함 흥분하고 동요되기 쉬운 심리 상태 근육의 긴장 낮은 수준의 그저 그런 성과	안정된 심리 상태 높은 집중력 몰입 근육의 이완 높은 수준의 탁월한 성과
삶의 양태	불행한 삶	행복한 삶

위의 도표는 데이비드 호킨스(David Hawkins) 박사의 《현대인의 의식 지도》를 참고하여 각각 에고와 셀프가 주도하는 삶의 형태에 대해 정리한 것이다. 에고에게 점령당한 삶은 무언가 늘 공허하다. 본인도 인지하지 못하는 채워지지 않는 욕망이 있기 때문이다. 마치 맞지 않는 신발을 신은 것과 같이 불편하고 불안한 삶을 살게 된다. 하지만 셀프를 찾은 삶은 어떨까? 내면 깊은 곳으로부터 원히는 것을 제대로 알고 이를 온전히 누리며 자기답게 살아가는 것만큼 행복하고 충만한 일은 없을 것이다.

사실 우리 안에 두 명의 내가 존재한다는 진실을 담고 있는 동화를 어린 시절부터 들어왔다. 바로 안데르센의 유명한 동화《미운 오리 새끼》이다. 백조로 태어난 미운 오리 새끼는 단 한 번도 오리인 적이 없었지만; 오리 사이에서 자라나 자신을 '못난 오리'라고 즉 에고라고 잘못된 동일시를 하게 된다. 미운 오리 새끼는 '백조'라는 진정한 자신의 정체성은 잊은 채 주변의 인정을 갈구하며 '예쁜 오리'가 되기 위해 헛된 노력을 하다가 갖은 고난을 겪는다. 그러다가 혹독한 겨울까지 지내고 간신히 살아남아 성체 백조가 되어 물에 비친 자신의 모습이 백조임을 즉, 셀프임을 인식한 후에야 진정한 자신인 백조로 날아오르게 된다. 이 이야기가 바로 에고와 셀프의 깊은 지혜를 담은 동화이다.

마치 자신을 미운 오리 새끼로 착각한 백조처럼, 우리 역시 가짜 나인 에고가 자신이라고 믿으며, 근본적으로 가능하지 않은 예쁜 오리가 되기 위해 아등바등 살아가고 있는 것은 아닐까? 만약 우리가 외모, 학력, 직업, 재산 등 진정한 나일 수 없는 것들과 자신을 동일시하며, 남들이 설정해 놓은 기준에 맞추어 살아가기 위해 아등바등하며 예쁜 오리가 되려고 허상의 삶을 살아가고 있다면 말이다. 이렇게 내가 아닌 타인에게 내 전체 삶을 맡겨 놓고는, 아니 맡긴지도 모른 채 소모적으로 살아가다가는 언젠가는 인생의 고비를 필연적으로 마주하게 될 것이다. 깊은 공허감과 덧없는 후회에 시달리며 '내가 원하는 것은 이런 삶이 아니었다'라고 허탈하게 말하게 될지도 모르는 것이다.

하루라도 빨리 내 안의 백조, 즉 진짜 자신의 모습임을 알아야 진정한 삶이 시작될 수 있다. 결국 궁극적 인생의 목적은 다른 무엇도 아닌 '진정한 내'가 되기 위해 사는 것임을 깨달아야 한다는 것이다. 그래야 진정으로 행복하고 충만한 삶을 살 수 있다.

그렇다면 우리는 어떻게 잃어버린 진짜 나, 셀프를 찾아 나갈 수 있을까?

조지프 캠벨(Joseph Campbell)의 영웅의 여정 서사 구조에서 그 힌트를 찾아보도록 하자. 비교신화학자인 조셉 캠벨은 세상에 존재하는 다양한 신화와 민담, 동화들을 분석한 결과 각각 처한 환경은 차이가 있지만 그들이 실행한 모험의 이야기 속에서 공통점이 있다는 것을 발견했다. 그는 그것을 자신의 저서《천의 얼굴을 가진 영웅》에서 '영웅의 여정(Hero's Journey)'이라고 명명한다. 주인공은 일상에서 비일상의 세계로 여행을 떠난 뒤 온갖 고난의 과정을 거쳐 단단하게 성장해 다시 일상으로 돌아온다는, 우리에게 매우 익숙한 구조를 가지고 있다.

이 영웅의 여정 이야기가 바로 수천 년 전 각국의 부족들이 좋아했던 신화와 민담, 현대인들이 즐기는 '스타워즈', '반지의 제왕', '해리 포터' 등과 같은 인기 영화와 소설은 물론 드라마에 이르기까지 시대와 공간을 초월하여 인류 내면에 공명하는 원형적 이야기인 것이다.

영웅이라는 단어가 주는 느낌 때문에 영웅의 여정은 마치 역사적, 사회적으로 대단한 인물에게만 해당하는 이야기로 여겨질지도 모른다. 하지만 영웅의 여정은 특정한 누군가에게만 해당하는 특

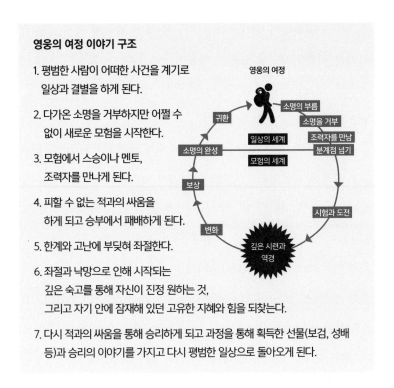

영웅의 여정 이야기 구조

1. 평범한 사람이 어떠한 사건을 계기로 일상과 결별을 하게 된다.

2. 다가온 소명을 거부하지만 어쩔 수 없이 새로운 모험을 시작한다.

3. 모험에서 스승이나 멘토, 조력자를 만나게 된다.

4. 피할 수 없는 적과의 싸움을 하게 되고 승부에서 패배하게 된다.

5. 한계와 고난에 부딪혀 좌절한다.

6. 좌절과 낙망으로 인해 시작되는 깊은 숙고를 통해 자신이 진정 원하는 것, 그리고 자기 안에 잠재해 있던 고유한 지혜와 힘을 되찾는다.

7. 다시 적과의 싸움을 통해 승리하게 되고 과정을 통해 획득한 선물(보검, 성배 등)과 승리의 이야기를 가지고 다시 평범한 일상으로 돌아오게 된다.

별한 이야기가 아니다. 우리 모두가 살아 내야 할 삶의 이야기, 즉 인류 전체가 각자 자기 자신의 삶이라는 여정에 있어서 영웅이라는 것을 의미한다.

그래서 조지프 캠벨은 "인간의 인생이란 곧 영웅의 여정이다. 영웅이란 스스로의 힘으로 자아 극복을 위한 기술을 완성한 인간이다. 영웅이란 자기만의 길을 걸어가는 사람, 자신만의 '블리스(Bliss : 천복, 지복 – 경외감, 매혹, 신비, 희열 등의 의미를 포함)'를 찾아, 그 길을 따라 걷는 사람, 수많은 사람이 세상의 거대 흐름에 휩쓸려 무엇을 위해 태어났는지조차 가늠하지 않고 급류에 휩쓸려 갈 때,

그 흐름에 대항하여 태어난 고유 의미를 찾아 남들이 가지 않는 길을 가는 사람이야말로 진정한 영웅이라고 한다. 영웅적인 모험 여행의 목적지는 바로 당신 자신이며 당신 자신을 발견하는 것이다."라는 말로 인간의 삶을 설명했다.

결국 영웅의 여정 서사 구조는 인생에서 진정한 나(SELF)를 찾아가는 여정과 다름없다. 편안한 일상에서 낯설고, 어색한, 전혀 다른 비일상으로 나아갈 때, 우리는 성장할 수 있다. 안주하지 않고 끊임없이 도전하며 자신을 초월해 나가야 하는 우리의 인생이 바로 영웅의 여정인 것이다. 그리고 이것은 결코 쉬운 일은 아니기에 다름 아닌 '영웅(Hero)'의 여정이라고 일컫는 것이다. 무의식적으로 자신과 동일시해 온 에고의 존재를 일아차리고, 이를 극복해 나갈 때야 비로소 셀프에 다다를 수 있는 험난하면서도 흥미진진한 모험이자 여정이 시작되는 것이다. 이처럼 우리 내면에 가짜 나인 에고와 진짜 나인 셀프가 존재한다는 사실을 인식하고, 이 두 존재의 균형을 맞추고 통합할 줄 아는 지혜와 실력을 기르는 것은 간헐적 몰입을 위한 중요한 원리 중 하나가 된다.

간헐적 몰입의 원리 4
비움과 채움의 원리

"Less is More." 직역하면 적을수록 좋다. 조금 더 부드럽게 의역한다면 간결한 것이 아름답고 좋은 것이라고 표현할 수 있겠다. 전 세계적으로 미니멀리즘(Minimalism) 이란 생의 가치관이 큰 반향을 일으키고 있다. 미니멀리즘은 본래 단순하고 간결한 것에서 오는 미학을 기조로 한 문화 사조이지만, 현재는 불필요한 것들을 제거하고 최소한의 소유와 소비로 인생의 진정한 의미를 찾는 일종의 삶의 가치관으로까지 의미가 확장되어 사용되고 있다.

조슈아 필즈 밀번(Joshua Fields Millburn)과 라이언 니커디머스(Ryan Nicodemus)는 《미니멀리스트》의 저자로 앞만 보고 달려왔던 성공한 직장인이었다. 누구나 부러워할 만큼 돈도 많이 벌었고 물질적인 부분에서는 전혀 부족한 것이 없었다. 하지만 그들은 표면적으로는 거의 모든 것을 다 이루었지만 전혀 행복하지 않았다고 고백한다. 오히려 더 소유하려 할수록 고통은 커져 갔다. 주

70~80시간을 일하며 얻은 몸의 과부하는 물론 걱정과 스트레스, 불안감은 커졌고 우울증까지 겪는 심적 고통을 겪어야 했다. 그들은 명백히 불행한 삶을 살고 있었던 것이다. 모든 것을 다 갖춘 것처럼 보였던 그들의 삶은 심신의 건강도, 열정도, 진지하고 헌신적인 인간관계에도 모두 구멍이 나 있었다. 공허한 삶 그 자체였다. 그간 정작 자신에 대해서는 관심이 없던 그들은 내면의 소리를 듣지 않았기 때문이다. 그래서 그들이 선택한 것이 바로 미니멀리스트로서의 삶이다.

필요하다고 생각했던 것들, 먼저 자신을 둘러싸고 있던 물건들부터 정리해 나갔다. 그중에 대부분의 것들이 실제 자신의 삶에 필수품이 아니라는 것을 깨닫기 시작했다. 수변을 정리하니 태도가 바뀌었다. 진짜로 원하는 삶, 그리고 자신에 대해 다시 생각하는 시간을 가지기로 한 것이다. 그랬더니 무의미했던 삶에 활기가 돌기 시작했다. 소비에만 집중되었던 삶에서 벗어나 인간관계를 회복하고, 그간 미루었던 건강을 돌보았다. 소모만 되던 사회 속의 나로부터 벗어나 진정으로 성장할 수 있는 기회가 무엇인지 성찰하고 또 사회에 기여할 수 있는 부분은 무엇인지에 대해 생각하게 된 것이다. 그렇게 인생의 가치를 찾은 그들은 비로소 '진정한 부자'의 의미가 무엇인지 알게 되었고, 돈으로 환산할 수 없는 풍요로운 삶을 만났다고 설명했다.

미니멀리스트가 되기 전 그들은 우리의 모습과 전혀 다름이 없었다. 열심히 일하고 열심히 소비한다고 생각했지만 언젠가부터 주객이 전도된 느낌이다. 더 많이 쓰기 위해, 채워지지 않는 욕망을 채우기 위해 벌어야만 한다. 소비할 수 있는 부분은 무한정이지만, 내가 가진 자원은 유한하다. 물건들이 나를 속박하고, 가져야만 하는 것들은 어깨를 짓누르기 시작한다. 사실은 이 모든 것이 인생의 필수적인 요소들이 아님에도 불구하고 집착하고 열망한다. 이렇게 살면 진짜 인생의 가치와, 앞서 설명한 진짜 나인 셀프와는 멀어진다. 진정한 나는 자각하지도 못한 채, 물질에 대한 소유욕과 집착이 무의식적으로 내 삶을 지배하는, 가짜 나인 에고로서 평생을 불행하고 초조하게 살아가게 되는 것이다. 빈틈없이 채워진 듯하지만 사실은 속이 텅 빈 아이러니를 경험하게 된다.

이와 유사하게 일본은 이미 10여 년 전부터 '단샤리'라는 이름의 미니멀리즘이 유행했다. 끊을 단(斷), 버릴 사(捨), 떠날 리(離)를 뜻하는 단어로 불필요한 물건들을 과감히 끊고 버림으로써 쓸데없는 집착에서 벗어나 그런 일들에 낭비되던 에너지를 자신의 삶에 집중하자는 일종의 사회 현상이었다. 단샤리의 제창자인 야마시타 히데코는 인간관계와 개인의 인생 전반에도 이와 같은 단샤리를 적용한다면 시간과 인간관계에서 여유가 생겨난다고 조언했다. 《미니멀리스트》의 두 저자와 같은 관점을 제시한 것이다.

부족함이 없는 이 시대에 무언가를 비워 내는 일은 언뜻 불필요한 듯 들리지만 너무나 필요한 일이다. 우리는 그간 채우는 일에만 몰두했지 비우는 일에 관심을 가져 본 적이 없다. 누구도 알려주지 않은 부분이다. 학교에서는 지식으로 머리를 채워야 했고, 배운 전공과 기술을 바탕으로 통장을 채워야 했다. 힘겹게 채운 통장은 다시 '타인이 규정하는 나'에 맞추기 위해 아파트와 자동차, 비싼 가방으로 비워진다. 결국 이런 무의식적 패턴을 무한 반복하며 생을 보내게 되는 것이다.

반대로 비움이란 어떤가? 먼저 내 주변을 가득 채운 물건에 대해 다시 생각한다. 그리고 다시 그 가치에 대해 숙고한다. 정말로 필요했던 것일까, 앞으로 내게 필요한 것일까, 불필요하다면 나는 왜 이 물건들을 사기 위해 그토록 많은 시간과 돈을 낭비하며 지냈던 걸까? 무언가를 버리고 비워 내는 일은 결국 필요와 불필요, 적합과 부적합을 가려내는 분별력을 키우는 일인 동시에 자신이 진심으로 원하는 것이 아니라면 쓸데없는 에너지의 낭비를 없애는 작업이다. 그리고 자신도 모르게 새어 나가고 있던 에너지를 온전히 원하는 방향으로 흐르게 할 수 있는 상태로 만드는 과정이기도 하다. 그런 과정을 통해 우리는 안정적이고 기분 좋은 마음 상태에 이르러 긍정적이고 새로운 것을 받아들일 준비가 된다.

춘추시대의 사상가 노자는 《도덕경》을 통해 '그릇은 비워야 채울 수 있다'고 말하며 채우는 만큼 비움 또한 얼마나 중요한지를 일찌감치 알려 주었다. 송나라 시대의 사상가 장자는 배 위에서 명상하다가 다른 배가 부딪혀 와 자신의 명상을 방해하자 배 주인을 향해 화를 내었으나, 그 배에는 아무도 타고 있지 않다는 사실을 발견하고 큰 깨달음을 얻었다. 《장자 외편》 20 《산목편(山木編)》에 나오는 빈 배의 이야기를 통해 "세상에 모든 일은 그 배 안에 누군가 있기 때문에 일어난다. 만일 그 배가 비어 있다면 누구도 소리치지 않을 것이고 화를 내지 않을 것이다. 그러니 세상의 강을 건너는 내 배를 빈 배로 만들 수 있다면, 아무도 나와 맞서지 않을 것이다. 그리고 아무도 내게 상처 입히려 들지 않을 것이다. 내 배가 비어 있는 데도 사람들이 화를 낸다면 그들이 어리석은 것이다. 내 배가 비어 있다면, 나는 다른 사람들이 화내는 것을 즐길 수 있다. 텅 빈 공간이 되어라. 사람들이 그냥 지나가게 하라."고 말하며 가짜 나, 에고로 가득찬 배를 비우고, 본연의 개성을 따라 진정한 나로 살아가는 것의 중요성을 강조했다.

여기서 비우라는 것은 아무것도 하지 말라는 뜻이 아니라 나를 가로막는 에고를 초월하여 진정한 자신으로 살아가는 것이 가장 중요한 삶의 과제 중 하나라고 강조한 것이다.

물건을 비우는 단순한 작업은 사실 모든 비움의 작은 시작일 뿐, 실제로 우리가 비워야 하는 것은 비본질적인 것들에 대한 집착과 부정적 에너지와의 이별을 뜻한다.

자유로워지고 싶다면 먼저 주변의 물건들부터 청소하고 정리해 보도록 하자. 늘 쓰는 것, 꼭 필요한 것들은 생각보다 별로 없다는 것을 깨닫게 될 것이다. 그리고 먼지가 앉도록 전혀 관심이 없던 물건들, 있는지도 몰랐던 물건들은 과감하게 정리하는 것이 좋다.

물질에 대한 집착을 버린 다음엔 그만큼 주변의 소중한 사람들에게 나의 시간과 에너지와 물질을 내어 줄 여유가 생겨날 것이다. 가족과 친구들, 평생을 당신 곁에서 응원을 보낼 사람들이다. 그들과 더 친밀함을 쌓을 수 있도록 시간을 가지고 긍정적인 경험을 공유하고 마음을 담은 선물들을 해 보라. 그렇게 조금씩 나의 시간과 물질과 에너지를 나누면 점점 내가 도움을 줄 수 있는 영역도 넓어진다. 가족과 친구를 넘어 나를 필요로 하는 누군가, 가령 소외된 사람들이나 고통받는 동물들을 돌아볼 여유 또한 생겨나기 시작할 것이다. 남과 비교하지 않고 재능, 인맥 등 지금 내가 가진 여러 자원들로 그들에게 어떤 도움이 될 수 있을지 생각해 보고 사회의 한 구성원으로서 어떤 영역에 기여할 수 있는지에 대해 깊이 고민해 보자. 보람이 무엇인지, 인생에서의 유의미가 무엇인지 점차 깨닫게 될 것이다. 이렇게 조금씩 나누는 훈련을 하다 보면 자본주의 사회 속에 무의식적으로 물질적 욕망에 사로잡혀 있던 '가짜 나인 에고'를 넘어 본연의 '진짜 나인 셀프'에게 조금씩 다가설 수 있을 것이다.

한 교수가 배움을 청하러 유명한 선승을 찾아갔다고 한다. 선승은 교수에게 찻잔을 하나 내주고 차를 따라 주기 시작했는데, 찻물이 찻잔에 넘쳐 흘러내림에도 불구하고 선승은 계속 차를 따라 찻물이 넘쳐 바닥에까지 흐르기 시작하자 교수가 말했다.

"아니, 스님 지금 뭐하시는 겁니까? 찻물이 넘치잖습니까?"

"이것이 이상한가? 자네 또한 마찬가지라네. 이미 자네 안이 가득차 있는데 어찌 내가 자네에게 가르침을 전할 수 있겠는가?"

간헐적 몰입은 비움에서 기초한다. 모든 것이 가득 채워진 상태에서 몰입에 임한다는 것은 마치 찻잔을 가득 채운 채로 다시 찻잔을 채우길 원하는 어리석은 교수와 같다. 주변은 물론, 머릿속까지 빈틈없이 물건들과 잡념들로 가득 채워져 있다면, 어떻게 진정한 자신을 일깨우고 만나는 일이 가능하겠는가?

먼저 몸과 마음에서 불필요한 생각과 스트레스 등을 비워냄으로써 순탄하게 간헐적 몰입의 길로 들어갈 수 있음을 꼭 명심하길 바란다. 휴식과 비움의 순간이야말로 간헐적 몰입의 문을 열 수 있는 중요한 열쇠가 된다. 그러니 오늘이라도 당장 나를 둘러싸다 못해 잠식하고 있는 물건들이 있다면 하나하나 정리하고 청소하면서 불필요한 것들로부터 해방감을 느껴 보길 바란다. 그리고 이를 통해 비워진 마음의 변화에 주의를 기울여 보기를 권한다.

간헐적 몰입의 원리 5
애쓰지 않는 삶,
최소 노력의 원리

'노오력'이란 말이 있다. 기성세대들이 자신의 젊은 시절과 다르게 요즘의 청년세대들이 구직난을 겪고, 계층의 사다리에서 좀처럼 올라가지 못하는 이유를 '노력의 부족'으로 들었고, 그런 자신들을 질타하는 구세대의 단순한 논리를 젊은 세대들이 '노오력'이란 말로 비판하고 풍자한 단어다. '노오력'은 이런 한국 사회의 구조적 문제와 세대 갈등을 포함하고 있으며 단순히 웃어넘길 수만은 없는, 그러니까 가벼운 유행어가 아니다.

그렇다면 이들 말처럼 정말 우리는 노력이 부족한 걸까? 내게 주어진 24시간의 시간을 철저하게 계획해서 노력을 쏟고 또 쏟음에도 종종 예상했던 것과 전혀 다른 결과를 마주할 때가 있다. 번번이 시험에서 탈락할 수도 있고, 고과에서 낮은 점수를 받을 수도 있다. 누구보다 열심히 일했지만 연봉 협상에서는 전년 동결이라던가, 회사로부터 생색내기용 인상을 받았을지도 모른다. 그런 우리에게 정말 단순히 노력이 부족했다고 말할 수 있을까?

세계적인 사상가이자, 의학자이기도 한 디팩 초프라(Deepak Chopra) 박사가 한 말을 우리는 눈여겨볼 만하다. 그는 자신의 밀리언셀러《성공을 부르는 일곱 가지 영적 법칙》에서 '최소 노력의 법칙'을 소개한다.

"자연이 돌아가는 모습을 찬찬히 관찰해 보면 그 안에는 가장 적은 힘, 즉 최소의 노력이 들어가고 있음을 알 수 있다. 풀은 자라려고 애쓰지 않아도 그냥 자라고, 꽃은 피어나려고 애쓰지 않아도 핀다. 물고기는 헤엄치려고 애쓰는 것이 아니라 그저 헤엄칠 뿐이다. 새들은 날려고 애쓰지 않아도 난다. 이것이 그들의 본성이다. 지구는 지축을 중심으로 돌려고 애쓰지 않는다. 지구의 본성은, 눈이 핑핑 돌 만큼 빨리 자전하면서 우주 공간 속을 돌진하듯 공전하는 것이다. 방긋방긋 웃으며 기뻐하는 것은 아기의 본성이다. 환히 빛나는 것은 태양의 본성이다. 반짝이는 것은 별의 본성이다. 그리고 자신의 꿈을 쉽게, 힘 안 들이고 구체적인 형태로 이루어 내는 것은 또한 인간의 본성이다. 인도의 오래된 철학인 베다 학문(Vedic Science)에서는 이 법칙이 '노력 아끼기'의 원칙으로, 또는 '적게 행하고 많이 이루기'의 원칙으로 알려져 있다. 결과적으로 우리가 원하는 것을 무엇이든 얻을 수 있는 궁극적인 비밀은, 그것을 필요로 하지 않으면서 원하는 것이다. 결과에 집착하지 않을 때

비로소 목표로 하는 것을 방해하는 모든 것과 단절할 수 있다. 당신이 목표를 천명하고 그것의 달성에 관계없이 당신이 행복할 때에만 끌어당기는 힘이 작동한다. 이것은 미묘한 균형의 문제다. 동시에 우주의 원리가 작동하는 비밀이기도 하다. 다시 말해 당신이 일상생활 속에서 어떤 목표를 달성하려고 분투할 때 당신 속에 존재하는 또 다른 자아가 이것을 방해하기 시작한다. 그러나 당신이 내면의 평온함을 유지하고 그 평온함을 당신 힘의 원천으로 삼아, 당신이 바라는 소망의 흐름에 자연스럽게 몸을 맡길 경우 그 소망을 이룰 가능성은 훨씬 높아진다. 당신이 유지하는 평화가 평화를 부를 것이다. 우주는 굳이 애쓰지 않고도 자연스럽게 존재한다. 들판의 풀과 꽃, 하늘의 새, 바다의 물고기는 자기 본성대로 살아간다. 우리 역시 원하는 것을 얻으려면 결과에 집착하지 않아야 한다. 강제적이고 무리한 노력은 또 다른 자아의 반발을 불러오기 때문이다. 자연의 흐름처럼 당신이 원하는 목표를 향해 자연스럽게 나아갈 때, 그 꿈과 목표를 이룰 가능성이 훨씬 높아진다."

디팩 초프라는 자연의 본성이 살아가는 데 필요한 능력들을 스스로 습득하고 성장하듯, 인간 역시 최소한의 노력으로 자신의 꿈을 이루어 내는 것이 인간의 본성이라 주장했다. 그는 또한 노력을 최대한 아끼면서 원하는 것을 얻을 수 있는 비결은 바로 '필요로 하는 것을 원하지 않으면서 원하는 것'이라 설명하는데, 이는 일의 성과나 결과에 대한 집착을 줄이는 것을 의미한다. 목표와 결과에만 집착하면 대부분 그릇된 결과를 낳는다. 우리가 이미 많이 경험했던 것들이다. 원할수록 멀어지기만 했던 것은 결과에 집착하느라 도달하는 과정에 온전히 집중하지 못했기 때문일 것이다. 디팩 초프라 박사는 이를 경계해야 한다고 강조한다. 왜냐하면 이러한 노력의 방식은 오히려 원하는 것을 얻는데 방해가 되는 역효과를 일으키기 때문이다.

공부를 해야 할 때, 일을 해야 할 때, 혹은 운동을 하거나 집안일을 할 때처럼 보통 하기 싫지만 해야만 하는 일을 할 때는 늘 두 개의 마음이 충돌한다. 하는 것이 좋다는 이성적인 마음과 하기 싫은 두 마음이 번번이 부딪히게 되는 것이다. 이 두 마음 사이의 긴장감을 지혜롭게 잘 조절하는 것, 둘 사이의 줄다리기에서 섬세한 균형을 잡는 것이 그가 말하는 행복한 삶의 중요한 기술이자, 원하는 바를 지혜롭게 성취하는 비밀이다. 분주한 현대의 삶 속에서 잃어버린 행복을 찾기 위해서는 무언가를 해야 한다는 지속적인 강박, 목표를 이뤄내기 위해 오늘을, 지금의 나를 희생하겠다는 부담감에서 벗어날 줄 알아야 한다. 몸과 마음을 이완시키고, 그 과정 또한 편안하게 받아들여야 한다. 무엇인가를 열정적으로 추구하면서도, 그 결과의 여부에는 연연하지 않으면서 내게 주어진 하루 하루의 삶에 온전히 몰입하면서 마음 편히 살아갈 수 있는 삶, 그것이 바로 디팩 초프라가 말한 '원하지 않으면서 원하는 것', 다시 말해 '초연하게 원하는 것'이 최소 노력의 법칙의 요령인 것이다.

이는 기성세대가 말하는 '무조건 열심히 너의 전부를 갈아넣어 일하라'와 같은 '노오력'과는 완전히 다른 차원의 노력이다. 이런 초연한 노력이 계속된다면 자연스럽게 그동안 원했던 것들에 도달할 가능성이 높아진다.

그러니 잠재력을 최대한 발휘하길 원한다면 또 원하는 목표를 이루려면 너무 애쓰지 않는 태도부터 먼저 갖는 것이 중요하다. 자신을 끊임없이 다그치고 몰아붙이는 것을 이제는 그만두어야 한다. 편안한 몸과 마음, 온전히 깨어 있는 정신의 조화로 간헐적 몰입의 상태로 들어갈 수 있고, 이것이야말로 우리의 노력을 아껴 주는 최소 노력의 원리에 충실히 기반을 두고 있는 것이다.

그렇다면 우리는 이제 막무가내로 노력만 하는, 몸과 마음을 축내는 나쁜 노력이 아닌, 최소 노력의 원리에 기반한 좋은 노력을 기울일 수 있어야 한다. 노력에 무슨 좋은 노력이 있고 나쁜 노력이 있냐는 생각이 들겠지만 노력 대비 결과, 또는 노력에 대한 나의 긍정적 태도와 행복 지수를 생각하면 분명 노력에는 구분선이 존재한다.

최소 노력의 원리가 애쓰지 않는다는 의미이기도 하지만, 이를 아무런 노력을 기울이지 않는다는 의미로 잘못 받아들일 수 있는데 절대 그런 것은 아니라는 점을 기억해야 한다. 최소 노력의 원리에 대한 이해에 있어 반드시 명심해야 할 점이 있는데, 이 노력의 원리는 인과관계에 기반을 둔다는 점이다. 즉 원인 없이는 결과도 없다.

생물학에는 '역치(易置)'란 개념이 있는데, 이것은 어떤 자극에 반응을 하기 위한 최소한의 세기를 의미한다. 어떤 일을 할 때, 그 일에 필요한 역치 이상의 노력을 들여야 하는 것은 당연하다. 무엇인가 열매를 맺기 위해서는 인과의 법칙에 따라 '역치 이상의 노력'은 반드시 필요하다. 씨앗을 뿌리고 적절히 돌봐야지만 꽃이 자랄 수 있는 것처럼 말이다. 하지만 이러한 노력이 지나쳐서, 두려움과 불안, 걱정, 근심에 쌓여 뿌리가 내렸나, 얼마나 자랐나, 안절부절하며 물을 지나치게 많이 준다거나 수시로 흙을 파 보며 조바심을 낸다면 꽃은 못 견디고 오히려 죽고 말 것이다.

마찬가지로 우리가 어떤 일을 할 때에 역치 이상의 충분한 노력을 기울인 후에도 걱정과 두려움에 쌓여 안절부절 못하면 우리의 노력은 '나쁜 노력'이 되어 버린다. 그리고 그 결과 우리가 노력하는 방향과 반대 방향으로 저항력이 작용하게 된다. 따라서 노력을 할 때에는 그것에 푹 빠져들어 즐길 수 있는 몰입의 순간들을 가능한 많이 가지고, 과정 자체를 즐길 수 있도록 주의를 기울이는 것이 중요하다. 왜냐하면 우리 마음속에서 창조되는 감정은 마치 전자석처럼 유사한 진동의 일들을 자연스럽게 스스로에게로 끌어당기기 때문이다.

일본 최고 부자로 손꼽히는 사이토 히토리는 '지혜로운 노력'에 대해 언급한 적이 있다. 《1퍼센트 부자의 법칙》이라는 책에서 그는 어떤 일을 성공하기까지는 우주의 법칙을 이해하는 것이 중요하다고 말했다. 재능이나 노력에 앞서 이 법칙을 먼저 이해해야 한다고 강조한 것이다. 그에 따르면 해야 하기 때문에, 하기 싫은 마음으로 억지로 공부를 하거나 운동을 했을 때 자기도 모르는 사이에 근성이 생기겠지만 오히려 이는 행복한 삶과 거리가 멀어지게 만드는 경우가 많다고 한다. 그래서 사이토 히토리는 이런 잘못된 노력은 하지 않는 것이 좋다고 말한다. 이런 식의 노력은 물살을 거슬러 노를 젓는 것과 같아 힘이 많이 들지만, 성과는 쏟아부은 노력과 에너지에 비해 미미한 경우가 많다. 노를 젓는 에너지와 물살이 흐르는 에너지가 서로를 상쇄시켜 버리기 때문에 우리의 생명력이 낭비되고 마는 것이다. 따라서 사이토 히토리는 가능한 한 기분 좋은 상태에서 공부하고 일해야 한다고 강조한다. 그리고 자신이 일본 최고의 부자가 될 수 있있던 비즈니스의 핵심 비결은 기능한 한 기분 좋은 상태로 몸과 마음이 편안한 상태에서 즐겁게 하루하루를 보내던 가운데, 어느 순간 번뜩 떠오른 아이디어 덕분이었다고 말한다. 즉, 어떤 일을 할 때는 그 일에 필요한 역치 이상의 즐거운 마음으로 하는 지혜로운 노력을 기울인 후, '모든 일은 결국 다 잘 될 거야'라고 믿고, 느긋하고 초연한 마음으로 기다려야 한다는 것이다. 결과에 대한 초조함과 불안, 두려움에 떠는 마음은 오히려 역효과만 초래하기 마련이다.

즉, 어떤 일을 할 때는 그 일에 필요한 역치 이상의 지혜로운 노력을 기울인 후, '모든 일은 결국 다 잘 될 거야'라고 믿고, 느긋하고 초연한 마음으로 기다려야 한다는 것이다. 결과에 대한 초조함과 불안, 두려움에 떠는 마음은 오히려 역효과만 초래한다. 이를

'좋은 노력의 범위'로 정리해 보면 다음과 같다.

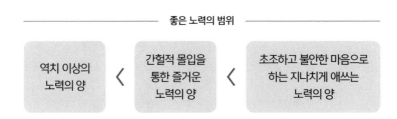

좋은 노력의 범위

| 역치 이상의 노력의 양 | ❮ | 간헐적 몰입을 통한 즐거운 노력의 양 | ❮ | 초조하고 불안한 마음으로 하는 지나치게 애쓰는 노력의 양 |

이 노력에는 스트레스에 관한 비밀이 하나 숨어있다. 어떤 일이든 공을 들이는 일에는 많든 적든 마음이 받는 압박감이나 긴장감과 같은 스트레스가 존재하기 마련이다. 캐나다의 내분비학자인 한스 샐리에(Hans Selye)는 스트레스를 나쁜 스트레스(Distress)와 좋은 스트레스(Eustress)로 분류했다. 나쁜 스트레스는 현대인들의 정신과 육체를 병들게 하는 감당할 수 없을 정도로 버거운 정신적인 압박과 불안함을 의미한다. 하지만 유스트레스라 불리는 좋은 스트레스는 적당한 정도의 긴장감으로 일의 효율을 높이고 집중력을 높이는 스트레스를 말한다. 헬스클럽에서 잠깐의 고통을 참고 운동량을 달성했을 때, 시험 기간에 하고 싶은 일들을 잠시 미뤄 두고 몰입해 좋은 성적을 거뒀을 때, 이런 것들이 모두 유스트레스에 해당한다.

미국의 심리학자인 로버트 여키스(Robert Yerkes)와 존 도슨(John Doson)은 이 스트레스 수준과 성과 사이에 역(U)자의 형태를 나타내는 상관관계가 있음을 밝혔다. 정신적 각성이 일정 수준에 이르면 성과를 내는 수행 능력이 향상되지만, 그 이상을 넘어 버려 나

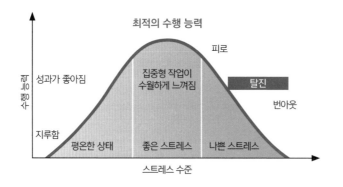

━━━━━ 여키스-도슨 법칙(Yerkes and Doson Law)의 곡선 ━━━━━

쁜 스트레스 상황이 되면 오히려 수행 능력을 방해하는 역할을 한다는 것이다.

위의 곡선을 자세히 살펴보면 적절한 긴장감을 유지할 수 있는 부분까지만 노력을 기울이고 유지하면 좋은 성과를 낼 수 있다는 것을 알 수 있다. 그 이상의 노력은 피로감과 탈진, 심하면 번아웃만 유발할 뿐이다.

라면 물을 끓이는 데는 100℃의 열만 있으면 된다. 그 이상은 낭비다. 1000℃로 끓이면 라면은 물론 냄비까지 모두 태워먹을 뿐이다. 목표를 이루는 과정에서 무조건 오래 앉아 있는 식의 비효율적인 노력은 이제 노력이라고 말할 수 없는 시대가 된 것이다. 그런 노력은 이미 낡은 성공 방식이 되고 말았다.

성과는 단순한 시간과의 싸움이 아닌, 지혜로운 에너지 관리의 문제라는 것을 깨달아야 한다. 이것이 바로 지금 시대에 필요한 새로운 성공 공식이다. 내가 진심으로 원하고 나아가야 할 방향을 제

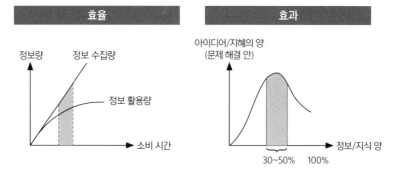

정보나 지식을 무조건적으로 많이 수집하려는 노력은 일정 수준이 지나면 문제 해결에 오히려 효과
적이지 못할 수 있다.

──────────── 과다한 정보 수집의 맹점 ────────────

대로 인지하고, 그에 필요한 충분한 노력을 기울인다. 이 좋은 노
력은 그 과정이 나를 혹사시키지 않는다. 자신과의 대화를 거듭하
고 성장하는 시간이다. 자신을 초월해 성장해 나가는 노력은 즐겁
다. 그다음엔 초연하고 느긋하게 결과를 기다리면 된다.

　자연은 언제 어디서나 최대 효과를 거두는 '적게 일하고 많이 거
둔다'는 법칙을 따라 움직이듯이, 우리 인간도 자연의 일부이기에
무조건 열심히 일하는 시간은 줄이고 즐겁게 더 많이 거둘 수 있도
록 하는 방향으로 나아가야 한다. 이것이 바로 간헐적 몰입을 위한
최소 노력의 원리이다.

간헐적 몰입의 원리 6
에너지 몰입의 원리

인간 탄환. 출발 총성과 함께 9초대에 결승점에 도착한 우사인 볼트(Usain Bolt)를 일컫는 말이다. 100미터를 9.58초에 도착한 그의 기록은 아직까시 세계 신기록으로 남아 있다. 우리는 '인간의 한계에 도전해 승리한 사람들'에 관한 기사를 종종 접하게 된다. 100미터에 불과한 단거리 육상의 결과는 아무리 기량이 뛰어난 선수들이라고 할지라도 1위와 2위의 격차가 0.1초 차이에 불과하다. 정말 눈 깜빡할 사이다. 단 0.1초라는 간발의 차이가 세계 1위와 2위의 차이를 가른다. 육상 경기에서 9.8초 지점의 기록이 9.7초대에 이르기까지 무려 20년이라는 시간이 걸렸다. 누군가에게 흘러가는 찰나의 시간이 누군가에게는 세계 최고에 도전할 수 있는 값진 시간이 된다.

우리 인류는 자신의 한계는 물론 타인의 한계도 넘어서고자 하는 끊임없는 욕구를 가지고 문명을 지속적으로 발전시켜 왔다. 바로 이렇게 끊임없이 한계를 극복하고 성장 발전해 온 것이 인류의 역사인 것이다. 하지만 인간 탄환으로 불리는 우사인 볼트라 해도 100미터를 3.2초에 주파하는 치타를 맨몸으로 따라잡을 수는 없다. 즉, 우리 인간에게 물리적 한계가 존재한다는 것 또한 부인할 수 없는 명백한 사실이다. 거시적 관점으로는 우리에게 무한한 가능성이 열려 있다는 것은 인정하는 동시에 우리 몸과 마음의 에너지에 한계가 있다는 사실을 인정해야 한다. 따라서 이러한 두 가지 모순적인 진실을 동시에 포용하면서 우리의 몸과 마음의 에너지를 잘 관리하고 분배하는 것이 성공적인 삶의 비결이다. 앞서 여러 번 설명한 것처럼, 우리의 한정된 에너지를 효과적이고 효율적으로 재충전하고, 관리하는 것이 '간헐적 몰입'의 중요한 지혜인 것이다.

인간 잠재력 분야의 세계적인 권위자이자 사상가인 디팩 초프라 박사는 《마음의 기적》에서 개인의 에너지 활성화의 지혜에 대해 활동과 휴식이라는 두 개의 축은 인간의 에너지를 최대한 활성화시키기 위해 어느 한쪽도 무시할 수 없는 중요한 요소가 된다고 강조하면서 다음과 같은 통찰을 이어간다.

자연은 휴식과 활동의 순환 속에서 기능한다. 우리는 맥박이 고동치는 우주에 살고 있으며, 그 맥박은 빛이 가진 파동, 바다의 밀물과 썰물 등 존재의 모든 차원에 반영되고 있다. 모든 살아 있는 것들의 호흡은 활동과 휴식이 교대로 일어나는 현상의 변형된 모습이다. 고대 인도의 경전인 《베다》에 따르면 삼라만상은 대우주이고 인간은 '소우주'라고 선언했다. 소우주인 인체 내의 세포는 시간

기록자인 대우주가 만든 리듬 속에서 진동하며, 몸과 마음을 조절하는 지성은 그 진동의 주기에 관심을 기울이고 그 주기를 민감하게 의식할 때 최고의 기능을 발휘한다. 즉, 우주의 리듬과 생물학적 리듬이 정확하게 상호작용하는 것이다. 이것이 바로 조물주의 설계로, 인간이 자연적으로 타고난 본성이며, 바로 간헐적 몰입이 필요한 핵심 이유이다.

지구에 존재하는 모든 생명체에는 일정한 '리듬'이라는 것이 존재한다. 지구가 자전축을 중심으로 회전하여 밤과 낮을 만드는 것처럼, 태양의 궤도를 돌면서 계절이 순환하는 것처럼 말이다. 인간도 마찬가지다. 도시라는 인공적인 공간 안에서 살고 있지만 대부분이 자연의 리듬에 따라 움직인다. 해가 뜨면 일어나고 밤이 되면 잠을 잔다. 일하고, 쉬고, 성장하면서 늙어가는 것이다. 인간을 포함한 모든 생명에 이런 리듬에 반응하도록 유전자에 생물학적으로 프로그래밍되어 있기 때문이다. 이것을 바꾸려 하기보다 자연적 리듬을 존중하여, 몸을 긴장시키거나 무리하게 사용하지 않는 것이 매우 중요하다. 건강하고 성공한 사람들은 보통 밤에 충분한 수면을 취하고, 낮에 잠시 고요한 휴식의 시간을 갖고, 여유롭게 식사한다. 그들은 일출과 함께 일어나서 너무 늦지 않게 잠자리에 드는 습관이 일찍부터 배어 있다.

그러나 현대인들 대부분의 생활 패턴은 어떠한가? 자연 주기와 불균형을 이루는 일이 다반사다. 이미 많은 사람들이 크고 작은 만성질환에 시달리고 있다. 밤늦게까지 일하고 낮에 잠을 자는 사람의 경우 실제로 몸속에서 변화가 생기기도 한다. 부신피질에서 분비되는 코르티솔 호르몬의 일상적인 리듬은 물론, 일정한 뇌하수체 호르몬에도 변화가 생기는 것이다. 일부 야간 노동자들은 이러한 리듬을 습관화하면서 적응할 수도 있겠지만 대다수의 사람들은 이에 완전히 적응하지 못하고 생물학적인 리듬이 혼란에 빠진다. 그렇게 되면 인체는 방향 감각을 상실하고 전염성 질환에 쉽게 걸리고, 극도의 스트레스 상태에 이르게 된다.

면역 체계와 호르몬이 자연의 주기에 따라 영향을 받는 것은 인체뿐만이 아니다. 감정도 동일한 영향을 받는다. 가을, 겨울이 되면 확연히 우울증 환자가 늘어난다. 일조량도 줄고 신체 활동이 줄면서 우울증과 무기력감을 느끼게 된다. 이는 일조량과 관계가 깊은데, 일조량이 줄어들면 멜라토닌이라는 호르몬 분비가 줄어들어 우울증을 유발하기도 한다. 이를 계절성 우울증(Seasonal Affective Disorder)이라고 한다. 이처럼 우리의 몸과 마음은 자연의 순환 과정과 생체 리듬과 분리되어 살 수 없는, 유기적으로 연결되어 있음을 확인할 수 있다. 어떤 연유에서건 이 과정에서 억지로 벗어나려 하면 육체적, 정신적인 고통을 동반하고 결국 삶의 질을 떨어뜨린다.

현대인의 삶은 예전보다 자연적 순환의 고리에서 비교적 자유로워졌다. 과학기술이 고도로 발달한 사회에서 우리는 스스로 시간을 조정할 수 있다. 일하고 싶을 때 일하고, 자고 싶을 때 자고, 계절과 상관없이 원하는 음식을 먹는다. 하지만 인류가 자연을 거스르고 이겨낸 다양한 전리품들은, 의도했건 하지 않았던 간에 에너지를 낭비하는 요소를 만들어 내기도 했다. 밤낮과 상관없이 이동할 수 있고 노동할 수 있는 것은 더 많은 발전 가능성을 주긴 했지만, 그만큼 개인에겐 심신의 고통 또한 안겨 주게 된 것이다. 이러한 자유가 오히려 우리 안에 내재된 리듬을 깨면서 몸과 마음의 건강을 해치게 되는 일이 빈번하게 일어난다.

인간이 가진 고유의 에너지가 기술 발전만큼 더 늘어난 것은 아니다. 오히려 기술 발전으로 인해 낭비되는 에너지가 많아졌다. 인류 문명의 발전이 우리의 삶을 더욱 효율적으로 만드는 것 같지만 사실 우리의 시간과 에너지를 낭비시키는 기술의 부작용 역시 함께 수반된 것이다. 우리는 보통 밤낮없이 일해야 '성공'이라는 신기루를 잡을 수 있을 것이라고 생각하곤 하지만 아이러니하게도 성공한 사람들, 세계 최고의 리더나 사업가들은 하루 24시간 자신의 모든 것을 던져 일하는 사람들이 아니다. 그들은 쉴 때는 마음껏 충분히 휴식을 취하고 해야 할 때는 업무에 깊이 몰입한다. 다시 말해 자연적 리듬에 맞추어 자신의 잠재력을 충분히 끌어내는 사람들인 것이다.

그러니 지금까지 쉼 없이 오래 앉아 있기만 하면 된다는 잘못된 믿음으로 에너지 질과 활용의 측면은 간과한 채, 불안하고 초조한 마음을 달래며 무조건 엉덩이 붙이고 앉아 시간을 때우는 식의 노력은 이제 내려놓아야 한다. 노력이라는 명목으로 붙잡고 살아왔던 집착하는 마음, 강박적인 마음과 죄책감에 억눌리는 마음을 내려놓고 내 안의 자연스러운 리듬은 무엇인지, 그 리듬에 따랐을 때

내 안에서 일어나는 일은 무엇인지에 대해 섬세하게 주의를 기울일 수 있어야 한다. 이러한 삶의 태도는 우리 삶에 새로운 돌파구를 열어줄 것이다. 20세기 초 양자물리학은 인간은 물론 세상 모든 것이 에너지(Energy Fields)이자 파동(Wave)이고, 정보(Information)라는 사실과 모든 것은 에너지로 연결되어 있다는 사실을 밝혀냈다. 이러한 에너지의 특성에 대한 이해를 바탕으로 우리의 내재된 에너지를 최대 활용하기 위해서는 긴장과 이완의 역동적 균형 가운데 생명의 박자와 리듬에 맞추어 살아갈 수 있는 능력을 키우는 것이 중요하다. 우리의 몸과 정신, 영혼에 흐르는 에너지의 파도를 타고 서핑하듯 자유롭고 즐겁게 살아가는 것, 그것이 바로 '에너지 몰입의 원리'가 가능케 하는 멋진 삶이다.

간헐적 몰입의 원리 7
공명의 원리

우리는 생각, 취향이나 관심사, 사회적 지위가 비슷한 사람들끼리 서로 끌어당겨서 함께 모이는 현상을 보고 '끼리끼리 모인나' 또는 '유유상종(類類相從)'이라는 말로 묘사하곤 한다. 그리고 SNS의 발달로 인해 이러한 유유상종 현상은 더욱 가속화되어 가고 있다. 하지만 이 유유상종 현상은 단지 사람들 사이에서만 발견되는 현상은 아니다.

공명(共鳴, Resonance)이란, 서로 같지 않은 것이 일치를 이루어 진동하는 것을 의미한다. 한자를 풀어 보면 '함께 울리고 떨린다'는 의미가 된다.

예를 들면, 성악가의 목소리 진동이 옆에 놓인 크리스털 잔의 진동과 일치할 경우 잔이 떨리다가 심지어 깨지기도 하는 현상을 관찰할 수 있다. 학창 시절 과학 시간에 했던 소리굽쇠 실험을 떠올려 보자. 같은 크기의 소리굽쇠 두 개 중 하나의 소리굽쇠를 막대기로 쳐서 울리면 치지 않은 옆의 소리굽쇠도 같이 울린다. 이것이 바로 공명이다. 이러한 공명은 동조현상을 일으키는데, 동조현 상이란 하나의 진동이 다른 진동과 일치하거나 조화를 이루는 반 응이다.

동조현상은 17세기 크리스티안 하위헌스(Christiaan Huygens)에 의해 우연히 발견되었다. 추시계 발명가이기도 한 하위헌스는 많 은 추시계를 소유하고 있었다. 어느 날 그는 모든 시계추가 동일한 모습으로 흔들린다는 사실을 알게 되었다. 자신이 조작하지도 않 았는데 그런 현상을 발견한 그는 매우 당황했다. 하위헌스는 다시 시계추마다 각자 다른 리듬을 갖도록 조절했다. 하지만 얼마 지나 지 않아 또다시 모든 시계추가 가장 강력한 리듬의 시계추와 완벽 하게 일치되는 움직임을 나타냈다.

가장 강력한 리듬의 파동을 가진 추시계를 따라서 주변 시계들 이 '공명'하는 것이다. 이런 추시계들과 마찬가지로 우리의 정신적 파동도 동조현상을 따른다. 《시크릿》 같은 책을 통해 잘 알려진 '끌 어당기는 힘'이란 바로 이런 동조현상 때문에 발생하는 것이다. 자 신이 가장 강하게 생각하고 믿는 것이 그와 비슷한 리듬과 파동을 지닌 것들을 끌어들이는 것이다.

미국의 과학자로 거짓말탐지기 전문가인 클리브 백스터(Cleve Backster)는 사람의 입속에서 백혈구 세포를 채취한 후, 이 백혈구 세포를 아주 작은 전기신호 반응까지 측정할 수 있는 거짓말탐지 기에 연결했다. 결과는 실로 놀라웠다. 피험자에게 아무런 자극이 없을 때는 백혈구 세포 역시 아무런 변동이 없었지만, 피험자에게 자극적인 사진을 보여주자 세포가 격렬하게 반응하면서 날카로운 변동 곡선을 그린다는 사실을 발견한 것이다. 피험자가 사진 보기를 멈추면 거짓말탐지기에 연결된 백혈구 세포 또한 다시 잠잠해졌다.

이 놀라운 실험은 피험자와 세포가 떨어진 거리에 영향을 받지 않았다. 한 실험에서 백스터는 2차 세계대전 때 해군으로 참전했던 피험자에게 1941년 진주만 습격을 다룬 다큐멘터리를 보여주었다. 영상에서 전투기가 화염을 뿜으며 추락하는 장면을 보자 피험자 얼굴에 감정적인 반응이 나타났다. 놀라운 사실은 그와 동시에 약 11킬로미터 밖에 있는 측정 장치의 바늘이 마치 피험자에게 부착되어 있는 것처럼 격렬하게 반응했다는 사실이나.

피험자는 진주만 전투에 참가했고, 격추되는 전투기들을 목격했다. 그 공포에 찬 기억을 온몸의 모든 세포가 다 기억하고 있던 것이다. 수백 킬로미터 떨어진 경우도 동일한 결과가 나타났다. 이후 실험 환경을 다변화시키면서 유사한 실험을 해보았지만, 피험자와 세포의 반응 시간 차는 존재하지 않았다. 마치 여전히 물리적으로 한 몸으로 연결되어 있는 듯이 반응했다.

위의 실험과 관련된 다른 연구결과도 살펴보기로 하자. 1993년 미 육군의 연구팀은 사람으로부터 분리된 세포가 멀리 떨어져 있어도 서로 연결되어 있는지 실험했다 사람의 세포와 DNA 샘플을 채취한 후 특별히 고안된 장치에 넣어, 수십 킬로미터 떨어진 곳에 있는 샘플 제공자의 감정에 반응하는지 관찰한 것이다. 샘플 제공자에게는 코미디에서 포르노에 이르기까지 여러 장르의 영상물을 보여준 후 다양한 감정을 느끼도록 했다.

그러자 샘플 제공자가 강력한 감정 상태를 보였을 때, 멀리 떨어져 있는 세포와 DNA는 동시에 강한 전기 반응을 보였다. 마치 물리적으로 연결되어 있는 듯했다. 이후 수백 킬로미터 거리를 두고 실험을 진행했을 때도, 역시 한 몸인 듯 반응하는 것으로 나타났다. 실험에 감정과 세포의 반응 시간 차이는 번번이 제로였다. 감정이 생기는 즉시 세포와 DNA가 영향을 받았다는 말이다.

DNA가 같은 방 안에 있든, 수백 킬로미터 떨어져 있든 결과는 마찬가지였다.

이 실험을 통해 세포와 DNA는 에너지장을 통해 서로 연결되어 소통하며, 그 영향력은 거리와 상관이 없음을 알 수 있게 되었다. 아울러 인간의 감정은 살아있는 DNA에 직접적인 영향을 준다는 사실이 밝혀졌다.

이러한 놀라운 공명현상이 가능한 이유는 우주적 연결성으로부터 연유되는데, 이와 연관되는 양자역학의 '쌍둥이 광자 실험'은 다음과 같다.

1997년 스위스 제네바 대학에서는 우주 만물의 연결성을 알아보기 위해 빛(광자) 실험을 했다. 연구팀은 똑같은 특성을 지닌 2개의 쌍둥이 광자를 서로 반대 방향으로 발사했다. 11km씩 이동한 후에는 각각의 광섬유를 2개로 나누어 임의로 선택할 수 있도록 했다. 실험 결과 두 입자는 한 번의 예외도 없이 똑같은 선택을 했다.

기존의 과학관에 따르면 두 입자는 분리되어 있기에 서로 소통할 수 없다. 그런데도 그 둘은 서로 연결된 것처럼 행동했다. 제네바 연구팀의 책임자인 니콜라스 기신(Nicolas Gisin) 박사는 "광자 사이의 연결성이 너무 강해서 동시에 움직이는 것처럼 보였다"고 한다. 아무리 멀리 떨어져 있어도 두 광자는 마치 하나의 존재인 듯 같이 움직였다는 말이다. 세상 만물은 연결되어 있고 한때 하나였던 것은 서로 이어져 있다는 사실이 실험을 통해 증명된 셈이다.

이러한 놀라운 실험들을 통해 우리는 우주가 연결되어 있으며, 이 연결성으로 인해 공명 현상이 작동됨을 이해할 수 있다. 정리해서 말하자면, 우리의 생각, 말, 감정과 유사한 에너지 파동을 지닌 것들이 함께 진동하며 끌어당기는 현상이 공명의 원리이다.

간헐적 몰입의 원리 8
제로 포인트 필드의 원리

전 세계를 통틀어 최고의 창업가이 자 혁신적인 기업가, 억만장자 등 다양한 수식어를 보유한 지금 이 시대 최고의 기업인은 바로 일론 머스크(Elon Musk)다. 영화 '아이언 맨'의 주인공인 토니 스타크는 억만장자이자 천재 발명가로, 때론 괴짜이면서도 때론 진지한, 복합적인 캐릭터를 가진 히어로다. 이 독특한 캐릭터를 만들어 내기 위해 실제로 혁신적인 기업가이지만 기행을 일삼는 일론 머스크를 많이 참고했다고 해서 화제가 되기 도 했다.

우리에게 일론 머스크 하면 단번에 떠오르는 것은 전기 자동차 '테슬라'다. 그는 테슬라라는 자동차의 이름을 에디슨의 평생 라이 벌인 천재 발명가 니콜라 테슬라(Nikola Tesla)에서 따왔다고 밝혔다. 니콜라 테슬라는 명석한 두뇌를 가진 최고의 발명가이기도 했지만 전류 개발에 대한 의견 차이로 에디슨과 각을 세웠던 것을 기초로 많은 부침이 있어 그를 일컬어 불운의 천재라고 부르기도 한다. 그런 그가 남긴 말 중에 인상 깊은 구절이 있어 아래에 소개한다.

> "나의 뇌는 리시버수신기일뿐이다. 우주에는 우리가 지식, 힘
> 과 영감을 얻을 수 있는 핵이 있다. 나는 이 핵의 비밀을 이해
> 하지 못했다. 하지만 나는 그것이 존재한다는 것을 안다."

천재 발명가답게 그는 놀랍게도 시대를 앞서 우주에 존재하는
지식과 힘, 그리고 영감의 근원을 인지하고 있었던 것이다. 테슬라
뿐만 아니라 다양한 분야에서 최고의 두각을 나타냈던 많은 천재
들이 테슬라가 말한 '핵의 비밀'에 관련해서 다음과 같이 언급했다.

존 에클스 경 (노벨 생리 · 의학상 수상)

"뇌는 마음속에 존재하는 일련의 에너지 패턴을 받아들이는 수신기(受信機)에 지
나지 않는다. 뇌는 마음의 근원이 아니며 오히려 마음이 뇌를 제어하며, 뇌는 라디오
처럼 수신 장치로써 기능한다. 생각은 전파와 흡사하고 뇌는 라디오와 같다는 의미
이다."

루퍼트 셸드레이크 (형태발생장 이론으로 노벨상 후보로 회자된 과학자)

"두뇌는 정보를 저장하는 도서관이 아니라 우주에 저장된 정보들을 송수신하는 기능
을 할 뿐이다."

핌 반 롬멜 (심장 전문의)

"모든 정보는 우주에 떠 있는 영혼이 가지고 있다. 두뇌는 이 정보를 받아 쓰고 재생
하는 기능만 수행한다."

오프라 윈프리 (《포브스》 선정 '세계에서 가장 영향력 있는 인물')

"세상에는 엄청나게 크고 위대한 힘이 있는데 그 근원과 계속해서 스스로 연결시키면 그 위대한 힘이 자신 안에 있던 에너지와 능력들을 이끌어 낸다."

이나모리 가즈오 (일본 3대 경영 구루)

"우주의 어딘가에는 '지혜의 창고'와 같은 장소가 있고, 우리는 자신도 모르는 사이에 그 창고에 쌓인 지혜를 새로운 발상이나 아이디어 혹은 창조력으로 꺼내서 사용한다."

에드워드 올비 (극작가, 퓰리처상 3회 수상)

"창조적 아이디어는 무의식에서 온다. 나는 아이디어를 찾아 나서지 않는다. 아이디어가 나를 찾아온다."

나폴레온 힐 (성공철학의 거장)

"인간의 뇌는 자연의 거대한 지식 저장소에서 보내는 에너지를 받아들이는 수신기이며 인간은 그 에너지를 받아 명확하게 사고를 할 수 있다."

사이토 히토리 (일본 납세 순위 1위 기업인)

"우주의 중심에는 매우 거대한 힘이 있다. 그리고 그 중심과 사람의 마음은 직접 연결되어 있다. 모든 지혜는 우주의 중심에 놓여 있다. 이해할 수 없는 일이 있거나 문제를 해결하고 싶을 때는 우주의 중심으로 그 지혜를 찾아가면 된다. 갑자기 어떤 아이디어가 떠올랐다면, 이는 우주의 중심에서 보내 준 선물이다."

칼 융 (정신의학자)

"소위 천재라고 불리는 사람들은 우주 의식과 소통이 원활하여 그로부터 여러 가지 훌륭한 능력을 얻어낼 수 있다."

앞서, 에너지 몰입 원리에서 살펴보았듯이 우주 만물은 에너지와 정보이고 우리는 모두 자신의 주파수에 따라 진동하고 발산하며, 우주의 진동 속에서 살아간다. 이러한 우주 만물이 발산하는 주파수는 한데 모여 거대한 에너지 장을 형성한다. 이 거대하고 무한한 에너지 장인 제로 포인트 필드를 과학자나 정신의학자에 따라 '아카식 필드(Akashic Field), 양자 홀로그램(Quantum Hologram), 플리넘(Plenum), 형태발생장(Morphogenetic Field), 집단 무의식(Collective Unconsciousness)'이라고도 부르는데, 과학자들은 이것을 '과거와 현재, 미래의 모습이 동시에 담겨 있고, 정지해 있는 것이 아닌 항상 움직이는 것으로 창조되거나 파괴되지 않는 그 어떤 것'으로 설명한다. 재미있게도 이러한 개념은 영성가나 신학자들이 묘사하는 신(神)의 개념과도 유사점을 보인다. 영성가나 신학자들은 이를 '공(空), 무(無), 원니스(Oneness), 아카샤(Akasha), 누스피어(Noosphere), 하늘의 책, 영계' 등으로 부르며, 이에 대한 공통적 묘사가 '시공간을 초월해 어느 곳에서나 존재하며, 항상 움직이며 결코 창조되거나 파괴되지 않는 존재'라는 것을 고려한다면, 이 상이한 집단이 결국 매우 유사한 이야기를 하고 있다는 사실을 알아차릴 수 있다. 사실 인류는 수천 년의 역사 속에서 이것을 각자의 문화권에서 다양한 용어들로 불러 온 것을 알 수 있다. 인류가 이미 알고 있었지만 온전히 설명할 수 없던 것을 이제야 과학이 따라잡고 있는 것이다. 이렇게 영성과 과학이 서로 만나가고 있는 현 시대에 우리는 물질적인 것과 영적인 것을 이분화하는 관점을 넘어서 에너지적 패러다임을 기반으로 통합적 관점에서 바라보고 이를 일상에도 적용할 수 있는 지혜가 필요한 때가 된 것이다.

어빈 라즐로는 두 번이나 노벨 평화상 후보로 지명되었던 과학철학자이자 달라이 라마, 데즈먼드 투투 남아공 성공회 대주교, 동물학자 제인 구달, 미하일 고르바초프 전 소련 대통령 등 노벨 평화상 수상자를 포함한 총 60여 명의 세계적 리더들이 참여하고 있는 부다페스트 클럽의 창립자이다. 그는 다음과 같이 말한다.

"고대인들은 공간이 비어 있지 않다는 것을 알고 있었다. 그 공간은 지금도 존재하며 또 여태까지 존재해왔던 모든 것의 기원이며 기억이다. 첨단 과학 덕분에 이런 통찰의 재발견이 가능하게 되었고, 이러한 통찰은 21세기 과학 세계의 주된 기둥으로 자리를 잡게 되었다. 이 통찰은 우리 자신에 대해서 그리고 세상에 대해서 우리가 가지고 있는 개념을 심오하게 바꿀 것이다."

의학박사이자 철학박사로 세계적인 영적 스승 데이비드 호킨스 박사는 마더 테레사에게 상찬받은 그의 저서 《의식혁명》에서 다음과 같이 말힌다.

"개별적인 인간의 마음은 거대한 데이터베이스에 연결된 컴퓨터 단말기와 같다. 여기서 데이터베이스란 인간의 의식 자체를 말한다. 우리들 각자의 의식은 인간의 의식이 개별적으로 표현된 것에 불과하지만, 인류의 공통 의식에 내재한 그것의 근본과 함께 한다. 인간 의식이라는 데이터베이스는 천재성의 영역이다. 인간이 된다는 것은 이 데이터베이스에 접속하는 것이다. 모든 인간은 태어나는 순간 이 특별한 재능에 접속하는 능력을 가진다. 데이터베이스가 담고 있는 무한한 정보는 이 세상 어느 곳, 어느 때라도 아무에게나 순식간에 주어질 수 있다. 유용하게 쓰일 수 있는 만반의 준비가 언제라도 되어 있다. 이 발견이야말로 개인과 인류 전체의 삶을 전적으로 변화시킬 수 있다고 한다면 지나친 표현일까?"

본서에는 이 에너지 장의 이름을 '제로 포인트 필드'로 선택하고 '물질적으로는 아무것도 존재하지 않지만 잠재력으로는 모든 가능성을 품은 에너지와 정보의 장'이라고 정의하고자 한다. 이 용어와 정의가 독자들이 에너지 패러다임 중심의 간헐적 몰입을 조금이라도 쉽게 이해하는 데 가장 적절하다고 판단했기 때문이다.

제로 포인트 필드에 대한 좀 더 쉬운 이해를 돕기 위해 유튜브를 비유로 들어보자.

만약 우리 각자를 스마트폰이라고 가정해 본다면, 제로 포인트 필드는 마치 인류를 모두 연결해, 엄청난 집단 지성을 형성하고 있는 유튜브에 비유할 수 있다. 언제 어디서든 스마트폰으로 적절한 키워드만 입력하기만(우리의 진동 주파수를 맞추기만) 하면 우리는 말 그대로 우주의 지혜와 유산이 집결된 우주적 유튜브, 즉 '제로 포인트 필드'에 접속해서 마음껏 그 정보를 자유자재로 활용할 수 있다는 의미이다.

저명 기업인, 학자, 정치가 등이 모여 세계경제에 대해 논의하고 연구하는 '세계경제포럼'의 주최기관인 '글로벌 어젠다 의회(Global Agenda Council)' 평의원이며, '세계현인회의'인 부다페스트 클럽의 일본 대표이자 경영자와 리더들의 정신적 멘토인 다사카 히로시는 그의 저서 《운을 끌어당기는 과학적인 방법》에서 제로 포인트 필드란 한마디로 우주의 모든 곳에 편재되어 있는 에너지 장을 의미한다고 설명한다. 에너지 장을 이해하기 위해서는 먼저 물리학에서 언급하는 진공(眞空, Vacuum)의 상태에 대한 이해가 선행되어야 한다.

'진공'은 말 그대로 물질이 전혀 존재하지 않는 빈 공간을 의미한다. 고전 물리학에서는 아무것도 없는 공간, 즉 진공의 상태와 공간에서는 물질뿐만 아니라 에너지도 존재하지 않는다고 생각했다. 하지만 양자물리학자들은 최저 온도이자 절대 온도 0도, 즉 영점(Zero Point)의 진공 상태조차도 아무것도 없는 '제로(0)' 상태가 아니라 무언가로 꽉 차 있다는 놀라운 사실을 발견한 것이다. 그러니까 텅 빈 공간에 존재하는 에너지인 것이다. 이론상으로는 절대 온도인 0도에서는 모든 입자들이 얼어붙어서 움직임이 없어야 한다.

하지만 그 진공 상태에서 실제로 매우 짧은 찰나에 생명을 반복하는 입자와 반입자 쌍들의 무한히 빠른 미세한 움직임이 있다는 사실을 발견하고 양자물리학자들은 이를 '양자 진공(Quantum Vacuum)'이라 이름 붙였다. 양자 진공 안에는 거대한 우주를 탄생시킬 만큼 막대한 에너지가 깃들어 있는데, 양자물리학에 따르면 1cm의 공간에도 현재 알려져 있는 우주의 모든 별과 물질을 이루는 에너지를 합한 것보다 더 큰 잠재적 에너지가 내재되어 있다고 한다. 이와 같이 이 양자 진공 안에는 거대한 우주를 탄생시킬 만큼 막대한 에너지가 깃들어 있는데, 이런 양자 진공 안에 제로 포인트 필드라 불리는 에너지 장이 존재하며, 이 장에는 우주의 과거와 현재와 미래의 모든 사건이 파동으로서 홀로그램 구조로 기록되어 있다는 유력한 가설이 바로 제로 포인트 필드 가설이다.

제로 포인트 필드 가설은 우리의 마음이 제로 포인트 필드와 양자 레벨에서 연결되어 있기 때문에, 제로 포인트 필드에서 에너지와 정보를 받을 수 있을 뿐만 아니라 우리도 그곳에 정보를 보낼 수도 있다는 가설이다. 다사카 히로시는 제로 포인트 필드 가설을 지탱하는 3가지 버팀목을 다음과 같이 설명한다. 첫째, 이 우주의 모든 곳에서 제로 포인트 필드라 불리는 에너지 장이 편재한다. 둘째, 제로 포인트 필드에는 우리가 살아가는 우주의 과거와 현재와 미래의 모든 정보가 기록되어 있다. 셋째, 따라서 우리 마음이 제로 포인트 필드에 연결될 때, 우리는 과거와 현재의 사건은 물론이고 미래에 일어날 사건을 예감하고 예견할 수 있다.

다사카 히로시는 우리 마음 세계에는 제로 포인트 필드와 연결된 제5의 세계인 '시공간을 뛰어넘은 무의식 세계'가 있고, 그 필드에는 모든 정보가 모여 있기 때문에 마음이 '시공간을 뛰어넘은 무의식 상태'가 되면 시공간을 초월한 동시성(Synchronicity)이 일어난다고 말한다.

과학 저널리스트인 린 맥태거트(Lynn McTaggert) 또한 《필드: 마음과 물질이 만나는 자리》라는 저서를 통해 제로 포인트 필드에 대한 의견을 같이 한다. 그녀는 우주의 모든 것들이 보이지 않는 거미줄로 연결되어 있으며 인간을 포함한 모든 생물들이 이 에너지의 바다와 정보를 교환하며 우리의 마음까지도 이 과정을 따르며 작용한다고 보았다.

앞서 살펴보았듯이 자신의 잠재력을 마음껏 발휘했던 위대한 천재들은 하나같이 자신 안에 존재하는 우주적 에너지의 근원에 대해 느끼고 사용할 줄 알았다.

인간에게 '뇌'란 사고와 운동, 감정까지 관장하는 완벽하고 절대적인 것이다. 하지만 이들이 생각하는 뇌는 개체화된 인간 너머에 있는 어떤 것, 자연 혹은 우주라 불리는 것에 연결되어 에너지와 정보를 받는 '수신기'라고 통찰한 것이다. 마치 유튜브나 페이스북과 같은 SNS가 인류를 연결하여 한 개인의 지능을 초월하는 거대한 집단 지성을 이루어 냈듯이, 실제 우리의 뇌도 한 개인에 국한되는 것이 아니라 자신 너머의 어떤 것, 내 무의식과 초의식 너머의 깊은 우주에 연결될 수 있음을 의미한다. 우리는 이로부터 아이디어와 영감, 통찰을 얻어 이를 자신의 영역에 활용하여 경이로운 성과와 목표를 이루어 낼 가능성을 가지고 있다. 천재들은 보통 사람인 우리들과 다르게 단순히 자신의 작은 뇌 하나에 의지했던 것이 아니라, 제로 포인트 필드에 연결함으로써 더 큰 세계를 열어 갔던 것이다.

인간 의식 연구 분야의 세계적인 선구자로 손꼽히는 조 디스펜자(Jo Dispenza) 박사의 저서 《당신도 초자연적이 될 수 있다》에 따르면 우리가 대상과 물질에 쏟던 주의를 거두고 에너지와 정보에 초점을 연다면, 즉 제로 포인트 필드에 연결될 때 뇌의 서로 다른 부분이 조화롭게 작동하기 시작한다고 한다. 이 같은 뇌의 통합이 이루어지면 우리는 자신이 더 온전하다고 느끼게 된다. 또한 흥미로운 사실은 제로 포인트 필드와 심장의 연관 관계다. 제로 포인트 필드에 연결되면 심장이 더욱 규칙적으로 박동한다는 것이 연구를 통해 증명되었다. 심장 박동수가 규칙적이라는 것은 흥분 상태가 아닌, 평온한 상태를 유지하게 된다. 이렇게 되면 우리의 몸이 일관성 있는 상태를 유지하는 것이다. 심장이 이렇게 안정적인 상태라면 뇌 역시 같은 상태를 유지한다.

제로 포인트 필드와 연결될 때, 우리의 뇌는 어떻게 달라질까? 제로 포인트 필드에 연결되어 있을 때의 나는 평소에 알고 있던 나와는 완전히 다른 정체성을 띤다. 어떤 일에 집중했을 때 자신은 자각할 수 없겠지만 우리는 평소와는 다른 상태로 변화하게 된다.

이러한 단순한 집중의 단계에서 더 나아가, 몰입과 합일의 단계에 이르러 제로 포인트 필드에 온전히 연결된다면, 우리는 평상시의 몸과 마음의 상태를 넘어서게 된다.

평소 생활할 때의 뇌파 상태인 베타파 영역을 벗어나서 창의성 발현이 용이해지는 알파파의 영역을 넘어 세타파, 델타파, 감마파 상태로 들어간다. 이에 따라 자율신경계와 연결되는데, 자율신경계가 활성화되면 심장, 뇌, 몸 에너지 장에 일관성과 온전함을 더하면서 질서와 균형을 되찾아주며 몸의 모든 부분들도 일관성 있게 움직이게 된다. 이러한 일상의 '시공간을 뛰어넘은 초의식' 상태로 제포 포인트 필드에 연결되는 것이다. 우리는 이 제로 포인트 필드에 시공을 초월해 홀로그램 구조로 저장된 모든 정보와 연결될 수 있게 된다. 이렇듯 마음이 초의식 상태가 되면 시공간을 초월한 직관과 동시성이 발생할 수 있는 최적의 조건이 될 수 있다. 이것이 바로 우리 안의 잠재력, 창의성을 극대화시키는 비결인 것이다.

앞서 노벨 의학상 수상자 존 에클스 박사와 세기의 천재 니콜라 테슬라가 말하듯 우리가 마치 라디오 수신기와 같은 존재라고 비유해 보자.

라디오에서 클래식 방송의 주파수를 맞추면 이에 동일한 진동 주파수를 지닌 클래식 음악의 정보가 흘러나오는 것처럼, 우리가 제로 포인트 필드에 진동 주파수를 맞출 때, 영감과 정보와 방대한 에너지가 흘리들이 오게 된다. 같은 원리로 간헐적 몰입을 통한 긴장과 이완의 균형 잡힌 리듬과 박자로 우리의 생체 에너지의 리듬과 박자가 제로 포인트 필드의 리듬과 박자와 일치하게 될 때, 그때 우리는 지나치게 애를 쓰지 않아도 삶이 저절로 흘러가는 자연적인 최고의 몰입감을 경험하게 된다. 이렇게 제로 포인트 필드에 주기적으로 연결하면서 내 안의 잠재력과 창의성을 마음껏 발휘하며 살아갈 수 있도록 돕는 것이 바로 간헐적 몰입의 궁극의 목표다.

우주 만물이 에너지와 정보이고 우주 만물은 서로 연결되어 있으며, 이 에너지와 정보의 근원인 제로 포인트 필드가 존재한다면, 결국 어떻게 이 제로 포인트 필드에 깊은 차원으로 연결되어 영감을 받고, 강력한 에너지를 공급받을 수 있느냐가 우리 인생을 좌우하는 궁극적인 핵심 포인트가 되는 것이다.

간헐적 몰입을 통해 우리의 진동 주파수를 제로 포인트 필드에 조율하여 우주와 자연의 에너지의 흐름에 맞추어 창조력을 최대한 발휘하고, 우리의 삶을 그 잠재력의 한계까지 확장하며 나답게, 자유롭게, 충만하게 살아가는 삶. 상상만 해도 멋지지 않은가?

간헐적 몰입의 기술

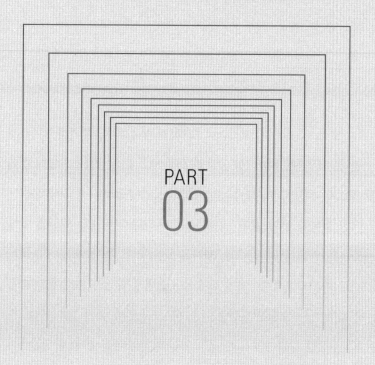

PART
03

태양 에너지를 충전하라,
햇빛의 선물

　　간헐적 몰입은 무엇이며 과연 그 원리는 무엇인지에 대한 궁금증들이 어느 정도는 해소되었을 것이라고 생각한다. 자, 그렇다면 간헐적 몰입에 들어가기 위해 우리는 어떤 준비를 해야 할까? 기회를 얻기 위해 무턱대고 책상에 앉아 있을 수만은 없는 일이고, 별다른 준비 없이 마냥 때를 기다리는 것도 무모해 보인다. 이번 장에서는 간헐적 몰입을 위해 몸과 마음을 준비하는 다양한 과정들을 소개하고자 한다. 돈이 많이 드는 것도, 거창한 방법론이 있는 것이 아니니 안심해도 좋다. 실생활에서 쉽게 누구나 따라할 수 있는 것들만 나열했다.

　　경영대학원 재학 시절 나는 종종 스마트폰과 노트북을 가지고 캠퍼스 내 작은 동산으로 올라가곤 했다. 산속에서 맑은 공기를 마시며 과제를 하거나 책을 읽었는데, 어느 날 항상 당연하다고 생각했던 그 상황이 갑자기 너무 신기하다는 생각이 들었다. 아무것에도 연결되어 있지 않지만, 전기 콘센트를 통해 충전한 스마트폰과 노트북으로 장소에 상관없이, 눈에 보이지 않는 연결망에 접속해 정보와 데이터를 다운받고 동영상을 보며 여러 문서 작업도 한다는 것이 말이다. 기술 발전이 가져온 편리한 지금의 시대가 놀라웠던 것이 아니라 스마트폰과 노트북을 휴대하며 그것을 사용하는 과정이 에너지체인 인간과 너무도 많이 닮았다는 생각이 들었기 때문이다.

우리가 가진 최첨단 IT기기들을 효율성 있게 잘 사용하려면 방전되지 않도록 주기적으로 에너지를 충전시키고 불필요한 프로그램이 쓸데없는 에너지를 소모시키지 않도록 살펴야 한다. 그래야 빠르고 효율성 있게, 오래도록 고성능을 유지하며 사용할 수 있는 것이다. 인간도 이와 마찬가지로 양질의 에너지를 주기적으로 충전하고 불필요한 생각이나 감정들에 에너지를 의미없이 소비하지 않도록 해야 온전하고 건강한 삶을 살아갈 수 있다는 공통점을 발견하게 된 날이었다.

간헐적 몰입의 비결은 이처럼 효과적이며 강력한 에너지원에 자신을 연결하여 에너지를 최대로 충전하고 이를 효과적으로 관리하는 것에 있다고 할 수 있다. 그렇다면 가장 손쉽게 충전할 수 있는 에너지원은 무엇일까? 그것은 놀랍게도 우리가 매일 마주하는 대상, 즉 햇빛이다.

아유르베다 의학과 홍채 진단법 등의 대체 의학 전문가 안드레아스 모리츠(Andreas Moritz)는 어릴 적부터 각종 질환과 싸우며 자연스럽게 식이요법, 영양학 등 자연 치료법을 접하게 된다. 그는 특히 햇빛이 가진 엄청난 치유 능력에 대해 강조했는데 자신의 저서 《햇빛의 선물》에서 햇빛의 중요성에 대해 다음과 같이 설명한다. 지구상의 모든 생명체는 햇빛이 없다면 하루도 살아갈 수 없다. 인간을 비롯해 동물, 식물, 심지어 미생물까지도 햇빛으로 생명을 유지한다. 매일 아침 당연하게 떠오르는 태양은 항상 저절로 떠오르기 때문에 햇빛의 중요성에 대해 생각하는 사람은 많지 않다. 하지만 가만히 생각해 보면 지구에서 사용하는 에너지들은 모두 태양에서 온 것이다. 햇빛은 대기와 해류를 이동시키고 바닷물을 증발시켜 구름을 만들고 땅에 비와 눈을 내리게 한다. 우리가 날마다 먹는 음식도 광합성을 통해 만들어진 영양분들이 먹이 사슬의 이동경로에 따라 인간에게 진해지는 깃으로, 결국 모두 태양 에너지로 만들어진 것이라고 할 수 있다. 햇빛은 산소와 이산화탄소를 만들고 온도와 습도를 조절해 쾌적한 환경이 되도록 균형을 맞추기도 한다. 동양의 음양오행에서도 태양이 가장 먼저 나오며 성경에는 첫째 날에 창조된 것이 다름 아닌 '빛'이다.

햇빛은 적외선, 자외선, 가시광선으로 이루어져 있다. 적외선은 눈으로 볼 수 있는 색을 가진 가시광선의 바깥쪽 복사선으로, 눈에 보이지 않으나 열작용이 있는 광선이다. 적외선은 우리 몸의 혈관을 확장시켜 혈액의 공급을 원활하게 해 주고 혈액에 세균 침투를 막아 준다. 환부를 치료히기나 통증을 완화히는 데도 적외선 치료가 사용된다.

자외선은 살균 효과가 뛰어나고 우리 몸에 필요한 비타민 D를 생성시켜 준다. 비타민 D는 음식으로는 섭취가 거의 불가능하며 피부 세포에 있는 7 - 디하이드로콜레스테롤이 햇빛 속 자외선을 받아 형성된다. 그리고 햇빛은 장에서 칼슘과 인을 흡수하도록 돕고 적당한 양을 혈액 속에 저장하여 뼈를 강하게 한다. 칼슘 흡수율에 대한 보고서에 의하면 햇빛을 쬐면 15퍼센트 이상 증가하는 것으로 알려져 있다.

안드레아스 모리츠는 햇빛은 신체를 위한 마법의 묘약이며 자연이 주는 가장 강력한 치유 물질이라고 말한다. 그는 우리 조상들이 항상 햇볕 아래에서 생활했기 때문에 병에 걸리지 않았으며, 지구상의 모든 것이 태양 에너지를 근원으로 삼고 있기 때문에, 태양을 쐬지 않는 것은 지구에서 태어나지 말았어야 한다는 말과 동일한 의미가 된다고까지 말한다. 하지만 아이러니하게도 현대 의학과 의학 산업계는 햇빛의 위험성에 대한 권고를 지속적으로 이어가고 있다고 한다. 그는 이런 잘못된 조언이 비타민 D 결핍 증상을 확산시켰고 심장 질환, 다발성 경화증, 골다공증, 제1형 당뇨병, 감염, 자가 면역 질환, 우울증, 천식, 암을 포함한 수많은 질병이 발생해 무수히 많은 사람의 생명을 앗아 갔다고 한다. 과학은 아직도 햇빛의 놀라운 이점들을 모두 이해하지 못하고 있으며, 햇빛이 암을 유발한다는 근거가 불충분한 이야기를 하고 있다고 안드레아스 모리츠는 설명을 덧붙인다.

우리가 상식적으로 알고 있는 것과 다르게 진실은 정반대다. 비타민 D는 우리에게 가장 중요한 영양소 가운데 하나이며, 암을 예방하는 데에도 중대한 역할을 한다. 하버드 의대가 《미국의학협회 저널(The Journal of the American Medical Association, JAMA)》에 발표한 연구 논문에서 암에 걸리지 않았던 2만 5천 명을 대상으로 5년간 살펴본 결과 비타민 D가 암세포의 증식 및 전이를 억제하며 전이성 암을 예방하는 가장 싸고 쉽게 구할 수 있는 치료약이라고 언급했다. 그리고 비타민 D의 항암 메커니즘에 대해 보다 더 쉽게 설명했는데 암이 치료되는 방향으로 세포의 기능을 촉진시키고 암세포의 성장을 억제하며 병든 세포를 자살하게 하고 암이 전이되게 하는 신생 혈관의 형성을 억제한다는 것이다.

햇빛이 우리 몸에 나쁜 것이라면 대자연이 왜 우리를 태양에 의존하도록 만들었겠는가? 인간에게는 햇빛이 꼭 필요하다. 햇빛을 적절히 쬘수록 건강해지며 암에 걸릴 위험이 줄어든다. 햇빛이 적은 북반구에서 암환자가 더 많이 발병한다는 것은 이미 널리 알려진 사실이다. MIT 출신의 화학자이자, 국제 컨설턴트로 활약하던 중 48세의 나이에 병원에서 사형 선고를 받았으나 스스로 건강을 연구하여 비타민 C 대량요법 등으로 건강을 회복한 레이먼드 프랜시스(Raymond Francis)는 《암의 스위치를 꺼라》라는 저서를 통해 비타민 D의 중요성에 대해 강조한다.

그에 따르면 북반구 사람들은 모든 종류의 비타민 D 결핍성 질환을 앓고 있는데, 특히 미국 인구의 40퍼센트 이상이 비타민 D 결핍 상태이며 겨울이 지날 무렵에는 약 60퍼센트까지 증가한다. 겨울에 감기가 매우 **빨리** 퍼지는 이유 중 하나가 일조량의 감소에 있다. 햇빛의 양이 적어지면 외부 활동을 줄어드는데, 이는 다시 비타민 D 부족으로 이어지고, 비타민 D가 부족하면 면역 기능이 약해져 감기에 걸릴 확률이 높아진다.

안드레아스 모리츠는 햇빛은 치료 범위가 가장 넓은 천연 치료 약이기도 하다고 강조하며 스위스의 의학 박사인 오귀스트 롤리에(Auguste Rollier)의 사례를 들어 설명했다. 1903년에 롤리에 박사는 알프스 고산 지대에 햇빛을 이용해 병을 치료하는 특수한 병원을 개업했다. 병원은 해수면으로부터 약 1,500m 높이에 있었는데 해수면에서 300m 정도 고도가 올라갈 때마다 자외선의 강도는 4퍼센트씩 증가하게 된다. 따라서 해발 1,500m에서 태양의 자외선 강도는 해수면보다 20퍼센트 정도 높아진다. 전략적으로 선택한 병원의 위치 덕분에 그의 환자들은 더 많은 자외선을 쬘 수 있었고 롤리에 박사는 20년 동안 2,000건 이상의 골결핵(결핵균이 골조직에 증식하여 발생하는 질환) 및 관절결(핵결핵균에 의한 관절 내 감염)을 치료했으며, 그중 80퍼센트 이상이 완치되었다. 그는 영양가가 풍부한 식사와 함께 이른 아침에 햇빛을 쬐는 것이 가장 좋은 효과를 나타낸다는 사실을 발견했고 당시에 가장 유명한 햇빛 요법 시술자가 되었다.

롤리에 박사의 유명세가 한창일 때 그는 36개 병원에서 1,000여 개의 병상을 운영하기도 했다. 롤리에 박사는 폐결핵이나 구루병은 물론 천연두나 심상성낭창(피부 진성 결핵의 하나) 등과 같은 까다로운 질병을 치료하는 데에도 햇빛자외선을 이용했다. 햇빛이 가진 치유 능력은 의학적 측면에서도 아주 오래 전에 증명되었지만 롤리에 박사가 사망한 이후 제약 산업은 더욱 발전하게 되었고 햇빛 요법은 점점 사라져 그 빛을 잃어갔다고 안드레아스 모리츠는 전한다.

이처럼 햇빛이 가진 긍정적인 효과는 육체적 질병에만 국한되는 것은 아니다. 현대인들을 가장 괴롭히는 질병인 우울증은 뇌에서 분비되는 호르몬의 균형과 관련이 있다. 호르몬의 균형이 깨져 특정 호르몬의 분비가 과다하거나 미세할 때 우울증에 빠진다. 햇빛은 행복 호르몬, 천연 우울증 치료제로 알려진 세로토닌의 분비에 있어 아주 중요한 역할을 한다. 세로토닌이 생성되기 위해서는 단백질을 구성하는 아미노산 중 트립토판이 필요한데 트립토판은 장에서 흡수되며 그중 일부가 세로토닌으로 분해된다. 이 과정에서 자외선이 생성하는 비타민 D의 역할이 꼭 필요하다는 것이다.

햇빛은 이처럼 몸과 정신을 이완하고 회복하는 데 굉장한 일을 수행해 낸다. 다만 주의점도 있으니 안드레아스 모리츠가 소개하는 다음과 같은 햇빛 사용법을 참고하기 바란다.

특히 밝은 피부, 어두운 피부에 따라 필요한 햇빛의 양이 다르다는 것도 명심해야 한다. 피부가 분홍색으로 변하기 시작하면 햇빛 쬐기를 멈추어야 하며, 가능한 한 조금씩 자주 쬐도록 하되 혹시나 야외에서 장시간 있을 때는 피부를 보호할 수 있는 옷을 입고 챙이 넓은 모자를 착용해야 한다.

아침 9시에 출근해서 빨라야 6시에 퇴근하는 직장인들은 낮시

햇빛 사용법

1 일광욕을 하기 좋은 계절과 시간대는 봄과 초여름이다. 봄에 일광욕을 하게 되면 신체가 강한 여름철의 햇살에 일광욕할 준비를 하게 해 주며, 봄과 여름은 실제로 피부에 비타민 D가 합성되는 기간이기도 하다. 시간대는 일출부터 오전 10시까지 그리고 오후 4시부터 일몰 전까지가 좋으며 햇빛이 강하지 않은 겨울에도 역시 오전 10시부터 오후 4시가 적당하다. 안드레아스 모리츠는 그림자가 자신의 키보다 커지기 전의 햇빛이 더 효과적이라고 조언한다.

2 자외선 차단제를 바르지 않는 것이 좋다. 대신 천연 알로에 베라나 버진 코코넛 오일, 올리브 오일을 사용하라.

3 단, 식사 전후의 약 1시간 30분은 햇빛에 노출되는 것을 피하는 것이 좋다. 태양 에너지는 소화를 방해하며 에너지 균형을 변화시킬 수 있다.

4 지나친 일광욕은 DNA에 손상을 주어 오히려 건강에 유해할 수 있다. 각자의 피부색마다 필요한 햇빛의 양이 다르니 피부가 점점 분홍색으로 변하기 시작하면 햇볕 쬐는 것을 멈추는 것이 좋다.

간의 대부분을 책상 앞에서 지낸다. 그런 경우라면 태양 에너지를 흡수할 수 있는 시간이 절대적으로 부족하다. 하지만 꼭 밖으로 나가지 않아도 간접적인 방법으로 태양에 노출되는 시간을 늘려 상황을 호전시킬 수 있다. 실내에서 햇빛의 혜택을 누리고 싶다면 아래와 같은 노력을 통해 실내에서도 더 많은 햇빛을 쬘 수 있을 것이다.

• 자외선을 투과시키는 유리로 만든다.

• 더 많은 햇빛이 들어올 수 있도록 커튼을 열어 둔다.

• 계절과 날씨가 허락한다면 가능한 한 창문을 열어 두는 게 더 좋다.

- 태양광과 비슷한 파장의 빛을 방출하는 스펙트럼 라이트를 가능한 한 많이 설치한다.

사람들은 보통 일광욕을 여름에만 하는 것으로 생각하는데 바람을 적절하게 가릴 장소만 있다면 추운 겨울에도 충분히 일광욕을 즐길 수 있다. 날씨가 화창할 때 창문을 활짝 여는 것도 좋은 방법이다. 안드레아스 모리츠는 몹시 추운 지역에서 지낼 때도 이 방법을 사용했다고 한다. 햇빛을 쬐는 것에 대한 거부감이 있다면 노출되는 시간을 조금씩 늘려가는 방법을 택하면 된다.

특정한 시간을 내어 일광욕을 하는 것도 불가능하다면 하루에 40~60분 동안 햇빛 아래에서 산책하는 깃도 비슷한 효과를 볼 수 있다. 그 정도면 우리의 신체와 정신을 건강하게 유지하는 데 필요한 충분한 양의 햇빛을 쬘 수 있지만 틈날 때마다 '비타민 D 배터리'를 충전시켜 놓는 것이 좋다고 한다. 안드레아스 모리츠는 자신의 경험으로 미루어 볼 때 그림자의 크기가 실제 키보다 길어지면 자외선의 강도가 피부에서 비타민 D를 생산할 만큼 충분히 강하지 않은 것이니 가능한 그 시간 전에 햇빛을 쬘 것을 권한다.

일광욕 전에 피부의 잔여 유분을 제거하기 위해 샤워를 하고 점성이 좋아서 태양 복사열을 잘 흡수할 수 있는 올리브 오일 같은 천연 오일을 바르는 것도 좋다. 자외선 차단제를 사용하면 피부에서 어떤 형태의 비타민 D도 생산하지 못하기 때문이다. 그리고 일광욕을 마친 다음 몸을 씻을 때는 되도록 물로 하는 것이 좋은데

비누가 비타민 D를 포함한 모든 유분을 제거하기 때문이다.

　태양의 근본적인 힘에 대해서 놀랍게도 이미 200년 전에 다음과 같이 통찰한 현자도 있다. 일본의 전설적인 운명학자 미즈노 남보쿠는 《절제의 성공학》이라는 자신의 저서를 통해 몸이 약한 사람이라면 특히 매일 아침 떠오르는 태양을 바라보길 권한다. 태양은 양의 근원이며, 생명의 근원이라고 말하며 태양을 바라보면 몸과 마음이 건강해지고 장수하게 된다는 것이 그의 통찰이다. 아침에 태양의 기운을 받지 못하면 하늘로부터 받고 태어난 원기(元氣)가 약해지고 마음도 옳지 못한 곳에 머물게 된다는 것이다. 놀랍게도 미즈노 남보쿠는 200년 전부터 태양이 가진 위대한 힘을 이미 깊이 이해하고 있었던 것이다.

　이번 파트에서는 햇빛에 대해 깊이 연구한 안드레아스 모리츠의 《햇빛의 선물》을 중심으로 태양 에너지의 유익에 대해 살펴보았다.

　간헐적 몰입의 핵심 중 하나는 신체와 정신의 회복이다. 태양 에너지를 받아들이는 것은 이러한 목적에 완벽하게 부합하는 하나의 방법이며 비용이 전혀 들지 않는다는 장점이 있다. 출퇴근 시간, 점심시간 등 햇빛 아래 나가는 것을 두려워하지 마라. 햇빛은 하늘에서 쏟아지는 무료 영양제다. 태양을 남용하지 않고 현명하게 사용한다면 햇빛은 당신의 심신 건강을 유지해 주고 에너지를 충전해 주는 훌륭한 파트너가 될 것이다.

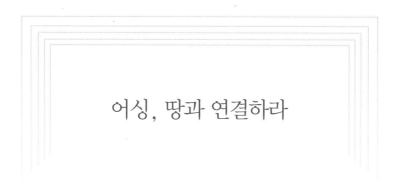

어싱, 땅과 연결하라

나는 수년 전부터 '책추남TV'라는 유튜브 채널을 운영 중이다. 삶의 진정한 변화와 성장을 촉진시켜 주는 주옥 같은 양서들과, 지금은 쉽게 구힐 수 없어 아쉬운 절판 도서들로 콘텐츠를 만들어 전달하고 있다. 좋은 책을 소개한 덕분인지 지금은 꽤 많은 구독자들이 생겼고 지구 저편에서 안부를 묻기도 하고 서로가 전하고 싶은 다양한 이야기들로 소통하고 있다. 그런데 본서를 집필하는 동안 책추남TV를 통해 나에게 다가온 간헐적 몰입의 새로운 지혜 중 하나가 바로 '어싱(Earthing)'이다.

어느날 책추남 나비 스쿨 4학년 과정 '라이프 체인저 코칭'에 부부가 함께 참여하던 미국의 치과의사 크리스틴님으로부터 《어싱》이라는 책을 읽어 보았냐는 질문을 카카오톡 메시지로 받았다. 나는 호기심이 동해 그 책과 추기로 관련 서적들을 섭렵했다. 그 결과 어싱이 가진 치유의 힘에 크게 공감했으며 지금은 스스로를 '어싱 매니아'라고 할 만큼 그 효과를 몸소 체험하고 실천에 옮기려 노력하고 있다. 그렇다면 먼저 '어싱'이라는 이 생소한 용어가 무슨 의미인지부터 알아보도록 하자.

어싱이란 야외에서 맨 땅이나 해변을 맨발로 걷거나 앉아 있기 혹은 자연적인 지구의 치유 에너지를 전달해 주는 전도성 장치에 몸을 연결한 상태에서 잠을 자거나 일을 하는 것이다. 어싱 이론에 따르면 지구는 거대한 음(-)전하를 띠고 있으며 우리가 맨발로 땅에 접지(接地)할 때 음전하가 발바닥을 통해 인체로 유입되고 반대로 신체의 유해 정전기는 지구 표면으로 흘려보낸다고 한다. 그리고 유입된 음전하는 인체에 전방위적인 치유의 메커니즘을 촉발한다.

우선 음전하는 활성 산소를 중성화시켜서 염증의 발생 과정을 억제한다. 일반적으로 활성 산소에 음전하가 부여되면 활성 산소는 안정화가 되어 우리 몸에 위해를 가하지 않기 때문이다. 어싱을 하면 땅속에 무궁무진하게 존재하는 음전하를 띤 자유 전자들이 몸 안으로 올라오는데, 치유가 가능하다는 이유로 '생명의 자유 전자'라고도 일컫는다. 신발을 벗고 맨발로 땅과 접지하게 되면 그러한 생명의 자유 전자가 마치 스마트폰이나 전기차에 전기가 충전되듯 우리 몸속으로 충전된다.

'어싱 건강법'은 미국인 사업가이자 전기 기술자인 클린턴 오버 (Clinton Obber)가 처음 이론을 정립했다. 그는 몬테나주 빌링스에서 케이블TV 관련업으로 크게 성공한 사업가가 되었지만 건강상에 큰 문제를 겪고 은퇴를 결심하게 되었다. 그리고 더 높은 삶의 목적을 찾는 여행길에 오른다. 여행을 하는 동안 그의 눈에 여행객들의 신발이 유난히도 들어왔고 사람들이 모두 절연성 재질로 이루어진 신발을 신고 있다는 것을 깨달았다.

직업적 경험을 토대로 짐작해 볼 때 인체는 전도체인데 땅과의 전기적 연결을 막는 절연성 신발을 신는다면 인체 건강에도 문제가 되지 않을까 하는 생각에 이르렀다. 클린턴은 자신의 생각을 확인하기 위하여 절연 상태의 신체 정전기 양을 측정한 결과 절연 상태에서 실내의 전자기파가 인체 전압을 올린다는 것을 발견했다. 특히 침실에서 인체 전압이 가장 높은 것을 보고 자신의 불면증이 침실의 전자기적 환경 때문이라고 생각했다. 그는 즉시 유해 정전기를 흘려보내는 금속판을 만들어서 침대 위에 올려놓고 그 위에 누워 다시 인체 전압을 측정했다. 신기하게도 높게 측정되던 인체 전압이 장치를 통해 0볼트에 가깝게 낮아지는 것을 관찰했다.

클린턴은 해당 결과를 곰곰이 생각하다가 잠이 들었고 눈을 떠 보니 아침이었다. 실로 몇 년 만에 수면제 없이 단잠을 잔 것은 물론, 다음날도 또 다음날도 수면제 없이 잠을 잘 자게 되었다.

이에 그는 어싱 요법에 무언가 특별함이 있음을 알고서 10여 년 동안 과학자와 의사, 전기 공학자, 자연 치유가들과 함께 연구와 임상을 진행했다. 그리고 10여 년의 연구를 《어싱》이라는 저서로 정리하여 2009년에 출간했으며 15개국에서 번역되어 출간되었다.

우리가 기존에 알고 있던 접지는 번개나 합선 같은 사고 발생 시 전기 장비와 신체의 접촉 등으로 생기는 전기 충격과 화재로부터 기기와 인체를 보호하는 것이다. 장비의 한 부분을 도체를 이용해 땅에 연결하게 되면 지구가 거대한 도체로 전위가 0이기 때문에 전기 기기도 지구의 일부가 되어 전위가 0으로 유지되어 사고를 방지할 수 있다. 클린턴은 이같은 프로세스를 인간의 신체와 지구의 관계론적 관점으로 해석해 새로운 이론으로 만들 수 있었던 것이다.

클린턴의 생각처럼 인체는 생체 발전과 생체 전기로 기능하는 정밀한 전자 기기이다. 세포 간의 신호 전달과 신경의 흐름, 경락의 흐름 등이 모두 생체 전기의 영향 아래 이루어진다. 이런 점에서 인체가 혈액 순환 등 생리 활동을 하는 과정에서 마찰력에 의해 필연적으로 정전기, 누전, 전자파 등의 유해 파장이 생긴다. 그리고 이것이 적절하게 배출되지 않으면 클린턴처럼 인체 전압이 올라가 불면증에 시달리거나 각종 질병에 시달릴 수밖에 없다. 어싱 기법의 실천을 통해 다음과 같은 치유 효과를 볼 수 있다.

- 생체 리듬이 정상화된다.
- 대부분의 경우 수면의 질이 향상된다.
- 심신의 에너지가 증가한다.
- 신경계를 안정시키고 스트레스가 줄고 차분해진다.
- 심박 변이도가 증가한다.
- 적혈구 응집이 감소한다.
- 염증의 원인을 완화하고 수많은 염증 관련 질환의 증상을 완화하거나

없앤다.

- 통증이 감소한다.

- 노화가 방지된다.

- 시차 적응이 쉬워진다.

- 주변 전자기장의 잠재적 위해로부터 몸을 보호한다.

- 강도 높은 훈련이나 경기 후 회복이 빠르다.

어싱에 관한 여러 의학적 연구들이 최근까지 이어져 오고 있는데, 2020년 12월 이라크 바스라 의과대학 하이더 압둘 라티프 무사(Haider Abdul-Lateef Mousa) 교수가 〈어싱에 따른 코비드 19의 예방과 치료(Prevention and Treatment of COVID-19 Infection by Earthing)〉라는 어싱과 코로나 확진자들에 대한 세계 최초의 임상 연구 논문을 발표해 화제가 되었다.

국내에는 박동창 박사가 '맨발 걷기 숲길 힐링스쿨'을 운영하면서 양파, 우유, 금붕어, 고무나무 등, 어싱 대조군 실험을 통해 눈으로 직접 어싱 기법의 효과를 관찰할 수 있도록 유튜브 영상 콘텐츠를 제공하고 집필 활동을 통해 어싱 보급에 헌신하고 있다.

어싱의 강한 치유의 힘을 경험한 나는 '책추남TV'를 통해 앞서 말한 《어싱: 땅과의 접촉이 치유한다》라는 책을 구독자들에게 소개했는데 반응이 매우 뜨거웠다. 미국, 괌, 일본 등 세계 각지에서 일반인뿐만 아니라 책추남 나비 스쿨 3학년 과정인 북살롱에 참여 중인 의사, 수의사 등 의학 관련 전문가들이 직접 어싱을 실험하고 경험했으며 그 효과가 탁월했다는 피드백을 받았다. 어싱 권위자의 연구 결과처럼 염증 증상이 급속히 감소한 것은 물론 20년 동안 혈압약을 복용한 분의 혈압이 정상수치로 돌아왔고 오랫동안 괴롭히던 교통사고 후유증이 급속도로 경감되는 등 어싱의 놀라운 치유 성과를 직접 전해 들을 수 있었다.

인간이 땅을 밟지 않고 살게 된 지가 얼마나 되었을까? 어싱의 비밀을 알고 나서 고가의 브랜드 신발을 찾는 것이나, 고층 아파트를 고집하는 일이 얼마나 의미 없는 일인지 다시 한번 확인하게 되었다. 그런 것들이 지구와 인간의 거리를 더 멀어지게 만든 것만 같아서 말이다.

인간의 심신에 가장 좋은 에너지는 자연 에너지의 진동수이다. 두통이나 소화불량, 걱정, 두려움, 긴장감이 들 때마다 땅 위에 서거나 누워 보자. 하루 일을 마친 뒤나, 장기간 운전 후에도 어싱으로 마음을 평온하게 다스려 보자. 손이든 등이든 엉덩이든 발이든 몸의 불편한 부위가 땅과 만나는 느낌에 집중하는 것이다. 우리의 작은 에너지가 대지의 커다란 에너지와 공명을 일으켜 건강한 대지의 에너지로 충전될 것이다. 되도록 빨리 가까운 공원이나 산에서 맨발로, 혹시 부담이 되면 양말을 신고라도 지구에 접촉해 보자. 긷거나, 나무나 풀을 만져 보라! 간헐적 몰입을 위한 천연의 내지 에너지를 충전하는 확실한 방법이다.

영혼을 위한 건강법, 호흡

"호흡은 가장 기본적이고 필수
적인 행위이며 신성한 본질을 품는다. 내쉬는 숨은 신을 향한
움직임이고 들이쉬는 숨은 신에게 받은 영감이다. 호흡은 생
명이다."

– 리노 밀레

호흡은 숨을 들이마시고 내쉬는 기본적인 생명 유지의 현상이
지만 숨을 쉰다는 것에 의문을 가지기란 쉽지 않다. 생물이라면 태
어나면서 자연스럽게 하는, 아니 저절로 이루어지는 것이라고 생
각했기 때문이다. 호흡은 숨을 들이마시고 내쉬는 기본적인 생명
유지의 현상이지만, 《아쉬탕가 요가》의 저자인 리노 밀레(Lino Miele)
가 위에서 말한 것처럼 호흡은 우리의 정신과 영혼까지 관장하는
힘을 지니고 있다. 싯다르타가 호흡을 통해 깨달음을 얻은 것처럼
영혼육의 건강함을 유지하기 위해서도 호흡을 관리하는 것이 중요

하다.

명상과 요가에서도 호흡법이 매우 중요한 부분을 차지하는데, 이는 몸의 이완뿐 아니라 정신적인 안정을 위해서도 꼭 필요한 단계이다. 간헐적 몰입에 들어가기 위해서도 호흡은 아주 중요한 부분이다. 호흡은 생명의 리듬감을 인지할 수 있고 되살릴 수 있는 가장 근본적인 요소이기 때문이다. 무의식적으로 했던 호흡을, 숨 쉬는 그 자체에 온전히 주의를 기울이며 깊고 리듬감 있는 호흡으로 의식적으로 훈련해 나가는 것은 어지럽고 혼란스러운 심신을 정리하는 데 큰 도움이 된다.

스탠퍼드 스포츠 의학 센터의 디렉터인 야마다 도모는 《스탠퍼드식 최고의 피로회복법》이라는 저서에서 배의 압력을 이용한 '복압 호흡법(Intra Abdominal Pressure, IAP)'를 소개한다. 그는 피로가 발생하는 주된 원인이 '흐트러진 몸의 중심으로 발생하는 신체와 뇌의 불협화음' 때문이라고 밝히고, 이를 해결하기 위한 핵심 전략으로 'IAP 호흡법'을 소개한다. 올바른 호흡을 통해 몸의 중심이 안정되면 틀어진 자세를 쉽게 바로잡을 수 있고, 중추신경과 신체의 연계가 원활하게 이루어져 자연스레 '지치지 않게 몸을 사용하는 법'을 익힐 수 있기 때문이다.

그기 제시히는 복압 호흡법은 복부에 강한 힘을 주어서 하는 호흡법이다. 보통 자연적으로 숨을 내쉴 때 배가 안으로 들어가는 것과 반대로, 이 복압 호흡은 내쉴 때 의식적으로 배를 내밀어 몸의 중심이 곧게 서게 만든다. 몸이 바르게 되면 중추신경이 활성화되고 신체의 부담이 줄어들게 된다. 이에 따라 신체 각 부위가 원래 있어야 할 위치에 있는 최적의 상태가 되고 몸에 무리가 가는 불필요한 움직임이 사라지게 된다.

결과적으로 불필요한 움직임이 사라지면 신체 기능이 향상되고 피로와 부상의 위험이 적어진다. 한마디로 몸에서 가장 중요한 기관들이 있는 복강의 공간을 넉넉히 확보하면 내장들이 자연적으로 편안해지고 온몸이 바른 자세가 되어 건강을 유지할 수 있는 것이다.

올바른 호흡은 흐트러진 신체의 균형을 바로잡고 혼란스러운 마음을 정리한다. 이 단계는 바로 간헐적 몰입으로 들어가는 첫 단추이기도 하다.

간단하고 효과적인 호흡법을 하나 더 소개하고자 한다. 5분이나 10분 정도의 시간이 주어지면 어디서나 따라할 수 있는 아주 간단한 호흡법이다.

1단계: 바른 자세잡기

사무실이라면 의자에서, 집이라면 바닥에 앉거나 누워 몸의 허리와 척추를 자연스럽고 곧게 정렬한다. 마치 머리카락을 끈으로 묶어서 공중에 몸을 매달아 놓는 느낌으로 척추는 자연스럽게 곧게 펴 있는 동시에 편안히 이완되어 있는 상태를 유지하는 것이 이상적이다.

2단계: 자신의 호흡을 관찰하기

자신이 언제 숨을 들이쉬고 내쉬는지 그저 편안히 관찰한다. 아무런 판단 없이 그저 있는 그대로 숨이 들이마시고 내쉬는 과정을 관찰한다. 조금 익숙해지면 들숨이 날숨으로, 날숨이 들숨으로 바뀌는 찰나의 순간을 감지해 본다. 들이쉴 때는 맑고 깨끗한 기분과 좋은 에너지가 온몸에 가득히 차오르는 것을 상상하고, 내쉴 때는 심신의 긴장과 스트레스가 겨우내 남은 눈이 봄날의 햇살에 스르르 녹듯이 사라지는 것을 상상하며 호흡한다.

3단계: 사랑하는 대상 상상하기

내가 사랑하는 사람, 애완동물, 장소, 추억, 미래의 즐거운 상상 어느 것이든 좋다. 사랑하는 대상을 상상하고, 이때 느껴지는 감정과 몸의 감각을 지금 이 순간 충만히 느껴본다.

4단계: 온몸의 세포를 맑은 에너지로 충전하기

다시 호흡에 주의를 기울이면서 들이쉴 때, 발바닥을 움츠렸을 때 움푹 들어가 있는 부분에 위치하는 용천혈을 통해 맑은 에너지가 머리끝까지 쭈욱 빨아들여지는 것을 상상하고, 내쉬면서 이 맑은 에너지가 온몸의 세포 속으로 기분 좋게 스며드는 상상을 하며, 몇 차례 들이쉬고 내쉬면서 기분 좋게 심호흡법을 마무리한다.

호흡법은 종교인들이 명상을 할 때 하는 특별한 것이 아니다.

누구나 할 수 있고, 숨 쉬는 것만으로 심신의 이완과 평화를 가져다주는 간단하지만 효과는 좋은 방법이다. 그러니 이제 잠시 자신만의 시간, 혼자 있는 시간에 몸과 마음을 가다듬는 호흡부터 시작해 보도록 하자. 호흡은 우리의 에너지를 변화시키는 가장 빠르고 가까운 길이다. 간헐적 몰입은 바로 여러분의 코끝의 호흡에서부터 시작된다.

심장 지능을 활용하라

　　이집트 박물관과 영국 박물관에는 고대 이집트인들이 제작한 '사자(死者)의 서(Book of the Dead)'가 영구 소장되어 있다. 사자의 서는 고대 이집트 시대에 사람이 죽으면 시체와 함께 매장하는 사후 세계에 대한 안내서로, 그림과 문자가 기록된 두루마리 형태로 되어 있다. 그림에는 신이 죽은 자의 심장과 깃털의 무게를 재는 장면이 있는데 심장이 깃털보다 무거우면 악어 머리를 한 암무트 신이 심장을 삼켜 버려 내세의 삶을 보장받지 못한다는 은유적인 의미를 담고 있다. 아마도 심장이 그 사람의 인생에서 일어난 모든 것을 기억하고 있다고 여겼던 것 같다.

　　동양의 인도나 중국에서는 마음의 자리를 심장으로 보았다고 한다. 인도의 경전 《법구경》에서 마음의 토대기 심장이고 했고, '마음 심(心)'이라는 한자가 심장 모양을 본떠 만든 상형 문자라는 것은 많은 사람들이 아는 사실이다.

　　19세기 말, 인간의 사고와 행동을 연구하는 심리학이 정신과학 분야의 학문으로 자리잡기 전에도 동서양을 불문하고 마음과 심장의 상관관계에 대한 오랜 탐구는 지속되었으며, 이런 사실은 심장이 인간의 삶에 얼마나 중요한 의미를 지녔는지 알 수 있다.

현대에도 이런 연구는 멈추지 않고 있다. 미국 캘리포니아에 위치한 하트매스 연구소(HeartMath Institute)는 심장과 뇌의 일관성을 연구하는 심장 과학 분야의 최고 연구 기관이다. 1991년부터 심장과 마음 사이의 연결점을 찾고, 그것을 강화하여 안정적인 삶을 영위하도록 과학적으로 신뢰할 만한 도구들을 연구하고 개발해 오고 있다. 그리고 연구가 거듭될수록 하트매스 연구소는 심장이 가지는 독립적인 직관의 중요성을 알리고 그것을 인지하여 육체적·정신적·정시적 균형을 찾도록 돕는 것을 시명으로 삼게 되었다. 하트매스 연구소는 심장과 원활한 소통을 하며 균형 잡힌 라이프 스타일을 유지할 수 있는 다양한 연구 결과들을 여러 매체와 저작물을 통해 전파하고 있다.

하트매스 연구소의 설립자인 닥 췰드리(Doc Childre)와 하워드 마틴(Howard Martin)이 저술한 《스트레스 솔루션》과 하트매스 연구소와 긴밀히 협조하고 있는 조 디스펜자 박사의 저서 《당신도 초자연적이 될 수 있다》에서 소개하는 심장에 관한 연구 중에서 중요한 내용을 정리해 소개해 보면 다음과 같다.

심장은 생명의 탄생 과정에서 신경계와 두뇌가 발달되기 전에 먼저 발달하는 기관이다. 생명 유지를 위해 끊임없이 혈액을 받아들이고 내보내면서 온몸으로 이동시키는 순환계의 중추 기능을 한다. 그런데 심장에 인간의 두뇌와 별개로 신경전달물질, 단백질, 지지세포들의 복잡한 조직망으로 구성된 4만 개 이상의 뉴런으로 이뤄진 '심장 뇌(Heart-Brain)'가 존재한다는 새로운 사실을 발견했다. 게다가 이 심장 뇌의 규모는 우리의 복잡한 두뇌의 규모에 버금갈 정도이며, 독립적으로 행동하고, 배우고, 기억하며, 삶에 대해 반응한다는 것도 알게 되었다.

또한 심장에 의해 발생하는 전자기장을 통해서 정보 전달 과정이 일어난다는 연구 결과도 발표되었다. 심장은 심장 박동이라는 전기 에너지를 발생시켜 우리가 받아들이는 모든 정보를 펄스 형태로 혈액과 함께 신체의 모든 세포들에 전달한다. 그리고 서로 의사소통을 할 수 있도록 하는 체내 의사소통 언어를 만들어 낸다. 수조 개에 달하는 체내의 세포들은 모두 이런 파동을 감지하고 그에 따라 다양한 방식으로 대응하며 심장의 지시에 따라 신속히 움직인다. 심장의 전자기장은 인체에서 일어나는 전자기장 중 가장 강력한 것으로, 뇌에 의해 발생되는 전자기장에 비해 강도의 면에서 약 5천 배나 높기 때문에 심장에서 느끼는 강력한 감정들이 발생시키는 에너지 자기장은 200~300미터 바깥에서도 정교한 탐지기로 측정할 수 있을 정도로 강력하다고 한다. 내가 느낀 감정들이 나에게서 끝나지 않고 타자가 느낄 수 있을 만큼 강하게 뿜어져 나간다는 것이다. 바로 이 지점에서 심장은 생물학을 넘어 물리학으로 나아간다.

심장이 다른 기관과의 의사소통 수단으로 사용하는 또 다른 방식은 호르몬 체계의 화학물질을 통한 방법이다. 심장에 있는 심방 펩티드라는 물질은 어떤 동기를 지닌 행동을 유발하는 원동력으로 작용한다. 만약 우리가 자신의 행동에서 가치나 목표를 느끼지 못한다면 동기부여가 되지 않아 행동으로 연결되기도 힘이 들고, 시작하더라도 지속하기가 어렵다. 따라서 우리가 뛰어난 능력을 발휘하도록 결정적인 역할을 담당하는 곳은 머리가 아니라 바로 '심장'이라고 볼 수 있다.

심장에서 비롯되는 이런 강한 동기는 인간의 창의력과 독창성에 있어서 새로운 가능성의 문을 열어줄 뿐 아니라, 우리로 하여금 그러한 새로운 혁신과 창조성을 적극적으로 추구하며 끊임없이 성장하고 배우는 기회를 찾고, 다른 사람들의 감정에 공감하는 능력을 키우며, 일관된 내적 가치와 열정을 유지하도록 도와준다. 또한 심장은 자신의 삶과 일에서 가장 중요한 것을 직관적 통찰로 이해하도록 돕는다. 이처럼 심장은 아직 발견되지 않은 중요한 일이나 창조적 기회들은 물론 내적 통찰을 찾는 레이더와 같은 기능을 하는 것이다.

개리 슈워츠(Gary Schwartz) 박사와 그의 애리조나 대학 동료들은 뇌와 심장의 연관성과 동조성에 대한 연구를 진행했는데, 이 실험에서 이들은 신경이나 화학물질을 통한 소통과는 다른 경로로 심장과 뇌 사이에서 교류가 이루어지는 것을 발견했다. 심장과 뇌가 전자기장을 통해 서로 소통하고 있다는 것이었다. 마치 스마트폰이나 라디오가 전자기장을 통해 정보를 주고받는 것처럼 말이다.

　　사람들이 정서적으로 인정이나 기쁨, 감사, 자비와 같은 감정을 느낄 때 그 감정들이 심장에 일관성 있는 박동으로 표현된다. 이때 뇌파도 심장의 안정적인 박동에 편승한다. 뇌와 심장 사이 동조성이 높아지면 분석적인 마음이 물러나고 알파파에서 세타파로, 다시 델타파로 의식의 사다리를 건널 수 있게 된다. 이때 우리 몸의 회복 기능이 큰 힘을 발휘하며 0.09~0.10Hz의 깊은 델타파 상태에서 주요 시스템은 서로 조화롭게 움직이게 된다.

　　흔히 '머리로는 알겠는데 마음이 움직이지 않는다'고 말하는 것이 뇌와 심장의 연관성을 가장 잘 나타내 주는 표현이라고 볼 수도 있다. 이와 같이 심장은 우리가 상식적으로 알고 있는 것처럼 단순히 혈액을 온몸으로 순환시키는 역할만 하는 것이 아니라 그 이상의 역할을 한다. 심장은 신체의 모든 부위에 자신만의 지적인 언어를 전달하고 지시하며 신체의 균형을 주관하는 것은 물론, 독립적으로 판단하고 뇌와 끊임없이 소통하면서 우리의 삶 전반에 영향을 미치고 있다.

　　하트매스 연구소는 이런 심장의 놀라운 메커니즘을 '심장 지능(Heart Intelligence)'이라 명명하고 "심장 지능은 심장이 자기 주도적인 과정을 통해, 마음과 감정의 균형과 일관성을 유지하게 될 때, 우리가 경험하게 되는 지각과 통찰의 흐름을 의미한다. 우리는 이를 직접적이고 직관적인 형태로 경험하게 되는데, 우리의 생각과 감정 속에서 드러나는 이 지능은 우리 자신에게는 물론 타인에게도 매우 유익하다."라고 설명한다.

　지금까지 다양한 관점에서 심장에 관한 놀라운 연구 결과들을 소개하였다. 그리고 이보다 더 놀라운 이야기를 하나 소개하려 한다. 우리는 상식적으로 살아있는 인간의 심장은 쉼 없이 계속 움직이다가, 죽고 나면 그때서야 비로소 멈춘다고 알고 있다. 그런데 생명 유지를 위한 신체의 기능을 수행하며 외부 상황에 반응하고 적극적으로 판단하는 바쁜 와중에도 심장이 잠시 멈추어 스스로 휴식을 취한다는 사실을 아는가?

　하버드 의과 대학의 월터 캐넌(Walter Cannon) 박사는 심장 박동에 대해 연구하던 중 심장이 수축한 후 일정 시간 동안 정지하는 현상을 발견했다. 하루에 심장이 정지하는 시간을 합산해 보면 상당히 긴 시간이있는데 이로 인해 심징 활동에 대힌 새로운 괸점올 갖게 됐다. 심장이 강한 수축을 통해 온몸으로 혈액과 정보를 보내고 난 다음 완전히 정지한 상태로 일정 시간 동안 머무르는 것은 마치 휴식을 취하는 것과 같다는 것이다. 그리고 심장의 이런 움직임은 활동과 이완을 반복하는 우주적 생명 리듬의 패턴과 동일하다는 진실에 닿는다. 아무도 눈치채지 못할 정도로 짧은 찰나의 휴식이지만 우리가 살아있는 동안 심장이 강력한 압력으로 혈액을 온몸 구석구석으로 보내기 위해서일 뿐 아니라, 보다 더 긍정적 에너지를 발현하기 위해 자발적으로 에너지를 충전하는 심장만의 조용힌 간헐적 몰입의 매기니즘이라고 할 수 있다.

　생명 유지의 측면에서 죽을 때까지 쉬지 않고 움직여야 한다고 믿었던 가장 중요한 심장조차 자발적으로 몰입과 휴식을 반복한다는 사실은 우리를 간헐적 몰입에 대한 좀 더 깊은 이해로 이끌어 준다.

일상생활에서 심장 지능을 활용하여 지혜와 통찰력을 얻을 수 있는 가장 간단한 방법 하나를 소개한다.

매일 중요한 순간을 마주할 때마다, '이 일이나 상황에 대해 지금 내 심장은 뭐라고 말할까?'라고 질문해 보라. 그리고 그 질문을 할 때, 심장이나 몸의 감각, 느껴지는 감정, 순간적으로 스쳐 지나가는 이미지 등의 직관적 형태로 다가오는 내적 메시지에 귀기울여 보는 연습을 습관화하는 것이다. 심장에게 던지는 이 간단한 질문 습관은 여러분의 심장 지능을 향상시켜 의사 결정력, 직관력은 물론 관계 증진에 큰 도움을 줄 것이다.

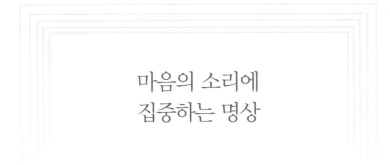

마음의 소리에
집중하는 명상

      빌 게이츠, 스티브 잡스, 오프라 윈프리, 비틀즈와 레이디 가가의 공통점은 무엇일까? 언뜻 보면 엄청난 부자들이라는 사실 외에는 공통분모가 없을 것 같은 이들의 공통점은 '명상(Meditation)'을 즐겨한다는 것이다. 세계 최고의 CEO나 방송인, 가수에 이르기까지 이들은 모두 명상을 통해 자신의 마음에 깊은 안정을 찾으려 노력하고 있다.

    간혹 명상을 해외의 유명인들이나 하는 유행처럼 생각하는 사람들이 있는데, 명상은 만성적인 불안과 막연한 두려움을 숙명처럼 여기는 현대인들에게 필수적인 정신 건강 요법이자, 간헐적 몰입으로 가는 삶의 원천 기술로 자리잡아 가고 있다.

    세계 최고의 교육기관 하버드 대학교, 옥스포드 대학교, UC버클리 등 유수의 경영대학원에서도 명상을 도입했을 뿐 아니라 지구를 위한 가치 혁신의 아이콘 파타고니아는 물론 구글, 페이스북 같은 실리콘 밸리의 대표 기업들까지 앞다투어 명상을 도입했다.

구글의 경우 지포즈(gPause)라 불리는 수백 명이 참가하는 명상 동아리가 있으며, 우리나라의 삼성, LG, SK와 같은 대기업에서도 생활 명상부터 숲·해변의 자연 환경을 활용하는 응용 명상까지 다양한 힐링 프로그램을 임직원들에게 제공해 업무에 도움을 주고 있다.

명상법에도 종류가 많지만 명상하면 바로 떠오르는 것은 바로 '마음챙김(Mindfulness)'이다. 한국 숭산 스님의 제자로 마음챙김의 제창자이자 최고 권위자인 존 카밧진(John Kabtat-Zinn) 박사는 '마음 챙김'을 순간에 주의를 집중하는 능력을 의미하며 이를 통해 의도적으로 몸과 마음을 관찰하고 순간순간 체험하는 것을 느끼며, 이를 있는 그대로 받아들이는 과정으로 정의한다. 그러니까 그가 정의한 마음챙김은 매순간 경험을 통해 받은 느낌에 대한 판단을 유보하고, 시간을 부질없이 수동적으로 흘려보내기보다 능동적으로 주의를 기울이는 것이다. 또 심신이 모두 이완된 편안한 상태에서 내면의 소리에 집중하고 이를 객관적으로 바라본다. 이런 과정을 통해서 그간 내버려두었던 자신의 마음을 보살피고 잠재력과 창조성을 발휘할 수 있는 좋은 상태로 닦아 두는 것이다.

명상은 실제로 스트레스 관리를 가능하게 해 미국에서는 의료 기관에서 치료 목적 프로그램으로 자주 활용된다. 명상은 스트레스를 감소시켜 통증을 완화시키고, 불면증과 우울증의 감소에도 큰 도움을 준다고 알려졌다. 이와 같이 종교 수행 방식으로 소수만이 실행하던 명상이 이제 전 세계인이 활용하는 과학적이고 체계적인 심신 관리법이 되어가고 있다.

명상에서 주목해야 할 부분은 일상적인 스트레스 완화와 해소라는 1차적인 효과를 넘어서는 인간 잠재력의 발현 가능성에 있다.

명상으로 마음을 안정시키면 카밧진 박사가 말했듯 상황이나 자신을 객관적으로 바라볼 수 있는 여유와 힘이 생기는데, 이를 습관화하면 어떤 상황에서도 차분하고 침착하게 행동할 수 있게 된다. 다시 말해 평정심을 갖고 매사를 판단하고 대응해 나갈 수 있게 되는 것이다. 이렇게 되면 현명한 의사결정이 가능해지고 이에 따라 하는 일에 있어서 좋은 성과를 낼 확률도 그만큼 높아져 생산성에도 기여하게 되는 것이다. 더 나아가 명상은 우리의 직관력과 창조력을 증진시키는 데도 큰 효과가 있음이 밝혀졌다.

월드 베스트셀러 《사피엔스》, 《호모 데우스》의 저자이자 히브리대학 역사학과 유발 하라리(Yuval Harari) 교수 역시 명상을 통한 집중이나 정신적 균형 감각과 사고의 유연성이 없었다면 자신의 저서도 세상에 나올 수 없었을 것이라고 말했다.

명상에 관한 과학적 접근은 하버드 의대의 허버트 벤슨(Hebert Benson) 교수의 연구로 널리 알려지게 되었다. 그의 저서인 《이완반응》을 살펴보면, 그는 명상을 했을 때 나타나는 이완반응에 관심을 기졌는데 특별히 높은 차원의 명상을 지속하는 승려들을 연구 대상으로 삼았다.

그는 달라이 라마의 도움으로 티베트에 방문해 히말라야 산맥에서 명상을 하는 승려들의 혈압을 체크하며 관찰했다. 살을 에는 추위에도 아무런 동요 없이 명상을 즐기는 그들을 지켜보면서 세계 최초로 그는 명상이 인체에 미치는 영향을 첨단 장비를 통해 연구했고, 이 실험 결과로 동양의 명상이 전 세계에 알려지는 계기가 되었다.

벤슨 교수는 명상을 하는 사람에게 특별하게 나타나는 현상을 발견하고 이를 '이완반응(Relaxation Response)'라 명명했다. 우리 몸은 위험 상황, 즉 스트레스 상황을 맞으면 '투쟁'하고 '도피'하는 반응을 하며 혈압을 증가시킨다. 반면 우리 몸에는 이와는 반대되는 반응이 있고, 이 반응은 정신과 몸의 긴장 상태를 해소해 몸을 정상 컨디션으로 되돌리는데, 이것이 바로 이완반응이다.

명상과 같이 긴장을 완화하고 정신을 평온하게 하는 이완훈련은 몸을 건강하게 하고 질병을 스스로 치유한다. 이러한 이완반응 개념을 소개하고 이를 촉발시키는 명상법이 제시된 책이 바로 그의 첫 저서 《이완반응》이다. 미국에서만 400만 부가 팔려 나간 이 책의 주장은 의학계는 물론 일반 환자들의 삶과 치료에도 영향을 미쳤다.

명상이 가진 대단한 힘을 모두가 극적으로 신속히 경험하면 좋겠지만 일반인들이 이러저러한 이유로 명상에 관심을 가지게 되어 명상을 하더라도 이미 명상을 오랫동안 습관화하여 대단한 성과를 내는 각 영역의 글로벌 리더들이나 CEO처럼 갑자기 성과를 내기는 어려울지도 모른다. 하지만 매일 조금씩 자신만의 속도로 꾸준히 명상을 체화해 간다면, 큰 유익을 맛보게 될 것이다.

여기서 허버트 벤슨 교수의 저서 《이완반응》을 참조하여 가장 기본적이면서도 효과적인 명상 기법을 간단하게 소개하려 한다.

1. 내 삶의 가치관에 맞는 명언, 좋은 구절, 잠언 들을 평소에 수집한다.

성경의 기도문이나 고대 힌두교 경전인 바가바드 기타나, 우파니샤드, 혹은 탈무드에서 나오는 삶에 도움이 되는 지침들도 좋다. 내 마음에 안정을 줄 수 있는 것이라면 어떤 것이든 좋다. 가족의 편지나, 본인의 일기라도 상관없다.

2. 편안한 자세로 앉아 자연스러운 호흡을 유지하면서 정신적 긴장과 온몸의 근육을 이완시킨다.

가장 편안한 자세를 취한 후, 자신의 들숨과 날숨을 있는 그대로 관찰하면서 가장 자연스럽고 편안한 호흡을 찾는다. 이렇게 자연스럽고 편안히 호흡을 지속하면서 심신의 긴장을 이완한다.

3. 자신이 고른 좋은 구절들을 생각하거나 직접 소리 내어 말해 본다.

온전히 혼자 있는 시간이기 때문에 본인의 행동에 대한 어떤 판단도 유보한다. 눈을 감고 혼자 말을 하는 것에 대해 부끄러워할 것도 없고 구절을 외우지 못해도 상관없디. 외우지 못하면 읽으면 되고, 말하고 있는 것에 대한 부담감도 가질 필요가 전혀 없다.

4. 5분 정도 지속한 다음, 눈을 감고 고요한 내면의 세계에 집중한다.

아침, 저녁으로 일정 시간에 반복하면 좋지만 자기 전에 간단한 명상을 해보는 것도 방법이다. 스마트폰을 손에 들고 잠들기 전까지 놓지 못하는 것과는 비교할 수도 없이, 우리 심신의 건강에 훨씬 큰 유익을 가져다줄 것이다. 다양한 명상 앱들도 많이 소개되어 있으니, 이를 활용해 보는 것도 도움이 될 것이다.

낮잠 자는 처칠과
밤새는 히틀러

　　직장인들이 정말 피하고 싶은 병
중 하나는 바로 매주 마주하게 되는 '월요병'일 것이다. 월요병은
월요일마다 신체적, 정신적으로 극심한 피로를 느끼는 증상이다.
주중에 이어져 오던 생활 리듬이 주말에 깨어져 다시 이를 찾아가
는 과정에서 느끼게 되는 권태감이나 무력감을 의미한다. 반대로
금요일이 직장인에게 가장 기다려지는 날인 이유 중 하나는 다음
날 마음 편히 꿀 같은 단잠을 마음껏 보충할 수 있다는 기대감 때
문일 것이다. 하지만 막상 주말에 모자란 잠을 청했음에도 쌓인 피
로가 풀어지는 것을 경험하기는 생각보다 쉬운 일이 아님을 알게
된다. 끊임없는 울려대는 카톡과 각종 SNS 알람, 스마트폰과 컴퓨
터 사용 등으로 숙면을 취하지 못하기 때문이다.

　　사실 이것은 주말에만 해당하는 일은 아니다. 평소에도 우리는
만성 수면 부족에 시달리고 있다. 그 이유는 무엇일까? 자야 할 시
간에도 잠을 청하지 못하는 것은 앞서도 말했듯, 우리 주의력과 심

신의 에너지를 뺏어갈 요소들이 주변에 산적해 있기 때문이다. 늘 부족한 수면을 보충하기를 너무나 원하지만 막상 휴식 시간이나 잠자리에 들 시간에도 손에 꼭 쥐어진 스마트폰으로 인해, SNS, 게임, 유튜브 영상 등 다른 일들에 빠져 있어 깊은 잠을 청하기가 쉽지 않다.

이와 같은 현대 문명이 제공한 문화 환경으로 인해 현대인에게 '충분한 수면'이라는 것은 밀린 숙제가 되어가고 있다. 어떻게 하면 우리는 '수면 부족'이라는 밀린 숙제를 잘 해결할 수 있을까?

알렉스 수정 김 방의 저서 《일만 하지 않습니다》에서는 히틀러와 처칠의 잠에 관련된 에피소드를 소개한다. 아돌프 히틀러는 패망 당시 극심한 불면증에 시달렸다고 전해진다. 필로폰과 모르핀에 의지하지 않으면 잠을 청할 수 없을 정도로 그의 상태는 나빴다고 한다.

반면 히틀러를 무릎 꿇게 만든 장본인인 윈스턴 처칠의 행보는 정반대의 모습을 보인다. 늘 긴장의 연속에서 살던 히틀러와 달리 처칠은 매일 정오에 놀랍게도 낮잠 자는 시간을 지켰다고 한다. 그는 낮에 잠을 자는 일이 결코 업무에 지장을 주는 것이 아니라고 주장했다. 모든 일은 주어진 시간 내에 수행하는 것이 가능하며, 잠깐 자는 낮잠이 더 높은 효율을 얻는 일이라 말한 것이다.

처칠의 수행 비서였던 프랭크 소이어는 "처칠 경에게 낮잠은 일상의 철저한 규칙이었으며 절대로 건너뛰는 법이 없었습니다. 처칠 경은 낮잠을 통한 완전한 휴식을 활용한 덕분에 오히려 하루를 두 번 활용할 수 있었습니다. 덕분에 일반인보다 정확히 2배 정도 더 많은 일을 했으며 보통 8시간의 근무 시간에도 두 배 정도 에너지를 쏟을 수 있었습니다."라고 낮잠 습관이 선사해 준 처칠의 놀라운 수행 능력에 대해 증언했다.

처칠은 간헐적 몰입의 효과적인 기술 중 하나인 낮잠을 통해 같은 시간 동안에도 더 많은 에너지를 활용할 줄 알았던 라이프 에너지 밸런스의 달인이었던 것이다.

마라톤 완주를 하루에 3번씩 21일간 하는 것과 맞먹는, 세계에서 가장 격렬한 스포츠 경기 중 하나로 '지옥의 레이스'로도 불리는 투르 드 프랑스(Tour de France)에서 7차례나 우승한 스포츠 천재이자 전설적인 사이클 선수 랜스 암스트롱(Lance Armstrong)의 트레이너인 크리스 카마이클(Chris Carmichael)은 "암스트롱의 훈련 계획에서 결정적인 역할을 한 것은 바로 낮잠이었다."고 말하며 낮잠은 육체적인 잠재력 향상에 도움이 된다는 것을 증언하였다.

이와 같이 낮잠은 인류 역사에 위대한 업적을 자랑하는 많은 위인들이 자신의 체력적, 정신적 균형을 이루고자 실천했던 중요한 습관이었다. 나폴레옹, 레오나르도 다빈치, 에디슨과 같은 역사적 인물들이 밤잠을 적게 자고 버틸 수 있었던 것은 낮잠을 활용하는 기술을 능숙하게 터득하고 있었기 때문이며, 낮잠을 즐기던 위인들은 일일이 나열할 수 없을 정도로 많다.

수면 연구자 사라 메드닉(Sara Mednick) 교수는 자신의 창의력을 특별히 키우고자 하는 사람이라면 중간중간 눈을 붙이고 꿈을 꾸는 것이 좋다고 추천하며 낮잠이 주는 강점들을 다음과 같이 꼽는다.

- 주의력을 최대한으로 끌어올린다.
- 운동 능력과 정확함을 키워 준다. 음악가, 댄서, 육상 선수는 물론이고 기술자, 상인 혹은 외과의사에게도 커다란 도움을 준다.
- 지각 능력과 결단력을 향상시킨다.
- 심장마비나 뇌졸중의 위험을 현저히 끌어내린다.
- 동안을 유지하는 데 도움이 된다.
- 잠을 자는 동안 세로토닌이라는 호르몬이 두뇌에 활발히 분비되어 기분이 좋아진다.
- 스트레스를 줄여 주며, 약물이나 알코올의 의존도를 떨어뜨린다.
- 기억력과 창의성이 높아진다.

낮에 잠을 잔다는 것은 직장인에겐 좀처럼 받아들이기 힘든 일일 것이다. 업무 중에 누구나 졸음을 느끼지만 책상에 엎드려 잠시라도 눈을 붙이는 일이 말처럼 쉬운 일은 아니다. 하지만 일터에도 변화의 바람이 불고 있다. 잘 쉬는 것이 생산성을 높인다는 것을 인지하는 것은 물론이고, 실제로 낮잠을 권유하고, 충분한 휴식을 취할 수 있도록 그에 걸맞은 시설을 확충해 주기도 한다. 페이스북이나 구글, 시스코 등의 기업에서는 직원들에게 한 대에 약 8000 달러나 하는 낮잠 전용 의자 에너지 팟(Energy Pod)을 제공한다고 하니, 확실히 낮잠은 이제 나태함의 표본이라는 오명에서 서서히 벗어가고 있는 것 같다.

문제는 낮잠의 기준인데, 얼마나 자야 피로 회복에 도움이 되는 걸까? 어제 못 잔 잠을 낮잠 시간에 모두 보충해야겠다고 생각해선 안 된다. 이 선을 잘 지키면 사무실에서 도전해도 큰 문제가 되지 않는다. 전문가들도 1시간이 넘는 긴 시간을 낮잠 시간으로 권하지 않는다. 10분에서 30분 정도의 짧은 낮잠만으로도 신체적으로 재충전되는 것은 물론, 연구에서 밝혔듯이 내 안에 있는 주의력과 창의력도 높아진다.

간헐적 몰입의 원리인 대극의 법칙에 따라 양과 어울리는 태양이 강한 낮 시간에, 음이 영역인 낮잠으로 균형을 맞추는 것은 부작용도 없고, 비용과 시간도 아낄 수 있는 탁월한 간헐적 몰입의 기술이다.

지금이 바로
스마트폰을 내려놓을 시간,
디지털 단식

컴퓨터가 단 한 대도 없는 학교. 집에서만 가족 구성원 수만큼 몇 대의 IT기기가 존재하는 요즘에 컴퓨터가 단 하나도 없는 학교가 존재할까? 그것도 미국에서 말이다. 바로 실리콘밸리에 위치한 페닌슐라라는 사립학교에 대한 이야기다.

《뉴욕타임스》는 구글과 애플, 마이크로소프트, 인텔 등과 같은 초일류 IT기업의 고위급 임원들의 자녀가 다니는 페닌슐라 발도르프 학교(Waldorf School the Peninsula)에 대해 보도했다. 학교에는 컴퓨터가 없기 때문에 학생들은 간단한 구글링 검색도 하지 못한다고 전했다. 당연히 집에서도 컴퓨터 사용을 제한한다. 컴퓨터는 물론 그 흔한 스마트폰도 사용하지 않는다.

최첨단 IT기기로 가득할 것 같던, IT업계의 심장인 실리콘밸리에 위치한 학교에 단 한 대의 IT기기도 없다는 사실은 충격적으로 다가왔다. 학교는 컴퓨터가 발명되기 이전 형태의 교실을 운영하고 있었던 것이다. 교사는 칠판 앞에서 분필을 사용하고, 아이들은 책과 노트로 수업에 참여한다. 그들은 인터넷 검색으로 과제를 하는 대신, 책장의 백과사전을 선택한다. 사물함에는 나무로 만든 장난감과 인형이 가득하고 찰흙놀이와 바느질 도구 등으로 채워져 있다고 한다. 미국 내 초등학교의 90퍼센트가 컴퓨터 설치를 완료할 예정인 것에 반해 대조적인 행보를 보이고 있다.

도대체 실리콘밸리의 사립학교는 왜 이런 교육을 하고 있는 걸까? 바로 실리콘밸리에 불고 있는 '로 테크(Low-Tech)'의 물결 때문이다. 로 테크는 말 그대로 '하이 테크(High-Tech)'에 반하는 의미를 지닌다. 고차원, 고사양의 기술이 아닌 저차원, 저사양 기술을 교육에 접목시키는 것으로, 디지털 기기를 다루고 해석할 수 있는 디지털 리터러시를 굳이 학교에서 교육할 필요성을 느끼지 못하는 것이다. 또한 그런 능력을 갖춘다고 해서 사회에서 꼭 원하는 인재가 된다는 것에도 물음표를 던지며, 기술 자체는 교육과 무관함을 주장하고 있는 것이다. 오히려 그들은 기술 능력이 아이들이 본래 가지고 있는 창의성과 공감 능력을 저해한다고 본다. 오히려 로 테크인 상황에서 내면의 힘을 조절할 수 있는 능력과 타인의 감정과 생각에 공감하고 조화를 이루는 능력을 기를 수 있다고 주장하고 있다. 마치 우리가 어렸을 적 컴퓨터가 없었던 시절에 그래왔던 것처럼 말이다.

더욱 흥미로운 사실은 디지털 기기의 폐해를 너무나 잘 이해하고 있던 스티브 잡스를 비롯한 실리콘밸리의 기업가들은 자신들의 자녀들에게는 스마트폰이나 컴퓨터 등 디지털 기기의 사용을 엄격히 제한하고 있다는 것이다. 그들은 기술적인 부분보다는 인간만이 가질 수 있는 공감 능력이나 창조적 상상력에 더 집중하고 있다. 숲에 나가 자연을 온몸으로 느끼고 관찰하는 교육 방식 등이 바로 그 예라고 할 수 있다. 내 딸 아이도 발도르프 유치원을 다녔는데, 매일 산과 들을 뛰어다니고 냇가에서 물놀이를 하는 자연 친화적인 교육 프로그램이 대부분이었다. 그런 교육에도 아이가 충분히 만족하고 행복해하는 모습을 보면서 요즘 최첨단 IT 기술교육이라는 명목으로 스마트폰에 중독되어 있는 여느 아이들과는 확실히 차이가 있음을 실감할 수 있었다.

2007년 스마트폰의 등장으로 우리의 생활은 정말로 많이 변했다. 모든 기술에 장단점과 명암이 존재하듯, 생활이 편리해진 것에 반해 잃고 있는 것들도 많다는 것을 우리는 이미 알고 있다. 그간 혼자하기 어려웠던 행동들, 가령 밥을 먹거나, 영화를 보거나, 커피를 마시거나 하는, 누군가와 함께하면 더 좋은 것들도 이제는 스마트폰만 있으면 별 어려움 없이 혼자 할 수 있게 되었다. 하지만 그만큼 타인과 직접 대면하고 소통하는 일은 확연히 줄어들었다.

스마트폰을 통해 끊임없이 온라인으로 누군가와 연결되어 있지만 공허함과 외로움을 느끼는 이유가 바로 여기에 있다. 직접적인 연결이 느슨해졌기 때문이다. 스마트폰이 내 일상을 관리하는 것을 넘어 통제하고 있는 시대가 온 것이다. 없으면 단순히 불편한 것이 아닌, 없으면 안 될 것으로 자리를 지키면서 스마트폰에 의존하는 상황이 되었다. 없으면 불안하고 초조함을 느낀다.

하지만 무엇보다 우리가 잃은 가장 중요한 것은 다름 아닌 '인간의 몰입 능력'이다. 손 안의 컴퓨터인 스마트폰이 심신의 에너지를 쉴 새 없이 분산시키며 소진시키고 있기 때문이다. 우리의 시간과 정신적 에너지를 부지불식간에 훔쳐가고 있는 스마트폰은 '에너지 뱀파이어'라고 해도 과언이 아니다.

주말이나 시간적 여유가 제법 있는 날에 스마트폰을 하루 종일 들여다본 적이 있는가? 그때 당신의 느꼈던 기분에 대해 떠올려 보자. 어딘가 모르게 불안하고 쉽게 권태로워졌을 것이다. 수백 번, 수천 번 화면을 터치하면서도 알 수 없는 공허함과 짜증에 시달리지는 않는가? 이는 스마트폰에 에니지를 소모한 닷에 에너지 달진 상태에 도달했기 때문이다. 쉬고 있다고 착각하지만 전혀 쉬지 못하는 상태가 된 것이다.

애플과 마이크로소프트 임원을 지낸 린다 스톤(Linda Stone)은 저서 《루틴의 힘》에서 '스크린 무호흡증(Screen Apnoea)'에 대해 소개한다. 스크린 무호흡증이란 컴퓨터나 모바일 기기, TV 등의 화면 앞에 앉아 있는 동안 일어나는 현상으로, 호흡이 얕아지거나 일시적으로 정지하는 것을 의미한다. 그녀는 본인뿐만 아니라 대부분의 사람들이 특히 컴퓨터나 스마트폰 스크린으로 이메일에 답변할 때 이 무호흡증을 겪는 것을 알아냈다. 미치 수면 무호흡증(Sleep Apnoea)이 질 좋은 수면을 방해해 신체적으로 피로도를 높이고 인지 능력을 떨어뜨리듯이, 스크린 무호흡증도 마찬가지라고 그녀는 설명한다.

일시적 호흡 정지 증상은 스트레스 관련 질환에 중대한 영향을 미친다. 몸이 산성화되고, 신장은 나트륨을 재흡수하기 시작하고, 산소, 이산화탄소, 산화질소의 균형이 깨지면서 생리 작용에 혼선을 야기하게 된다. 컴퓨터와 모바일 기기를 통해 늘 업무에 접속할 수 있는 환경에 놓여 있다는 것은, 언제나 노동 현장에 나와 있는 것과 같은 의미다. 이렇게 '퇴근 없는 삶'은 무호흡을 일으킬 만큼 스트레스를 준다.

린다 스톤은 현대인들이 방대한 양의 정보 속에서 이를 놓치지 않으려 여러 가지 장치에 초점을 분산시키며 어느 한 가지에 오롯이 집중하지 못하는 상태를 가리켜 '지속적인 주의력 분산(Continuous Partial Attention)'이라 명명했다. 스마트폰을 손에 쥐어 본 사람이라면 누구나 공감할 만한 인지 상태라고 할 수 있다. 너무 많은 정보가 들어와 어느 한 가지 영역에 오롯이 집중하지 못하는 상태를 뜻한다.

조지타운대 컴퓨터공학과 칼 뉴포트 교수는 자신의 저서《디지털 미니멀리즘》에서 스마트폰 산업에 대해, 기업들이 소수 투자자들의 이익을 위해 스마트폰 사용자들의 중독을 유도하며 뇌를 변화시키는 유해한 프로그래밍을 하고 있다고 날카롭게 지적했다. 한마디로 스마트폰으로 인한 디지털 라이프가 우리의 뇌를 반사적이고 충동적으로 변화시켜 삶에 대한 통제력을 잃고, 중독되면 될수록 해당 기업들은 막대한 이득을 취한다는 의미다.

이제 스마트폰은 우리에게 없으면 절대로 안 될 것 같은 손 안의 친구가 되었다. 하지만 실제로는 우리의 소중한 에너지를 지속적으로 빼앗아가기 때문에 심신의 에너지를 점점 고갈시켜, 우리는 늘 육체적으로 피곤하고 마음의 공허함을 느끼게 된다.

《인스타 브레인》의 저자로 세계적인 베스트셀러 작가이자 스웨덴의 정신과 의사인 안데르스 한센(Anders Hansen)에 따르면 우리는 하루 평균 2,600번의 터치, 스크린 타임은 3시간 이상, 아침에 눈뜰 때부터 밤에 잠들기 전까지 옆에 스마트폰이 없으면 패닉 상태에 빠질 정도로 스마트폰은 우리를 구속하고 있다고 말한다. 그로 인해 우울증 환자는 지속적으로 증가하고 있고, 청소년들은 집중력 감퇴와 학력 지하를 겪는다고 한다. 또한 스마트폰 사용자의 대부분이 기억력에 어려움을 겪는 디지털 치매 등의 결과를 필연적으로 유발하고 있다고 말한다.

슬프게도 이런 심각한 현상들이 우리의 일상을 너무나 자연스럽게 태연하게 지배하고 있다. 출퇴근 시간에 스마트폰이 없으면 그 긴 시간을 어떻게 보낼지 갑갑한 마음이 들 것이다. 아침저녁으로 뉴스 확인은 물론, 쉴 새 없이 SNS를 체크하기 바쁘다. 이제 스마트폰으로부터 뺏긴 나의 시간을 되찾을 때가 되었다.

점점 쇠퇴하는 기억력과 집중력 또한 되살려야 한다. 디지털 디톡스가 시급한 상황이다.

디지털 기기에 중독된 지금 가장 쉽게 할 수 있는 일은 기기 사용 시간을 점차 줄여 나가는 것이다. 잠자기 전에 한 시간 정도, 혹은 가족들과의 식사 시간에는 절대 스마트폰을 확인하지 않는 것 정도로 짧은 시간이지만 명확한 규칙을 정하는 것이 좋다. 그리고 이것이 가능해지면 스마트폰을 사용하지 않는 시간을 점차 늘려 가면서, 진짜 내 시간에 몰입하는 경험들을 해 가는 것이 좋다. 예를 들어, 스마트폰을 보는 시간을 몸을 움직이는 운동 시간으로 대체하거나 가벼운 산책이나 취미 생활을 갖는 것도 좋다. 직접적인 경험들로 내 시간을 채워 스마트폰으로 인해 고갈된 에너지를 채우는 것이다.

실리콘밸리 페닌슐라의 학생들처럼은 생활할 수 없겠지만, 수많은 디지털 기기로부터 해방의 시간을 갖는 것은 매우 유의미하다. 일주일에 반나절이라도 디지털 단식 시간을 가져 보는 것은 어떨까?

비울수록 채워지는
에너지의 비밀, 단식과 절식

　　　　　　　　아마존 종합 베스트 1위, 뉴욕타임
즈 60주 연속 베스트 1위를 기록한 《언브로큰(Unbroken)》은 7년간
의 실제 자료 조사와 인터뷰를 바탕으로 제2차 세계대전 중에 일본
에서 포로가 된 미국인들의 상황을 생생하게 묘사한 책이다. 어떤
상황에서도 삶의 끈을 놓지 않는 인간에 대해 그리는 명작으로 많
은 사람들의 사랑을 받은 작품이다.

　이 책에서 주인공 루이와 동료들은 일본의 포로 수용소로 끌려
가 온갖 괴롭힘을 당하다가 결국에는 극심한 기아 상태를 맞게 된
다. 그런데 며칠간 먹지 못하는 상태에서 그들은 오히려 정신이 놀
라울 정도로 명료해지는 경험을 한다. 포로들 중에는 노르웨이어
를 1주일 만에 배운 사람이 있는가 하면, 책을 통째로 줄줄 외운 사
람들도 있었다. 비록 신체적으로는 굶주림의 고통을 겪을 수 있지
만 이에 반해 정신적인 부분에서는 극도의 집중력을 발휘할 수 있
다는 것을 의미한다.

실제로 정신력과 단식의 연관성에 대해 실험한 한 연구가 있다. 단식을 진행했을 때 지속적인 관심, 주의 집중, 단순 반응 시간, 즉각적인 기억을 포함해 측정한 요인 중에 단식으로 손상된 것이 하나도 없다고 나타났다. 동물 실험에서도 칼로리를 30퍼센트 적게 섭취하면 기억력이 크게 향상되고 뇌의 시냅스 및 전기 활동이 증가한다는 사실을 증명됐다.

바야흐로 '먹방'으로 대표되는 포식(飽食)과 미식(美食)의 시대다. 정보만 넘쳐나는 것이 아니다. 미디어에서 소비되고 있는 다양한 음식들을 경험하는 것도 물론 살면서 느끼는 행복의 요소 중 하나일 것이다. 하지만 건강한 영양소를 섭취하는 섭식이 아닌 혀끝의 쾌락만을 좇는 섭식에는 문제가 있다. 이는 건강과 직결된 문제이기도 하다. 이렇게 다양한 음식의 '폭격'을 맞고 있는 지금, 우리가 선택할 수 있는 부분은 일정 기간 동안 음식 섭취를 중단하는 '간헐적 단식'이다. 앞서 연구 결과에서도 확인할 수 있듯, 단식은 인지 기능과 집중력에도 큰 영향력을 발휘한다. 종교인들이 절식과 단식을 반복적으로 수행하는 이유도 바로 여기에 해당한다. 몸을 가볍게 비우면 신체의 기능이 향상될 뿐만 아니라 정신은 맑아져 사고력도 향상된다.

이런 사실들에 근거하여 간헐적 몰입의 주요 기술로 간헐적 단식을 빼놓을 수 없다. 심신뿐 아니라 정신 에너지를 극대화시켜 여러 유익을 가져다주는 가장 확실한 방법 중 하나이기 때문이다.

간헐적 단식(Intermittent Fasting, IF)이란 말 그대로 일정한 시간 간격을 두고 되풀이하여 음식을 먹지 않는 것을 의미한다. 그러니까 정해진 시간 내에만 음식을 섭취하는 것이다. 정상적인 식사를 하는 중간중간에 정기적으로 단식을 행하는 방식을 의미한다.

단식은 우리 몸의 내장 기관들에게 휴식을 주는 것과 같다. 음식을 먹어야 에너지를 유지할 수 있다는 우리의 상식과는 다르게, 현대 의학은 단식이 여러 가지 유익한 면이 있음을 과학적으로 밝혀내고 있다. 당뇨병 치료의 세계적인 권위자인 의사 제이슨 펑(Jason Fung)은 그의 저서 《독소를 비우는 몸》에서 단식은 체중 감량, 고혈압과 당뇨병의 치료, 건강과 노화 방지, 장수는 물론 지능 향상에 이르기까지 다양한 유익이 있음을 의학적 근거를 바탕으로 밝혀냈다.

간헐적으로 실행하는 단식은 건강에도 좋겠지만, 단식이 정신적 에너지라는 측면에 미치는 영향도 살펴볼 필요가 있다. 전설적인 일본의 운명학자이자 대사상가 미즈노 남보쿠는 《절제의 성공학》이라는 저서를 통해 성공의 핵심은 바로 '음식의 절제'에서 온다고 설명하고 있다. 그가 말하는 절식이란 체중을 줄이기 위한 단순하고 표면적인 목표를 위한 절제가 아니다. 삶에서 오는 다양한 문제들을 조화롭게 다스려 나갈 수 있는 것은 바로 식사의 절제에서부터 시작된다고 그는 믿었다.

그 이유는 인간이 먹는 모든 것은 우주 만물과 생명에서 오기 때문에, 우리가 할 수 있는 가장 훌륭한 사랑과 자비가 바로 음식 절제에서 시작된다는 귀한 통찰을 고된 수행을 통해 깨닫고 이 음식 절제야말로 가장 빠르고 확실한 성공으로 갈 수 있는 문을 열수 있다고 그는 확신했다. 또한 그는 단순히 '먹어야 에너지가 생긴다'는 기본 상식에 일침을 가하면서 만물을 사랑하는 마음으로 '음식을 절제하는 것'이야말로 우리의 생명 에너지인 원기(元氣)를 풍성하고 원활히 흐르도록 하는 기본 중의 기본이 됨을 거듭 강조한다.

막상 단식이나 절식을 한다는 것이 쉽지는 않을 것이다. 실제로 음식 섭취로 얻는 에너지가 부족한 것이 아니라 한 끼라도 굶으면 큰일난다는 잘못된 편견에 사로잡혀 있는 경우가 많기 때문이다. 나 역시 몸이 무겁거나, 정신적으로 피로도가 높을 때 7일에서 10일 단식을 하곤 한다. 인간의 몸은 생각보다 훨씬 튼튼해서 물만 제대로 마셔도 2주 정도는 큰 문제없이 단식을 할 수 있다. 음식을 안 먹으면 소화에 사용될 에너지가 쓰이지 않아 더 큰 에너지를 활용할 수 있게 되고, 몸이 정화됨에 따라 신체적으로 기분 좋은 느낌이 들 뿐 아니라, 정신적으로도 영민해지는 느낌을 단식을 제대로 경험해 본 사람은 확실히 알 것이다.

미국 레이건 대통령의 의학 고문이자 더스틴 호프만, 베라 왕, 손정의 등의 주치의로 대장 내시경 삽입법을 개발한 세계 최고의 위장 전문의로 손꼽히는 신야 히로미는 《약 없이 스스로 낫는 법》을 통해 현대인들이 가장 쉽게 실천할 수 있는 '신야 단식법'에 대해 다음과 같이 소개한다.

1 신야 히로미식 단기 단식은 아침 식사를 하지 않는 것이다. 그러나 이 단기 단식은 전날 밤부터 시작된다. 위와 장의 부담을 줄이고 인체 효소를 보존하기 위해 아침 식사를 단식하려면 전날 저녁 식사를 오후 6~7시 전에 마쳐야 한다. 그리고 잠자리에 들기 전까지 실온에서 보관한 좋은 물을 제외한 어떤 것도 먹어서는 안 된다.

2 다음 날 일어난 뒤, 실온에 둔 물 2~4컵을 마신다. 그리고 20분 정도 지난 후 유기농의 신선 과일을 조금 섭취한다. 과일 대신 신선한 효소즙을 마셔도 무방하다. 중요한 것은 점심 식사 전까지 다른 음식은 절대 먹지 않는 것이다.

3 점심 식사 전에는 물을 2~4컵 마신다. 여러 번 나누어 마시거나 식사 시간 30분 전 한꺼번에 마셔도 된다. 이렇게 하면 17시간 정도를 단식할 수 있다. 이를 통해 세포 내 해독 작용을 활성화시킬 수 있다.

이런 신야 히로미식 단식을 주기적으로 실천한다면 세포는 단시간에 회복될 것이고, 몸과 마음의 피로에서 해방될 뿐만 아니라 삶과 일에 새로운 열정이 생기는 것을 경험할 수 있다. 처음은 힘들겠지만 익숙해지면 그 효과를 실감해 누가 시키지 않아도 스스로 하게 될 것이다.

사실 단식 요법은 매우 다양하기 때문에 정해진 최고의 단식법이란 없다. 모든 방법들은 다양한 사람들에게 다양한 효과를 제공하기 때문이다. 음식을 제한하는 여러 방법들 중에서 자신에게 더 효과 있는 것이 무엇인지 찾아내 단식을 실천해 보고 그 효과를 체험하는 것이 더 중요하다.

간헐적 몰입의 핵심은 적절하고 규칙적인 휴식을 취함으로써 생명 리듬의 활성화를 통해 에너지가 풍성하고 원활히 흐르도록 하는 것이다. 같은 맥락에서 간헐적 단식은 우리 몸에 간헐적 휴식을 제공하므로 자연스러운 몸의 독소 배출 반응을 촉진시킨다. 또한 몸에 흐르는 피를 맑게 정화하고, 이 맑은 피를 몸 전체 세포에 원활히 흐르게 함으로써 우리의 심신을 능력을 최적화시키는 효과를 가지고 있다.

단식이 주는 또 하나의 큰 효과는 자제력을 기를 수 있다는 점이다. 누구나 경험해 본 사실이지만 사실 눈앞의 음식을 먹는 것보다 안 먹는 것이 훨씬 힘든 일이다. 음식에 대한 우리의 본능을 절제하는 단식이라는 수행은 생활 전반에 건강한 규율을 바로 세울 수 있는 기초가 되며, 무의식적 욕망이 나를 지배하지 못하도록 끊임없이 알아차리고 스스로를 단련시키는 과정에서 간헐적 몰입을 실천할 수 있는 정신적인 기반이 된다.

학업이나 업무도 마찬가지다. 일에는 우선순위가 있고 늘 해야 할 일들이 산적해 있다. 하지만 좋은 컨디션으로 바로 일에 집중하기란 사실 말처럼 쉽지가 않다. 해야 할 일들 앞에 하고 싶지 않은 욕망이 버티고 있기 때문이다. 이런 산만하고 잡다한 욕망의 저항들을 극복하면서 효과적으로 업무에 부드럽고 깊게 집중하도록 돕는 것, 이것이 바로 간헐적 몰입의 목표이기도 하다. 이를 가능케 하는 기초가 되는 것이 바로 절식과 단식의 습관화를 통한 자제력인 것이다.

막상 단식이나 절식을 한다는 것이 쉽지는 않을 것이다. 하지만 하루라도 이를 시도해 배고픔보다는 몸과 마음의 상태 변화에 섬세하게 주의를 기울여 보기 바란다. 이를 경험해 본 사람이라면 확실히 원기 왕성한 신체와 맑은 정신 상태가 어떤 것인지 몸소 깨닫게 된다. 그리고 내 안에 잠들어 있는 끈기와 집중력 또한 이 과정에서 확인할 수 있을 것이다.

걸으면 문득 떠오른다

산책은 역사상 가장 많은 유명인들이 사랑했던 간헐적 몰입의 기술이라고 할 수 있다. 베토벤, 모차르트, 차이코프스키 같은 세기의 음악가들도 매일 시간을 정해 산책을 즐기며 악상을 떠올렸으며 영국의 작가 디킨스 역시 매일 오후 3시에 산책을 했다. 스티브 잡스가 팔로 알토의 낙엽 쌓인 거리를 걸으면서 회의를 하는 '산책 모임'을 가졌던 것도 유명한 일화다. 이들은 산책을 통해 지나치게 몰입했던 자신의 문제를 흘려보내고, 또 자신이 가지고 있는 기존의 지식과 데이터들을 몸을 리드미컬하게 움직이면서 새롭게 편집하고 재생산하면서 현재 가지고 있는 숙제들에 대한 해답을 찾았다.

영국 워릭 대학교 경영대학원의 교수이자 기업의 리더십과 조직 관리 전문가인 로이조스 헤라클레우스(Loizos Heracleous) 교수는 BBC와 가진 인터뷰에서 창의적인 생각이 스며드는 데는 어느 정도 시간이 필요하며, 이때 딴생각을 하는 것이 혁신의 열쇠가 될 수 있다는 흥미로운 주장을 펼쳤다. 말하자면 하는 일에서 약간의 거리두기가 필요하다는 것인데, 이럴 때 하는 전혀 관계없는 생각들이나 작은 행동들이 창의성과 연결된다고 그는 말했다. 창의성의 역사가 종종 우리가 예상하지 못하는 때에 탁월한 아이디어가 나온다는 것을 알려주는 것을 보면 일리가 있는 주장이라고 할 수 있다.

로이조스 교수는 볼프강 아마데우스 모차르트의 예를 들어 설명을 이어갔다. 모차르트가 악상을 떠올린 곳은 피아노 앞이 아니었다. 모차르트는 식당에서 식사를 하고 있거나, 식사 후 산책할 때 또는 밤에 잠자리에 들기 전에 악상이 떠올랐다고 한다. 그는 이런 멜로디기 언제 어떻게 띠오르는지 설명하는 깃은 불가능하지만 분명한 것은 자신이 바랄 때는 떠오르지 않았다고 말했다.

또한 로이조스 교수에 따르면 프랑스의 위대한 수학자인 앙리 푸앵카레(Henri Poincare)는 버스로 여행을 가거나, 해변을 걸을 때 혁신적인 아이디어가 떠올랐다고 했으며, 추리소설의 대가인 아가사 크리스티(Agatha Christie)는 씻거나 목욕을 할 때 소설의 아이디어를 자주 얻었다고 하며, 할 일이 없을 때, 게으름을 피울 때 이런 일을 자주 경험한다고 회고록에서 밝혔다.

로이조스 교수는 이러한 '인큐베이션(Incubation)' 기간은 우리가 비교적 쉽지만 어느 정도 몰입감 있는 일을 하면서 우리의 뇌기 자유로운 생각으로 흘러갈 여유가 있을 때 가장 잘 작용한다고 인터뷰를 마무리했다.

그러니까 우리가 하던 일에서 잠시 멀어져 일상적인 일을 하고 있을 때 아이디어가 떠오른다는 것인데, 특히 여기서 주목해야 할 것은 몸을 가볍게 움직일 때이다. 그중에서 산책은 복잡한 머리를 비우고 새로운 아이디어가 나타날 수 있게 하는 좋은 움직임 중의 하나다. 걷기가 마음을 느긋하게 해 주고 기분 전환을 유도한다는 개념은 건축가이자 신경과학자인 제니 로이(Jenny Roe)의 연구로 더욱 설득력을 얻었다. 알렉스 수정 김 방은《일만 하지 않습니다》에서 그녀의 연구에 대해 자세히 소개한다.

그녀는 에든버러에서 걷는 사람들의 뇌에 뇌파 측정기를 장착하고 걸을 때 뇌의 활성도를 기록했다. 기록된 자료를 분석한 로이 교수는 사람들이 공원이나 녹지를 걸을 때와 복잡한 상업 지구를 걸을 때 뇌파가 다르다는 사실을 발견했다. 복잡한 도심에 있다가 덜 붐비는 공원에 들어왔을 때 마음이 더 차분해진 것이다. 멍하니 있거나 잠이 들지도 않았는데 뇌파는 상당히 안정적으로 변했다. 자연 경관은 의식적으로 노력하지 않아도 우리의 마음을 사로잡는다. 숲을 걷다 보면 무의식이 자유롭게 펼쳐지기에 딱 알맞은 정도로 의식이 조절된다는 것을 발견한 것이다.

복잡한 빌딩숲을 벗어나 집 앞 공원을 산책하는 것은 뇌파를 안정시키고 좋은 생각이 들어설 수 있는 기반을 만들 수 있다. 그러니 유명 인사들이 산책을 사랑했던 것은 단순히 게으름을 피우거나 신체의 건강을 위해서라고 간단하게 치부할 수는 없는, 매우 현명한 행동이라고 할 수 있다. 물론 그들이 좋은 아이디어가 떠오르기만을 기다리면서 산책을 즐겼던 것은 아니다. 그저 지친 심신을 달래고 특히나 어지러운 머릿속을 비우려고 했던 일종의 휴식 시간이기도 했던 것이다.

산책의 유용성 중 하나는 일상적인 활동을 통해 다양한 생각 중에 주변부의 생각이 중심 무대로 오는 '리에디트(Reedit)' 기능일 것이다. 무언가를 몰입해서 생각하다가도 그 필요의 끈을 느슨하게 해 주는 작업에서 문득 떠오른 아이디어가 귀중한 통찰이나 해답이 되기도 한다. 생각의 흘려보냄, 놓아 버림, 내려놓음을 통해 지식의 재편집이 이루어지는 과정이자 의식과 무의식의 자연스러운 대화 시간이다. 이것이 바로 많은 위인들이 터득한 간헐적 몰입의 한 방법이며 그것을 통한 창조적 결과물들을 우리가 지금 누릴 수 있게 되었다고도 할 수 있다.

이렇게 산책은 꼭 무엇인가 새로운 것을 창조하지 않더라도 몸의 자연스러운 움직임을 통해 자연이 주는 리듬감을 회복하며 몸과 마음을 이완시키는 가장 빠르고 효과적인 방법 중 하나가 될 수 있다.

나는 한 번에 여러 방법을 통합하는 것을 좋아하는데, 산책에 앞서 소개한 명상과 어싱, 일광욕까지를 함께 병행해 보길 권한다. 가장 좋은 사례 중 하나로 명상과 걷기를 함께 병행하는 유명한 틱낫한의 '걷기 명상법'이 있다. 마음챙김으로 유명한 틱낫한 스님의 간단한 《걷기 명상》에서 소개한 걷는 법은 발걸음을 내딛을 때나 들숨과 날숨을 모두 자각하면서 오로지 발과 땅의 접촉에 주의를 기울이며 걷는 것이다. 이렇게 할 때, 마음챙김의 에너지를 충전할 수 있으며 마음을 치유할 수 있다고 그는 말한다.

또한 태양이 떠오를 때 맨발로 맨땅이나 해변가를 걷기 명상으로 산책한다면 우리는 한꺼번에 다양한 효과를 얻을 수 있을 것이다.

자신의 환경과 선호하는 스타일에 따라 자신만의 산책 스타일을 개발하고 발전시켜 보자.

오롯이 나만을 위해
보내는 시간

질문부터 먼저 하려 한다. 일주일에 얼마나 많은 시간을 온전히 당신만을 위해 보내는가? 퇴근하고 나서 TV를 보거나 스마트폰을 보는 시간은 당연히 나만을 위한 시간이 아니다. 이 시간이 물론 하루 중에 가장 마음 편한 시간인 것을 나 역시 알고 있지만, 여기서 말하는 '나만의 시간'은 이렇게 무기력하게 수동적으로 그저 흘려보내는 시간이 아니다. 내 안에 있는 창조적인 나와 만나는 능동적이고 적극적인 시간이다.

《아티스트 웨이》의 저자 줄리아 카메론(Julia Cameron)은 '아티스트 데이트(Artist Date)'란 개념으로 이를 설명했다. 아티스트 데이트란 우리 내면의 창조적인 아티스트를 일깨워 통찰력과 영감을 안내받을 수 있도록 하는, 일종의 즐거운 간헐적 몰입의 기술 중의 하나다.

그녀가 말하는 아티스트 데이트는 매주 1~2시간 정도 나와의 만남을 가지는 것이다. 이때 중요한 것은 배우자나 가족, 연인과 같은 외부인들과는 함께하지 않는다. 온전히 혼자 보내는 시간이어야 한다는 것이다.

그녀가 말하는 이 데이트란 거창하고 대단한 이벤트를 만들어서 시간을 보내라는 것이 아니다. 그저 조용히 산책을 하거나, 일출이나 일몰을 본다거나, 미술관이나 박물관을 찾아가는 등 사무실이나 집, 동네와 같이 친숙한 곳이 아닌 나와 전혀 관계없는 곳에 가 보는 것이다. 아주 단순하지만 주위를 환기시키고 나를 전혀 다른 공간에 노출시키는 것이 중요하다. 그래야 내 안에 있던 숨은 창조력을 자극시킬 수 있기 때문이다.

아이와 놀아 주거나 가족과 즐거운 시간은 보내지만 정작 자신을 위한 시간을 보냈던 적이 있었던가? 과중한 회사 업무에, 가사에 지쳐서 자신을 돌볼 시간이 아마도 없을 것이라 답할 수도 있다. 혹은 충분히 나만의 시간을 보낸다고 답할 수도 있다. 하지만 그 시간이 어떤 시간인지, 어떻게 보내고 있는지는 한번 진지하게 생각해 보길 바란다. 막연히 혼자서 그 시간을 멍하니 흘려보내는 것은 해당되지 않으니 말이다.

전혀 다른 곳, 그곳의 문화와 다른 언어를 쓰는 사람들을 만나는 해외여행은 정말 좋은 아티스트 데이트가 되겠지만 지금 같은 시기에는 어려운 일이다. 또 해외여행처럼 높은 비용을 지불해야 하는 일들은 자주 하기는 부담스럽다. 하지만 이런 방법이 아니라도 얼마든지 아티스트 데이트는 가능하다. 가령, 한 번도 가본 적 없었던 근처 동네를 방문하는 것도 방법이고, 주말에 벽화 마을을 소소히 거닐어 보거나, 작은 갤러리들을 방문하고, 독립 서점들을 탐방해 보는 것도 좋다. 그동안 관심 있었던 취미 활동을 시작하거나, 전시회에 방문해 예술적인 감각을 키워 보는 것도 좋은 선택이 될 수 있다.

이런 혼자만의 시간을 가지는 것은 그간 어떤 자극 없이 반복했던 일상에서 잠시 벗어나 휴식을 가지는 일이기도 하지만 새로운 자극점을 찾는 일이기도 하다. 뇌는 익숙한 일에는 큰 노력 없이 일을 처리해낸다. 익숙해졌기 때문이다. 하지만 새로 시도하는 일, 처음 맞는 일에서는 평소에 자극받지 않았던 뇌의 영역들이 자극받고 활성화되기 시작한다. 이때 기존의 나와 새로운 것을 경험하는 내가 만나, 같지만 또 다른 무언가를 만들어 내고 생각할 수 있는 창의력의 근간이 되어 준다.

이와 같이 아티스트 데이트는 혼자서 조용히 새로운 일에 도전하고 환경에 적응하는 자극을 자신에게 선사해 줌으로써 간헐적 몰입으로 빠지기 적합한 환경을 조성해 주는 훌륭한 역할을 한다.

창의성을 위한
간헐적 몰입의 비밀

흔히 창의성(Creativity)이라고 하면 세상에 없는 생각, 기존에 없던 것들을 탄생시키는 것이라고 생각하는 경향이 있다. 하지만 하늘 아래 새로운 것은 없다는 말처럼 창조주가 아닌 이상, 토머스 에디슨이나 일론 머스크가 아닌 보통의 평범한 우리가 갑자기 뚝딱 새로운 것들을 만들어 내기란 사실상 매우 힘든 일이다.

물론 창의성을 세상을 바꿀 혁신적인 아이디어를 떠올리고 이를 실제로 창조할 수 있는 능력으로도 말할 수 있겠지만, 창의성을 일상에서 자잘하게 발생하는 문제들을 해결할 수 있는 조금이라도 새로운 접근 방식이나, 기존에 가진 지식을 기반으로 조금 더 진일보한 참신한 어떤 것들도 아우르는 넓은 범위로 이해하는 것이 필요하다. 왜냐하면 그런 이해를 바탕으로 할 때, 평범한 우리도 창의성을 발휘하며 살 수 있는 용기와 기회를 발견해 나갈 수 있기 때문이다.

다시 말해, 창의성은 엄청난 부를 거머쥐거나 인류에 이름을 남기는 특별한 사람들만이 독점하고 발휘하는 능력은 아니라는 의미이다. 사실 누구에게나 삶을 살아가는 데 있어 창의성이 필요하다.

우리의 평범한 일상생활 가운데서도 얼마든지 창의성을 발휘할 수 있는 영역들이 존재한다. 학업과 업무는 물론, 가정에서도 마찬가지다. 아이와 재미있게 놀아줄 수 있는 게임 방법을 생각해 볼수도 있고, 더 나아가 사회에서 타인을 돕는 방법에서도 창의성을 얼마든지 활용할 수 있다.

이와 같이 창의성은 인간이라면 누구나 가지고 있고 활용할 수 있는 근원적 능력이다. 간헐적 몰입을 통해 우리가 인지하는 순간이나 그렇지 않은 갑작스러운 순간에도 당신에게 찾아올 '창의적 모멘트'를 꼭 만나보길 바란다.

뇌가 쉬는 시간, 디폴트 모드 네트워크　　　≡

24시간 중 잠자는 시간을 제외하고 아무 생각도 하지 않는 시간이 있는가? 아무 생각도 하지 않고 단 5분이라도 보내는 시간이 있을까? 지하철이나 버스를 기다리는 시간, 출퇴근을 하는 시간, 심지어 쉬는 시간이 주어져도 아마 당신의 뇌는 분주히 움직이고 있을 것이다.

'멍때리기 대회'라는 재미있는 대회가 있다. 이 대회는 2014년 한국의 한 예술가에 의해 처음 개최되었다. 규칙은 간단하다. 말 그대로 아무것도 하지 않는 상태를 유지하는 것이다. 우리를 부지 불식간에 지치게 하는 스마트폰은 당연히 사용하면 안 된다. 옆 사람과 잡담을 나누는 것도, 시간을 확인하는 무의식적으로 자주 하는 행동도 금지된다. 졸거나 잠을 자는 것도 허용하지 않는다. 그저 아무 일도 하지 않고 앉아만 있는 이 우스꽝스러운 대회가 처음에는 만만해 보이지만 꽤나 까다롭고 엄격한 규칙을 적용한다. 그리고 우리는 알게 된다. 아무것도 하지 않는 행동 자체가 얼마나 어려운 일인지를 말이다.

쉬지 않고 깨어 있는 의식을 잠시나마 '셧다운' 시키는 것이 바로 이 멍때리기 대회의 취지이기도 하다. 창의적이고 생산적인 아이디어는 바로 이런 '멍'한 상태에서 잘 떠오르는데, 이는 과학적으로 증명된 사실이기도 하다.

미국의 뇌과학자인 마커스 라이클(Marcus Raichle) 교수는 자기공명영상을 연구하다가 이 놀라운 사실이 밝혀냈다. 사람이 아무런 인지 활동을 하지 않을 때 활성화되는 뇌의 특정 부위들이 있음을 알아냈으며, 이 부위를 디폴트 모드 네트워크(Default Mode Network, 이하 DMN)이라고 명명하였다. DMN은 내측전전두엽피질, 후대상피질, 두정엽피질에 퍼져 있는 신경세포망이며 멍한 상태이거나 몽상에 빠졌을 때 주로 작동한다. 휴지 상태 네트워크(Rest State Network)라고도 부르며, 평소 인지 과제 수행 중에는 서로 연결되지 못하는 뇌의 각 부위를 연결시켜 창의성과 통찰력을 높여준다고 알려져 있다. 쉽게 말해 '아무것도 하지 않을 때 활성화되는 뇌의 부분' 정도로 이해하면 될 것이다.

우리가 하루 일과 중에서 딴짓을 하거나, 몽상을 즐길 때나 잠을 자는 동안 DMN이 활성화된다. 이는 눈을 감고 가만히 누워 있기만 해도 우리 체중에 2퍼센트에 불과한 뇌가 여전히 몸 전체 산소 소비량의 20퍼센트를 차지하는 이유를 설명할 수 있다. 실제로 휴식을 취하고 있을 때에도 무엇인가에 몰입하고 있을 때에 비해 에너지가 거의 줄어들지 않는다. 우리가 멍하게 있거나 사소한 잡념들에 사로잡혀 있을 때에도 어려운 고차원 수학 방정식을 풀 때에 비해서 에너지가 지극히 미미하게 감소할 뿐이라는 것이다.

또한 DMN이 활성화되면 창의성이 깨어나 그에 대한 특정 수행 능력이 향상된다는 연구 결과들도 연이어 발표되었다. 일본 도호쿠 대학 연구팀은 기능성자기공명영상(fMRI)을 이용해 아무런 생각을 하지 않을 때의 뇌 혈류 상태를 측정한 결과, 백색질의 활동이 증가되면서 혈류의 흐름이 활발해진 실험 참가자들이 새로운 아이디어를 신속하게 내는 과제에서 높은 점수를 받은 것으로 나타났다. 이는 뇌가 쉬게 될 때 백색질의 활동이 증가되면서 창의력 발휘에 도움이 된다는 것을 의미한다.

미국의 디지털 경제 전문 매체인 쿼츠는 스탠퍼드 대학 자비·이타심 연구 교육센터 에마 세페라(Emma Seppala) 교수와의 인터뷰를 인용하여 흥미로운 사실을 발표했다. 그녀는 '창의성에 가장 큰 걸림돌은 지나치게 바쁜 것'이라고 발언한 것이다. 열심히 일하는

데 창의적인 성과가 나오지 않는 것은 뇌가 휴식 없이 필요 이상으로 움직이기 때문이다. 컴퓨터를 리셋하면 초기 설정 상태로 돌아가는 것처럼 아무 생각도 하지 않고 휴식을 취할 때 인간의 뇌는 피로가 쌓이기 전의 초기 상태로 회복한다.

이러한 연구 결과들은 우리의 뇌가 평소 인지 과제 수행 중에는 서로 연결되지 못하는 뇌의 각 부위를 DMN을 통해 연결시켜 주어 창의성과 통찰력을 높여준다는 사실을 밝혀냈으며, 창의적인 사람들의 DMN은 일반인들의 DMN과 다르게 조직되어 있어 창의적 에너지 활용에 더 효율적이라는 사실까지 밝혀냈다.

하지만 IT기기가 보편화된 현대 사회를 살아가고 있는 우리는 아침에 눈뜨는 순간부터 잠드는 순간까지 컴퓨터나 스마트폰을 손에서 놓을 수가 없다. 하루 일과 중 잠시 쉬는 시간에도 SNS나 유튜브를 보면서 뇌에는 조금의 휴식 시간도 주지 않는다. 이 시대의 보편적인 유행병은 이제 '산만함'과 만성적 '주의 집중 결핍'이 되었다. 하지만 우리는 이제 뇌도 꼭 쉬는 시간이 필요하다는 것을 많은 연구 결과를 통해 알게 되었다. 따라서 이제는 휴식에 대한 이해도 조금은 달라져야 하지 않을까?

여기서 중요한 점은 두뇌가 휴식과 일의 적절한 균형점을 잡도록 하는 것이다. 적정 수준을 넘어선 과도한 DMN의 활성화는 오히려 두뇌 에너지 손실의 주범이 될 수 있기 때문이다. 필요 이상의 DMN의 활성화는 우울증 및 각종 부정적 감정들에 빠트릴 수 있다. 휴일에 온종일 집안에서만 빈둥거리며 쉬고 있는데도 출근하는 평일보다 오히려 더 피곤하게 느껴지는 경우가 있는데, 이는 DMN이 필요 이상으로 활성화되었기 때문이다. 이 상태가 지속되면 뇌는 오히려 급속도로 지치고 불안해진다. 그래서 일을 하는 날보다도 오히려 더 피곤하고, 활력이 떨어지고, 무언가 특별히 한 것도 없이 무의미하게 시간을 낭비한 듯한 후회감에 시달리게 되는 경우가 종종 발생한다. DMN 활용에 있어서도 음양의 조화가 이루어져야 하는 대극의 법칙에 따라 조화롭고 역동적인 균형이 중요한 것이다.

이와 같은 DMN의 작동 원리의 이해에 기반을 둔 간헐적 몰입의 활용을 통해, 우리는 뇌가 쉬는 동안 과거의 경험과 기억을 종합하고 현재에 자신이 처한 상황을 성찰하며, 앞으로 일어나 미래를 상상하면서 여러 종류의 생각들을 다시 조합해 새로운 생각과 다양한 관점을 활성화시킬 수 있다.

나 역시 스마트폰의 달콤한 유혹을 누구보다 잘 알고 있다. 스마트폰 세상은 24시간 쉬지 않는 즐거운 놀이공원과 같다. 나의 말초 신경을 자극하는 재밌는 것, 흥미로운 것들이 너무나 많다. 말처럼 쉬운 일이 아니겠지만 잠들기 전 30분이나 1시간 혹은 주말에 반나절이라도 스마트폰 없이 아무것도 하지 않는 시간을 보내보길 권한다. 물 흐르는 소리를 집중해 듣거나 지켜보기, 혹은 모닥불이 타는 소리를 하염없이 듣고 바라보는 '불멍'이니 '물멍'이니 하는 것들을 시도해 보는 것도 아주 좋은 방법이다.

이런 의미 없어 보이는 행위들은 뜨거워진 나의 뇌를 식혀 주는 단비 같은 휴식이 된다. 그리고 어느 순간 당신에게 창의적 아이디어라는 선물을 안겨 줄 수도 있다. 이렇게 아무것도 하지 않으면서 여유로운 여백을 뇌에 허락해 주고, 채움과 비움의 리듬을 통해서 본연의 나인 셀프가 가지고 있는, 진정한 창의성을 발휘할 수 있는 시간과 기회를 충분히 누려 보는 것은 어떨까?

뇌의 유레카 영역 ☰

고대 그리스의 수학자이자 물리학자인 아르키메데스가 부력의 원리를 연구실도 아닌, 가장 원초적인 모습으로 편안하게 즐기는 '목욕탕'에서 발견한 것은 아주 잘 알려진 이야기다. 아르키메데스는 왕의 왕관이 순금으로 제작되었는지 여부를 판단할 방법을 찾던 중에 목욕탕에 들어가는 순간 물이 넘치는 것을 보고 비중에 대해 깨달은 것이다. 이때 그는 옷을 입는 것도 잊은 채 '유레카'를 외치면서 밖으로 뛰쳐나갔다고 전해진다. 유레카(Eureka)란 그리스어로 '알아냈다'라는 의미를 지니고 있으며 보통 창의적 순간을 맞이했을 때를 유레카 모멘트(Eureka Moment), 즉 '깨달음의 순간'이라고 말한다.

세상의 위인들이나 위대한 리더들의 공통점은 모두 적어도 한 번 이상 이런 유레카의 순간을 경험했다는 것이다. 그리고 이 순간은 놀랍게도 우리에게도 가능한 일이다. 최근 수년 사이에 현대의 뇌 과학이 큰 진보를 이루어, 이제 우리도 이 '유레카 모멘트'의 작동 메커니즘에 대해 충분히 알게 되었고, 그 결과 인간 정신에 내재된 이 신비로운 힘을 십분 활용할 수 있는 길이 열렸기 때문이다.

뇌 과학자들은 창의적 순간에 나타나는 뇌의 변화를 오랫동안 연구해 왔다. 그리고 이런 유레카 모멘트의 순간에 뇌의 움직임을 살펴본 결과 오른쪽 귀에서 위로 5cm 떨어진 안쪽, 즉 우뇌 앞쪽에 있는 '상위측두이랑(Anterior Superior Temporal Gyrus)'이 활성화한다는 걸 알게 되었다. 그래서 이곳을 '유레카 영역'이라고도 부른다.

이전까지는 창의성을 '집중'이라고 실명해왔다. 다시 말해 한 가지 생각에 오롯이 집중할 때, 창의적인 생각이 나온다고 생각했던 것이다. 하지만 이런 기존의 고정관념과 다르게, 우리가 편히 누워서 이런저런 생각을 할 때, 산책을 할 때, 욕조에서 따뜻한 물에 몸을 담글 때 등 소위 말하는 '멍 때리는 시간'을 가질 때, 유레카 영역이 활성화되면서 번쩍이는 창의적 아이디어가 발현될 가능성이 높아지는 유레카 모멘트가 일어난다는 사실이 밝혀진 것이다.

그리고 추가적으로 밝혀진 사실은 창의적인 아이디어가 나오는 뇌의 특정 영역은 없다는 것이다. 뇌의 특정 부위의 발달과 창의성의 관계를 규명할 수 없으며 심지어 아인슈타인의 뇌도 특별하지 않았다고 한다. 다만, 창의적인 아이디어가 나오는 순간의 공통점을 발견할 수 있었는데 우리가 창의성을 발휘하는 순간에 뇌의 여러 영역이 동시에 활성화된다는 걸 발견한 것이다. 게다가 그 순간에는 평소에 서로 신호를 잘 주고받지 않던 부위가 활발하게 신호를 주고받는 게 포착되었다.

우리 뇌에서 서로 굉장히 멀리 떨어져 있는 영역들이 그 순간에 함께 연결되는 걸 발견한 뇌 과학자들은 '생존과 상관없이, 평소 하지 않던 연결, 관계없는 개념의 연결을 시도할 때 창의성이 발휘된다'는 사실 또한 알게 되었다.

닌텐도의 빅 히트 게임인 '위(Wii)'의 탄생 배경은 좋은 사례가 될 수 있을 것이다. 닌텐도 직원들의 창의성 훈련 워크숍에서 '자동차 에어백과 게임기를 연결하라'는 다소 엉뚱한 명제가 주어졌다. 자동차 에어백과 게임기라니, 대체 무슨 관계가 있는 걸까? 아니 전혀 연결고리가 없는 것들의 조합이었다. 하지만 닌텐도의 게임 개발자들은 달랐던 것 같다. 그들은 에어백이 터지는 원리에 대해 접근하기 시작했다. 에어백은 탑승자의 움직임에 의해 작동하는 것을 알게 되었고, 여기에 아이디어를 얻은 개발자들은 컨트롤러에 모션 센서를 장착해 더 실감나는 게임, 시각이 아니라 촉각까지 자극하는 게임을 출시해 큰 성공을 거두었다. 이전까지 게임 자체의 콘텐츠에서 승부를 보던 것에서 나아가 컨트롤러가 가진 특이성에 주목한 것이다. 게임 이용자들이 더 실감나는 게임을 할 수 있도록 하는 컨트롤러에 대한 인식이 새롭게 각성되는 계기가 된 것이다.

위의 사례는 관계없는 전혀 다른 두 개의 개념이 어떻게 창조적으로 융합해 폭발적인 영향력을 행사할 수 있는지 잘 보여 주고 있다.

마윈의 알리바바에 대한 투자는 물론, 한국 쿠팡에 대한 투자만으로 20조 원 이상의 수익을 올린 천재 투자자이자, 소프트뱅크의 회장이자, 탁월한 발명가이기도 한 손정의 회장의 창의성 계발 방법도 흥미롭다. 그는 대학 시절부터 300개의 낱말로 카드를 만든 후 그중 3장을 뽑아 새로운 합성어 100개를 만들어 내는 아이디어를 훈련하였고, 그 결과 대학 시절 샤프 전자 사전의 모태가 된 자동 번역기를 발명했다. 관계없어 보이는 것을 연결하는 시도가 탁월한 창의성으로 이어질 수 있음을 잘 보여 주는 사례들이다.

그렇다면 유레카 모멘드는 어떤 때에 만날 수 있는 걸까? 네덜란드의 암스테르담 대학의 아프 데익스테르후이스(Ap Dijksterhuis) 교수의 창의력에 관련된 연구를 보면 힌트를 얻을 수 있다. 그는 동료들과 함께 짧은 잡념이 오히려 창의력을 촉진시킨다는 것을 발견했다. 연구진들은 학생들에게 4분이라는 짧은 시간을 주고 4가지 종류의 자동차 중에서 최고의 자동차 한 대를 선택하라고 했다. 이 실험에서 4분 동안 오로지 실험에 집중한 학생들보다 간단한 철자 바꾸기 퍼즐을 하면서 차를 평가한 학생들의 점수가 높게 나왔다. 데익스테르후이스 교수의 연구진은 약간의 배경 소음이 있을 경우 창의성 발현에 도움을 받을 수 있고 음악을 들을 때 다소 난이도가 높은 창의성 테스트에서 더 높은 점수를 받을 수 있다고 전했다. 조용한 집이나 사무실보다 카페처럼 약간의 소음이 있는 곳에서 일을 할 때 집중이 더 잘 되는 이유도 이 연구와 연관된 것으로 보인다.

카페에서 틀어 주는 재즈 음악이나, 거슬리지 않는 사람들의 대화 소리, 혹은 비오는 소리와 같이 흔히 사람의 뇌파를 안정시켜 심리적 안정을 주는 '백색 소음(White Noise)'이 집중력과 간헐적 몰입에 도움을 줄 수 있다. 그러니 너무 조용한 도서관을 찾기보다 어느 정도 소음이 있는 곳, 내 신경이 거슬리지 않는 백색 소음이 있는 곳에서 일을 하는 것도 유레카 모멘트를 만날 수 있는 좋은 방법이 될 수도 있다.

그렇다면 여기서 한 가지 궁금증이 생긴다. 유레카 모멘트를 더욱 자주 만날 수는 없을까? 어쩌다 한 번 찾아오는 것이 아니라, 번 뜩이는 창의성의 순간을 더욱 자주 만나기 위해서는 반복하고 있는 평소 생각이나 관념들 혹은 행동 패턴에서 잠시 벗어나는 기회를 가져 보는 것이 좋다. 그리고 그 방법은 의외로 간단할 수 있다.

다른 업종에 종사하거나 연령 차이가 나는 사람들을 만나 보거나, 예술가를 만나 보아도 좋다. 이런 만남을 통해 자신이 가진 지식 너머의 지식과 지혜와 연결이 되어 창조적 순간을 만나게 할 수 있도록 유도하는 것이다. 혹은 앞서 본 연구 사례처럼 머리를 식힐 수 있는 짧은 게임이나 보드 게임(인터넷·모바일 게임 같은 것은 제외)을 하는 것도 도움이 된다. 또 적절한 백색 소음을 들으면서 새로운 자극을 주는 것도 좋은 방법이다.

이렇게 새로운 자극을 통해 평소에는 잘 쓰지 않고, 연결성이 적고, 신호를 주고받는 경우가 드문 각각의 뇌 영역들 간에 교류를 활성화시키는 것이다. 간헐적 몰입을 통해 우리 뇌의 다양한 부분들이 연결되어 서로 신호를 자유롭게 주고받을 수 있게 돕는다면, 바로 이 유레카 모멘트, 즉 깨달음의 순간에 도달할 가능성이 높아진다.

나에게 힘을 주는
에너지 질문들

다른 사람과 소통에 있어 대화는 가장 중요한 도구이자 수단이다. 자신의 감정을 표현하거나 원하는 것을 위해 우리는 대화를 한다. 사람과 사람의 소통은 인류가 발견한 어떤 것보다 위대한 것이며 발전된 현대의 사회를 만드는 데에 있어서도 크게 기여했음을 부정하는 사람은 없을 것이다.

이토록 중요한 대화가 유일하게 주로 소리 없는 형태로 이루어지는 경우가 있는데 바로 자기 자신과의 대화이다. 우리 내면에서도 끊임없이 말을 걸고 대답을 하는 대화가 이루어진다. 소리 없는 질문과 대답이 오고 가는 것이다. 그리고 그 대화는 개인의 삶을 행복하고 성공적인 삶으로 이끄는 데 길잡이가 된다. 특히나 스스로에게 묻는 자기 질문은 자신의 가치관을 더욱 강하게 하고 삶의 방향을 잃어버리지 않도록 하는 데 있어 아주 중요한 요소이다.

'어디 가면 맛있는 점심을 먹을 수 있을까?', '어디 가면 재미있게 놀 수 있을까?'와 같은 가볍고 편안한 질문부터 '내가 진정 원하는 것은 무엇일까?', '나는 누구인가?'와 같은 존재에 관한 근원적인 질문까지, 질문의 종류는 셀 수 없을 정도로 많다. 우리는 이러한 질문들에 대한 답을 의식적으로 또는 무의식적으로 찾아가면서 인생을 살아가게 되는 것이다.

따라서 삶은 이렇게 무의식적으로 던지는 질문들에 의해 크게 영향을 받는다는 것을 알 수 있다. 따라서 스스로에게 힘을 주는 질문들을 계속 던지는 것이야말로 우리가 행복한 삶을 살 수 있도록 돕는 최고의 습관 중 하나가 된다. 결론적으로 무의식과 잠재의식으로부터 긍정적인 에너지를 이끌어낼 수 있는 좋은 질문을 계속 던지는 것을 습관화하면 무의식과 잠재의식, 더 나아가 초의식은 그에 맞는 답들을 끌어당김으로써 그에 맞는 행동을 하게 되고 새롭고 다양한 삶의 기회들을 만들어냄으로써 성공으로 가는 길을 활짝 열어 주게 된다.

그렇다면 나에게 힘을 주는 질문은 무엇이며 그렇지 못한 질문은 어떤 것일까? 좋은 질문과 나쁜 질문은 스스로에게 던질 때 좋은 기분이 느껴지는지, 혹은 그 반대인지를 통해 분별할 수 있다. 습관적으로 자신에게 자주 던지는 질문을 적은 후 그 질문을 소리 내어 반복적으로 읽어 보며 내 몸의 감각과 느낌을 관찰해 보자. 해당 질문이 내게 긍정적인 에너지를 주는지 아니면 내게 에너지를 빼앗아 가는지 말이다. 천천히 질문들을 느껴 보고 그 느낌에 따라 그 질문을 계속해야 할지 그만두어야 할지를 구분하는 것이 좋다. 이것이 바로 좋은 질문을 분별하는 방법이다.

키스 캐머런 스미스(Keith Cameron Smith)는 이른 나이부터 돈을 버는 것에 관심이 많았고 서른셋의 젊은 나이에 자수성가하여 백만장자가 되었다. 그리고 2년간 10만 달러를 투자하여 영국 버진 그룹의 리처드 브랜슨(Richard Branson) 등을 비롯한 전 세계 상위 1퍼센트의 억만장자들을 직접 만나 인터뷰할 기회를 가졌다. 그리고 그들을 통해 부와 성공의 비결을 깨닫는다. 그는 이 경험을 바탕으로 《더 리치》를 집필하게 된다. 그는 저서에서 중산층의 사람들과 상위 1퍼센트 부자들의 차이점을 설명했는데 그중 하나가 '자기 질문'의 순서이다. 아래 표의 순서대로 그 질문이 진행되었다.

중산층의 자기 질문 순서	
소유(Having)	나는 무엇을 가지고 싶은가?
행위(Doing)	나는 무엇을 하고 싶은가?
존재(Being)	나는 어떤 존재가 되고 싶은가?

상위 1퍼센트 부자의 자기 질문 순서	
존재(Being)	나는 어떤 존재가 되고 싶은가?
행위(Doing)	나는 무엇을 하고 싶은가?
소유(Having)	나는 무엇을 가지고 싶은가?

보통의 중산층 사람들은 경우는 '소유(~을 갖고 싶다) → 행위(~하고 싶다) → 존재(~이고 싶다)'의 순서로 자기 질문을 이어나가는 반면, 상위 1퍼센트 부자들은 정확히 이와 반대의 순서, 즉 '존재(~이고 싶

다) → 행위(~하고 싶다) → 소유(~을 갖고 싶다)'의 순서로 자기 질문을
한다.

이 두 그룹의 질문 순서는 생각보다 엄청난 차이를 초래하게 된
다. 즉 상위 1퍼센트 부자처럼 질문한다면 자신이 어떤 존재가 되
고 싶은지를 먼저 결정하고 그것을 위해 무엇을 해야 하며 또한 무
엇을 가져야 하는지 스스로 주도하며, 진정으로 나다운 충만한 삶
을 살아갈 수 있다. 반대로 중산층 사람들의 순서대로 질문을 한다
면 무엇을 갖고 있느냐가 자신이 무엇을 하느냐를 결정하게 되고,
자신이 무엇을 하느냐에 따라 자신이 어떤 인간인지가 결정되어,
결국 자신이 가진만큼 살아가게 된다. 삶을 이런 식으로 산다면 필
연적으로 혼란 속에 빠져들게 된다. 키스 캐머런 스미스는 '내가 누
구인지에 따라 내가 무엇을 하고 무엇을 얻는지가 결정되어야 하지
그 반대가 아니다'라고 강조한다. 제대로 된 '자기 질문'이 인생에
얼마나 큰 영향을 미치는지 알 수 있는 대목이다.

키스 캐머런 스미스는 순서에 따른 질문을 보다 구체화했는데
대답 역시 구체적으로 명료하게 정리해야 한다는 단서를 달았다.

존재의 질문
"나는 어떤 사람이 되고 싶은가?"
"왜 그런 사람이 되고 싶은가?"
"어떻게 하면 그런 사람이 될 수 있는가?"

행위의 질문
"난 무엇을 하고 싶은가?"
"왜 그것을 하고 싶은가?"
"어떻게 하면 그것을 할 수 있는가?"

소유의 질문
"얻고 싶은 게 무엇인가?"
"왜 그것을 얻고 싶은가?"
"어떻게 하면 그것을 얻을 수 있는가?"

그가 질문에 대한 답이 구체적이어야 한다는 조건을 단 이유는 바로 명료함이 가진 힘 때문이다. 우리가 종종 사용하는 '행복, 성공, 자유, 돈' 같은 단어들을 우리는 그 의미도 모른채 추상적으로 사용하고 있다. 그것들이 무엇인지 모르니 얻을 수도 없다. 나는 강연을 할 때 종종 '철수 집 찾기 놀이'를 하곤 하는데 놀이는 다음과 같이 한다. 만약 당신이 철수라는 아이돌을 매우 사랑하고 그를 꼭 만나고 싶다고 가정해 보자. 그러면 나와의 질문은 다음과 같이 이어져 나갈 것이다.

'저는 철수를 너무 사랑하고, 그를 꼭 만나고 싶습니다.'
'아, 그렇군요. 그러면 철수는 어디 사나요?'
'네, 철수는 영희네 집 앞에 삽니다.'
'그런가요? 그러면 영희는 어디에 사나요?'

'영희는 명숙이네 옆집에 삽니다.'

'그러면 명숙이는 어디 사나요?'

'아, 머리 아프게 뭘 그렇게 꼬치꼬치 캐물으시나요?'

대부분의 한국 사람들과 이야기하면 이런 식으로 대화가 전개 되기 마련이다.

사실 이것은 다음 질문을 비유한 것이다. 당신은 말한다.

'저는 꼭 성공하고 싶습니다.'

'아 그렇군요. 그러면 성공은 무엇인가요?'

'아…, 성공은… 글쎄요….'

'그렇다면 왜 성공하고 싶으신가요?'

'네, 행복하기 위해서입니다.'

'그렇다면 행복은 무엇인가요?'

'행복이요? 글쎄요…, 깊이 생각해 보지는 않아서. 그냥 내가 만족하면 행복 아닌가요?'

'그러면 나는 누구인가요?'

'아, 뭘 그렇게 꼬치꼬치 캐물으시나요? 머리 아프게!'

우리의 답변은 이와 같이 피상적일 수 있다. 행복, 인생, 사랑 같은 추상적인 단어들이 들어갈 가능성이 높기 때문이다. 그러나 키스 캐머런 스미스는 그에 대한 답은 구체적이고 명료해야만 한다고 강조한다. 철수가 누구고 어디에 사는지 분명히 알아야 그 집에 도달할 수 있듯이 자신이 원하는 목적에 다다를 수 있기 때문이다. 그렇지 않으면 불명확한 '자기 대화'로 중간중간 길을 잃게 되고 만다. 철수를 사랑하고 그를 꼭 만나고 싶다고 말하면서 정작 그가 누구인지? 어디로 가야 그를 만날 수 있는지 모르는 것처럼, 단지 성공하고 싶다고, 행복하고 싶다고, 부자가 되고 싶다고 아무리 부르짖어 봐야 그것이 의미하는 바를 모를뿐더러 어떻게 그렇게 될 수 있는지를 모르는 꼴인 것이다.

이처럼 마음에서 주고받는 끊임없는 자기 대화에 있어 자신에게 힘을 주는 질문들을 구분하고 그 질문에 대해 구체적이고 명료하게 답을 한다는 것은 자신의 가치와 개념을 명료히 세우는 일이다. 그렇게 정의된 가치는 우리 모두에게 뚜렷한 방향성을 생성하게 하고, 에너지를 어떻게 관리할지에 대한 기준을 세우게 해 준다. 즉 자신에게 가장 중요한 가치 기준의 우선순위가 분명해지면, 모든 의사 결정이 쉬워진다. 나에게 힘을 주는 올바른 질문과 답변은 우선순위에 따라 에너지를 집중시키면서 원하는 삶에 깊이 몰입하며 살아갈 수 있는, 행복하고 충만한 삶을 가능하게 해 주는 것이다.

1 나에게 힘을 주는 질문들을 적어 보자.
2 자신만의 중요한 가치들을 적어 보고, 그 질문들에 관한 구체적이고 명료한
　정의를 적어 보자.

　ex　성공이란?
　　　성공이란 마음의 평화이며
　　　마음의 평화는 자신이 될 수 있는 최선의 존재가 되기 위해
　　　최선을 다했다는 사실을 스스로 아는 데서 느껴지는
　　　심신의 충만감에서 온다.

　　　행복이란?
　　　행복이란 주어진 상황에 감사함을 느끼는 것이다.

당신의 일상을 빛나게 할
간헐적 몰입

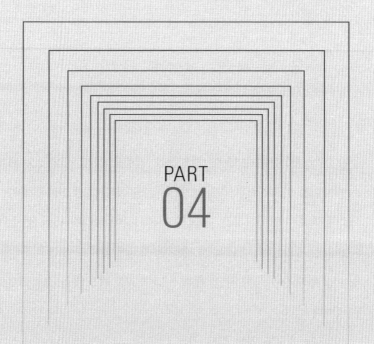

PART
04

짧지만 강렬한 시간 사용법,
뽀모도로 기법

코로나 시국으로 인해 많은 사람들이 전혀 예상하지 못했던 '재택 근무' 경험을 하게 되었다. 붐비는 지하철을 타고 1시간, 1시간 반씩이나 걸렸던 고생스러운 출퇴근길의 피로는 없어졌지만, 오히려 퇴근시간이 사라져 버린 것 같다는 의견이 많았다. 비교적 잘 정해진 시간에 맞추어 살던 직장인들은 일과 시간과 식사 시간, 휴식 시간이 모호해진 것을 경험하게 된 것이다.

얻는 게 있으면 잃는 것도 있는 법이다. 시간의 주도권이 조직에서 나에게로 넘어온 순간, 갑작스럽게 넘겨받은 이 '시간'이라는 것이 부담스럽게 느껴진다. 늘어질 때는 한없이 늘어져 업무에 집중하기 힘들고, 또 어떤 때에는 일에 집중하다 보니 쉬는 시간을 갖기가 에매해진 것이다. 이렇게 우리는 심신의 리듬이 깨어지기 딱 좋은 위태로운 시기를 맞이하게 되었다.

코로나 이전에도 시간 관리는 언제나 중요한 화두였지만 지금은 그 어느 때보다 스스로 시간을 관리해야 하는 부담이 커진 것이다. 내가 속한 조직의 물리적 공간 안에서 보내던 시간과 물리적 만남을 위한 시간들이 많이 줄어들었기 때문이다. 이러한 상황 속에서 스스로의 시간 관리에 대한 중요성이 더욱 커지고 있는 것이다. 다양한 시간 관리 방법들이 있지만 주의력이 쉽게 분산되고 산만해지기 쉬운 지금 디지털 시대에 도움이 될 만한 '뽀모도로 기법(Pomodoro Technique)'을 소개하려고 한다.

인간의 집중력이 시대에 따라 많은 변화를 맞은 것만은 확실한 것 같다. 스마트폰의 등장으로 일상이 완전히 달라진 것도 사실이다. 그중에 주목할 만한 것이 모든 콘텐츠가 짧고 간결해진 것이다. 긴 콘텐츠가 10분에서 15분을 넘기기 어렵고, 10분 안에 모든 기승전결을 갖춘, 아니 갖추지 못해도 상관없는 짧고 강렬한 것들로 이뤄진다. SNS로 주고받는 메시지, 이용자들의 일상의 이야기들 역시 구구절절 긴 글보다 사진 한 장, 영상 한 컷으로 대체된다. 이렇게 짧고 다양한 정보들이 넘쳐나는 시대에 3~4시간씩, 아니 1시간이라도 어떤 일에 오롯이 집중하기란 여간 어려운 일이 아니다. 우리의 집중력에도 균열이 생기기 시작한 것이다. 이렇게 짧은 시간도 집중하기 어려운 상황에 놓인 우리에게 적합한 시간 관리 기술이 바로 뽀모도로 테크닉이다.

1980년대 후반 소프트웨어 디자인 회사인 엑스랩스(XPLaps)의 CEO이자 스웨덴의 작가인 프란체스코 시릴로(Francesco Cirillo)가 토마토 모양의 주방용 타이머를 보고 이 뽀모도로 시간 관리법을 창안하였다.

뽀모도로 테크닉의 공식홈페이지(https://francescocirillo.
com/pages/pomodoro-technique)를 참조하여 뽀모도로
시간 테크닉을 정리해본다.

1. 수행할 작업을 선택하세요.
큰 것, 작은 것, 백만 년 동안 미루고 있는 것, 상관없습니다. 중요한 것은 그것이
당신이 온전한 관심을 쏟을 가치가 있다면 무엇이든 좋습니다.

2. 뽀모도로를 25분 동안 설정합니다.
자신에게 작은 맹세를 하십시오. '이 작업에 25분을 할애하고 어떤 것에도 방해받
지 않도록 하겠습니다. '넌 할 수 있어!' 딱 25분이면 됩니다. 카카오톡 메시지나,
유튜브, 인스타그램, 전화 등 어떤 것에도 방해받지 않도록 하십시오.

3. 뽀모도로 타이머가 울릴 때까지 작업을 수행하십시오.
다음 25분 동안 온전히 목표로 한 작업에 몰입하십시오. 혹시나 당신이 급히 해야
할 일이 있다는 것을 갑자기 깨달았을 경우에는, 정말 다급한 경우를 제외하고는
그 일을 다른 종이에 적어 놓으세요. 그 자리에서 즉각 처리해야 할 경우는 극히
드물 것입니다.

4. 뽀모도로 타이머가 울리면 종이에 체크 표시를 합니다.
'축하합니다!'
방해받지 않는 온전한 몰입으로 25분을 보낸 것에 대해 작은 성공과 성취를 축하
하고 스스로를 칭찬해보세요.

5. 잠시 휴식을 취하십시오.
업무와 관련이 없는 임련의 휴식을 하십시오. 심호흡을 하고, 명상하고, 차나 커피
한 잔을 마시고, 짧은 산책이나 스트레칭, 간단한 요가나 태극권도 좋습니다. 당신
의 두뇌는 이 5분의 짧은 휴식에 대해 감사할 것입니다.

6. 뽀모도로 4 라운드마다 더 긴 휴식을 취하십시오.

뽀모도로 4 라운드를 완료하면 더 긴 휴식을 취할 수 있습니다. 20~30분 정도의 휴식이면 좋습니다. 당신의 두뇌는 이 시간을 사용하여 새로운 정보를 흡수하고 다음 뽀모도로 라운드 전에 충분한 휴식을 취합니다.

사실 나 역시 여러분과 별반 다를 것 없이 스마트폰에 하염없이 집중력을 빼앗기는 사람이다. 디지털 시대를 살아가는 내가 무슨 뾰족한 수가 있어서 이를 멀리할 수 있겠는가? 나는 북튜버이자 독서 전문 코치로, 브랜드 전략 & 투자 심리 & 자기계발 분야의 전문 코치이자 책추남 나비 스쿨의 코코치(Co-Coach), 투자가, 작가, 보드 게임 작가 등 'N잡러 메신저'(메신저란 삶의 의미와 경제적 자유, 풍요로운 인간관계를 동시에 추구하며, 자신의 경험과 지식과 지혜를 나눔으로써 다른 사람들의 행복한 성공을 돕는 사람을 의미한다.)로 스마트폰 사용을 피해갈 수 없다. 일 때문이라도 SNS는 필수적으로 체크해야 한다. 그러다 보니 나도 모르게 스마트폰에 중독되어 어떻게 시간이 흘러가는지 인식도 하지 못할 정도로 산만한 시간을 보내고 있었다.

특정한 작업을 위해서는 항상 일정 시간의, 그러니까 간헐적 몰입이 무엇보다 절실했다. 그래서 뽀모도로 기법을 내 삶에 적용하기 시작했다.

나는 다양한 뽀모도로 테크닉 앱 중에 마음에 드는 것을 선택해서 활용한다. 좋아하는 풀벌레 소리, 즉 백색 소음을 25분간 이어지도록 세팅해 놓고, 간헐적 몰입의 시간으로 들어간다. 꼭 25분 집중, 5분 휴식이라는 뽀모도로 테크닉의 규칙에 연연하지는 않는다. 25분이 지나도록 몰입 시간이 이어진다면 그 흐름을 멈추지 않고 계속 이어 나간다.

5분 동안의 휴식 시간이나 20~30분 동안의 긴 휴식 시간이 주어지면 그때는 마음껏 쉰다. 스마트폰을 체크하거나 음식을 먹을 때도 있고, 가벼운 산책이나 태극권 등의 운동도 잊지 않는다. 뽀모도로 테크닉을 통해 무질서하게 존재했던 나의 시간들이 비몰입과 몰입이라는 대극의 균형과 리듬감을 되찾아 가기 시작한 것이다.

이렇게 단 25분만이라도 온전히 몰입할 수 있도록 훈련하는 것은 평범한 나도 충분히 시도해 볼 만한 도전이었다. 나는 뽀모도로 테크닉을 통해 편안한 감정과 에너지의 리듬감을 느낄 수 있어 N잡러 메신저로서 필요한 다양한 영역의 간헐적 몰입에 큰 도움을 받고 있다.

25분이 어렵다면, 15분이나 20분 정도로 시간을 조정해서 기준보다 짧게 시작하는 것도 좋을 것이다. 그리고 조금씩 익숙해진다면 이렇게 시작된 몰입 시간을 1회에 1시간에서 1시간 30분까지 늘려나감으로써 간헐적 몰입의 목표 시간인 하루 4시간이나 4시간 30분의 온전한 몰입에 도전해 보는 것도 좋을 것이다.

짧은 시간이지만, 그 시간 안에 집중력을 유지하고 작은 일이라도 진도가 나가고 무언가를 해낸다면 그 성취감도 결코 작지 않다. 그리고 이 성취감이 다음 단계로 나아가게 하는 큰 동력이 된다.

여러분도 자신의 상황에 맞추어 유연하게 한번 이 뽀모도로 테크닉을 시도해 보길 권한다.

깊게, 더 깊게 휴식하라,
깊은 휴식

1주에 40시간을 근무하는 주 5일 제 근무가 2004년부터 도입되어 시행된 지 18년 정도 지났다. 그 때에도 파격적이라는 의견이 있었는데 코로나 시국으로 재택근무가 확산됨에 따라 주 4일 근무에 대한 논의도 더욱 활발해지고 있는 추세이다.

한국의 긴 노동 시간은 많은 통계들이 알려 주듯 세계 정상급이다. 이런 긴 노동 시간에 대한 피로감, 업무 효율성, 자기계발 시간 확보와 휴식에 대한 요구들이 늘어남에 따라서 주 4일 근무에 대한 논의가 이뤄지는 것은 어쩌면 당연한 결과라고 생각된다. 심지어 급여를 줄이더라도 주 4일 근무제를 지키고자 하는 직장인들도 있는데, 이를 통해 노동의 가치와 개인적인 삶의 가치가 더욱 동등하게 대우받길 원하는 현대인들의 가치관의 변화를 읽을 수 있다.

그렇다면 노동 시간을 줄이고 얻는 휴식은 당신에게 어떤 의미인가? 또 좋은 휴식이란 무엇인가? 쉴 때 우리는 무엇을 하는지,

휴식 이후에 다시 에너지가 충분히 재충전되는지 곰곰이 생각해 볼 필요가 있다.

일단 휴가에 대해 한번 생각해 보자. 무엇이든 열심히 하는 한국인들의 특성상, 짧든 길든 휴가가 생기면 무언가를 꼭 해야 한다는 강박에 시달린다. 가까운 곳에 여행을 다녀와야 한다든가, 그간 하지 못했던 밀린 집안일이나 행정 처리를 해야 한다든가 하는 계획 세우기에 여념이 없다. 휴가를 끝내고 와도 에너지가 더 채워지기는커녕 오히려 더 힘들어지는 이유 중 하나는 바로 이런 데에서 생긴다.

그렇다면 진정한 휴식은 무엇일까? 어떤 휴식이 우리에게 진정한 쉼을 주는 것일까? 이에 대한 해답을 독일의 명상가이자 경영 컨설턴트 니콜레 슈테른(Nicole Stern)은 그녀의 저서 《혼자 쉬고 싶다》에서 찾아보려고 한다. 그녀는 휴식의 정의에 대해 다음과 같이 소개하고 있다.

"아무 일도 하지 않는 시간은 단순히 자유 시간이라는 뜻을 넘어 나 자신을 발견하고, 나의 필요를 위해 사용하는 시간이다."

그녀는 휴식을 '자신에 대해 온전히 집중하는 시간'으로 본 것이다. 그간 우리가 가졌던 휴식에 대한 왜곡된 생각들을 돌아보게 하는 정의이기도 하다. 또한 슈테른은 아무 일도 하지 않을 권리를 받아들이기를 권하면서 휴식은 편안함과 자유를 누리기 위한 시간적 여유라는 전제 조건이며, 이것을 적극적으로 누리겠다는 내면의 태도가 필요함을 강조한다. 쉬는 데에 있어서는 적어도 누구의 눈치를 볼 필요도 없고, 뭔가 생산적인 일을 해야만 한다는 강박에 시달릴 필요가 없는 것이다. 이때만큼은 정신적 긴장을 풀고, 몸을 편안히 이완하여 심신이 자연스럽게 회복할 여유를 주어야 한다. 그래야만 재충전과 더불어 개인적인 삶도 성숙할 수 있는 기회를 마련할 수 있다. 이렇게 할 때 비로소 우리가 흔히 '자유 시간'이라 일컫는, 무분별하게 보내기 쉬운 휴식이라는 시간이 몸과 마음에 안정을 주면서 나 자신을 발견하는, 좀 더 가치 있는 시간으로 거듭날 수 있다.

휴식이나 휴가에서 유럽인들의 이야기를 빼놓을 수 없다. 유럽인들은 주말을 보내면서도 2주에서 4주 정도의 긴 여름휴가를 누린다. 주중 이틀이라는 단기적인 휴식과 더불어 장기적인 휴식을 함께 병행하는데 이때는 완전하게 일과 분리되어 온전하게 쉬는 시간을 갖는다. 이러한 좋은 질의 휴식은 그간 바닥났던 에너지를 높은 수준으로 끌어올리고, 삶의 질을 훨씬 높여준다. 그래서 이들은 자신의 일만큼이나 휴가를 중시한다. 소득의 많은 부분을 휴가에 할애하는 것도 이 때문이다. 좋은 집, 좋은 차, 안전한 노후라는 물질적 안정에만 치우쳐 살아가는 대한민국의 현실과는 사뭇 달라 보인다. 경제적 여유와 더불어 일과 휴식의 균형을 통해 높은 삶의 질을 누릴 수 있다는 것을 일찌감치 깨달은 유럽의 문화적 분위기 때문에 가능한 일일 것이다.

우리는 '깊은' 휴식에 조금 더 주목할 필요가 있다. 여러 학자들의 휴식에 관한 연구들을 종합적으로 살펴보면 휴식과 일을 동등하게 대해야 한다고 그들은 입을 모아 말한다. 일을 하지 않고 쉬는 것은 죄악이 아니라, 인간이라면 누구나 누려야 할 당연한 의무이자 권리여야 한다는 것이다. 그리고 휴식과 일의 조화로운 균형이 인간의 삶을 자유롭고 풍요롭게 만들고, 삶의 질을 좌우하는 요소라고 강조한다. 앞서 휴식에 대한 진정한 의미부터 자세히 알아보았던 이유는 휴식을 방해하는 요소들이 너무나 많기 때문이다. 전 세계 유례없는 급속한 경제적 발전을 이루어 온 '일개미 라이프'를 찬양하는 나라에서 태어나고 자란 결과 가지게 된 쉼에 대한 원천적인 죄책감과 부담감, 진정한 휴식을 방해하는 디지털 요소들, 제대로 쉴 수 없게 만드는 사회적인 시선들이 바로 방해 요소들이다. 이런 모든 것들에서 벗어나 제대로 깊은 휴식을 취해야만 한다.

결국 휴식의 기술은 얼마나 많은 양적인 자유 시간을 가졌느냐의 문제가 아닌 휴식의 본질에 대한 깊은 이해와 이를 바탕으로 한 휴식을 대하는 태도와 휴식을 취하는 요령의 문제로 귀결된다.

휴식이란 어떤 이미에서는 이완된 몰입이라 말할 수 있을 것이다. 즉 의무적인 일에서 벗어나 편안함이나 기쁨을 느끼는 무엇인가에 오롯이 몰입해 나만의 충만한 시간을 누리는 것을 의미한다고 말할 수 있다. 이 시간은 좋아하는 차나 커피 한잔을 음미하거나, 사랑하는 사람과 깊은 대화를 나누거나, 음악을 즐기거나, 평소에 느끼지 못했던 즐거움과 호기심 넘치는 일을 하는 등 다양한 모습으로 구현될 수 있다. 여기서 중요한 것은 그 대상을 경험하는 일체감으로, 내가 시간의 노예가 되는 것이 아니라 주인이 되는 태도이다. 그리고 이를 위해 평소의 일에서 최대한 멀리 떨어지는 것이 중요하다.

본서를 통해 반복적으로 강조하지만 간헐적 몰입을 위한 가장 중요한 요소는 에너지 관리이며, 효과적인 에너지 관리를 위해서는 이완과 긴장, 휴식과 일의 역동적이고 조화로운 균형감이 필수적이다. 일과 학습을 통한 깊은 몰입감과 동시에 깊고 온전한 휴식이라는 두 측면이 태극이 상징하는 모습처럼 동등하게 존중되고 지켜질 때만이, 간헐적 몰입을 통해 최대 잠재력을 마음껏 발휘하며 살아갈 수 있는 것이다.

신나는 몰입의 즐거움,
심층 놀이

내면의 창조성과 잠재력을 이끌어 낼 수 있는 가장 재미있는 방법은 무엇일까? 그것은 바로 자신이 사랑하는 놀이를 즐기는 것이다. 평소에는 점잖고 조용한 사람도 좋아하는 게임을 하면 갑자기 눈빛에 생기가 돌며 강한 집중력을 발휘할 때가 있다. 비단 이것은 몇몇 사람들에게만 해당되는 것은 아니며 누구나 자신이 좋아하는 놀이에 더 큰 의욕과 열정을 보이기 마련이다. 평상시에는 잘 드러나지 않다가도 스포츠나 게임을 할 때 이런 강렬한 집중력과 고조된 감정 상태를 느끼게 되는 경우가 종종 있다.

앞서 구글과 IDEO가 직원들의 창의성을 극대화하기 위한 중요한 혁신의 수단으로 놀이를 중시하여 일터와 놀이터의 경계를 허물고 있다는 것을 살펴보았다. 이번 파트에서는 놀이에 대해 좀 더 심도 있게 살펴보도록 하자.

고대 그리스의 역사가인 헤로도토스가 페르시아 전쟁을 주제로

3,000년 전의 이야기를 모아 집필한 《헤로도토스 역사》 1권에 게임 몰입의 놀라운 힘에 관한 이야기가 처음 등장한다.

약 3,000년 전, 아티스 왕이 소아시아의 리디아 왕국을 다스리던 때에 혹독한 기근이 그 땅을 덮쳤다. 백성은 풍요로운 시절이 다시 오리란 기대로 한동안 어떤 원망도 없이 운명을 받아들였다. 하지만 상황이 나아질 기미가 보이지 않자 기이한 해결책을 생각해냈다. 그들이 굶주림을 견디고자 세운 방책은 하루 동안 식욕을 완전히 잊을 만큼 놀이에 몰입하고 음식에 대한 생각 자체를 하지 않기로 한 것이다. 그리고 이튿날은 음식을 먹고 놀이를 삼갔다. 이런 방식으로 리디아 사람들은 18년이란 시간을 배고픔으로부터 버텨냈고, 그러는 동안 주사위 놀이, 공기 놀이, 공 놀이 등 우리가 잘 아는 온갖 놀이를 만들어냈다.

단순한 놀이로 18년 동안의 기근을 버텼다는 이 놀라운 이야기가 사실이든 아니면 현대 일부 역사가들의 주장처럼 허구이든 간에, 이 이야기는 놀이의 힘을 잘 보여 주고 있다. 리디아 사람들이 거의 온종일 어울려 놀면서 그 혹독한 환경을 극복할 만큼 게임은 강력한 몰입의 수단인 것이다. 현시대에서는 다가올 메가 트렌드 메타버스(Metaverse)와 연결되어 그 가능성과 잠재력을 예측해 보기 어려울 정도로 더욱 기대되고 있는 것이 바로 놀이와 게임이다.

알렉스 수정 김 박사에 따르면 심층 놀이(Deep Play)란 놀이하는 동안 자신을 잊을 만큼 강렬한 몰입이 동반되는 놀이로, 가벼운 놀이와는 다르게 특정 기술을 즐겁게 사용할 수 있거나 일과 다른 만족감을 주거나 과거와 현재를 생생하게 이어주는 놀이를 의미한다. 심층 심리학은 심층 놀이가 바로 우리 내면의 영원한 소년, 소녀의 원형 에너지를 일깨워 우리 내면의 참신한 에너지를 활성화시킨다고 한다. 즉, 심층 놀이가 우리의 깊은 창의력과 잠재력을 이끌어내는 비결이라는 것이다.

모두 다 잘 알다시피, 근무하는 시간은 유독 길게 느껴지지만 친구들과 재미있게 어울려 노는 시간은 왜 그리도 짧게 느껴지는지 모른다. 이미 의식하지 못할 정도로 그 상태에 푹 빠져 있기 때문이다. 이런 이유로 심층 놀이는 우리 내면의 창조성과 잠재력을 이끌어낼 수 있는 '가장 신나고 재미있는 방법'이다. 가장 좋아하는 놀이를 즐기면 내 안에 잠들어 있는 창의성에 성큼 다가갈 수 있다. 즐겁게 놀면서 창의력을 얻는다니! 힘들이지 않고 스트레스도 없는, 이 얼마나 멋진 방법인가?

내가 흥미를 느끼고, 즐거워하는 다양한 취미 생활은 어떤 것이든 심층 놀이로 발전시킬 수 있다. 혼자서 악기 다루는 일이나 그림을 그리고 시를 쓰는 일, 산책을 하고 외국어를 배우는 일도 좋다. 보드 게임처럼 여러 명이 함께 어울려 하는 놀이도 있다. 다양한 놀이 방식들 안에서 즐거움을 얻는 동시에 진지하게 몰입할 수 있는 시간을 누릴 수 있다. 이런 즐거운 몰입 경험들은 내 안에서 스스로를 옭아매는 보이지 않는 규칙과 관습의 틀이나 고정관념의 틀을 자유롭게 벗어나게 해 주는 역할도 한다.

브랜드 컨설팅 회사의 총괄 부사장 시절에 나는 조직 내 혁신을 위해 '보드 게임'을 도입한 적이 있다. 어른이자 사회적으로는 전문가인 우리에게는 IDEO의 창업자 팀 브라운의 말처럼 제법 '진지한 놀이(Serious Play)'가 필요했다. 성과 모드에서는 충분히 진지해야 하고, 아이디어를 모을 때에는 가볍고 즐겁게 재미있는 놀이 모드가 되는 것이 좋다. 창조적 혁신을 위해서는 기존에 자신이 가지고 있던 고정관념의 틀을 깨야만 했기 때문에 보드 게임을 도입했던 것이다. 실제로 보드 게임은 직원들 사이에서 흐르는 긴장감을 해소시키고, 새로운 아이디어를 떠올리도록 촉진하고, 구성원들이 스스로를 재미있고 의미있게 자신의 리더십을 성찰하게 돕는 등, 나는 조직 문화 혁신에 있어서 게임과 놀이의 긍정적인 효과를 직접 경험할 수 있었다.

워렌 버핏은 '브리지'라는 카드 게임광으로 알려져 있고, 윈스턴 처칠은 그림 그리기에 몰두했다고 한다. 《반지의 제왕》이라는 명작을 쓴 존 로널드 로얄 톨킨(John Ronald Reuel Tolkein) 역시 그리스어와 핀란드어를 '가지고 노는' 자기만의 놀이에 푹 빠져 있었다. 이렇듯 역사상 탁월한 성취를 이루었던 인물들은 자기 일에만 푹 빠져 있던 사람은 아니었다. 그들에게는 일의 성취감이 중요했던 만큼이나 동등하게 행복한 자신을 온전히 느끼고 누릴 수 있는 놀이의 즐거움 또한 매우 중요했던 것이다.

여기서 한 가지 유의해야 할 점이 있다. 작가이자 정신과 의사인 스튜어트 브라운(Stewart Brown)은 수십 년 동안 기업가와 노벨상 수상자를 포함한 각계각층의 사람들에게 놀이가 얼마나 중요한 활동이었는지를 연구했다. 그는 6,000개가 넘는 사례를 통해 놀이가 개개인의 삶에서 어떤 역할을 하는지 집중 탐구했다. 그는 여러 연구를 통해 진정으로 효과적인 놀이는 무조건 '아무 목적 없이 재미있고 즐거워야 한다.'고 최종 결론 내리며, 문제의 초점이 놀이의 활동과 경험에 맞춰져야지, 보상을 얻는 데 맞춰져서는 안 된다고 강조한다. 그는 이러한 놀이는 모든 변화의 기폭제가 되어줄 수 있으며, 그것은 생산성과 창의성을 증폭시킬 뿐 아니라 실용적인 문제 해결에도 중대한 역할을 할 수 있다고 말한다.

여러분도 이제 놀이라는 것에 대해 다시 생각할 때가 되었다. 아이들이나 하는 유치한 장난이 아니라, 나에게 진짜 즐거움을 주는 놀이는 무엇인지, 그 놀이를 할 때 나는 어떤지, 그때의 간헐적 몰입감과 나의 창의력은 어떻게 융합되는지에 대해 생각해 봐야 한다. 아무 목적도 없이 온전히 재미를 줄 수 있는 행위를 찾고, 이 놀이를 통해 나의 잠재력을 마음껏 펼치도록 심층놀이라는 즐거운 노력을 하기 바란다. 전 세계 창의력의 허브로 인정받고 있는 영국 런던의 센트럴 세인트 마틴 대학에서 창의력을 주제로 강의하고 있는 화가이자 작가인 로드 주드킨스(Rod Judkins)는 이렇게 단언한다.

'미래는 놀이를 되찾은 어른들 앞에 펼쳐질 것이다!'라고.

20퍼센트의 법칙

　　　　　　수년 전 나와 《행운 사용법》을 함
께 집필한 김민기 전무는 현재 워싱턴 D.C.에 위치한 세계 최고의
사회적 기업가 투자 기관인 아쇼카(Ashoka: Innovators for the Public)
에서 한국인 최초의 디렉터로, 아쇼카의 글로벌 전략 부서를 담당
하고 있다. 김민기 전무는 삼성증권 본사 M&A팀에서 국내 경제
계의 주목을 받았던 기업 인수 및 합병을 자문하며 대학생들의 꿈
의 커리어 중 하나인 투자 은행가로도 활동했다. 이후 그는 엔씨소
프트의 CFO 직속 재무 전략팀에 합류해 새로운 길을 걷던 중, 내
소개로 세계 최대 규모의 사회적 기업 굿윌 인더스트리스를 알게
되었다. 그는 그 이후 사회적 기업가 정신에 매료되어 나와 함께
굿윌 인더스트리스 한국 본부 설립을 추진하기도 했던 글로벌 인
재다.

　얼마 전 김민기 전무와 통화를 하다가 대학 시절 이야기가 나왔
다. 김 전무는 대학 시절 참으로 연애를 열심히 했다. 그렇게 여자

친구와 대학 시절의 낭만과 즐거움을 마음껏 누리던 김 전무의 학점은 전형적인 한국의 일개미 콤플렉스로 세뇌되어 엉덩이를 의자에 붙이고 앉아 있던 나보다 좋았다. 그 이유에 대해 서로 이야기를 나눴는데 그는 다음과 같이 말했다.

"난 언제나 100퍼센트 잘할 생각은 없었어. 꼭 1등을 하지 못하더라도 어느 정도 선까지만 열심히 노력을 하고 나머지 시간을 행복하게 지내야 한다고 생각했어. 그래야 충분히 즐거운 삶을 살고 즐길 수 있다고 믿었거든. 언제나 가장 중요한 부분 20퍼센트에만 집중하고, 나머지 시간은 무조건 즐겁게 지냈지. 지금 돌아보면 대학 시절뿐만 아니라 미국에서 MBA를 과정을 밟았을 때도 마찬가지였어. 그동안 언제나 그렇게 살아왔던 것 같아."

김민기 전무는 대학 생활의 낭만과는 거리가 먼 일개미처럼 지냈던 나와는 달리 행복하고 지혜로운 '베짱이'였던 것이다.

그의 이야기를 들으며 자연스럽게 80 대 20 법칙으로 널리 알려진 '파레토의 법칙(Pareto's Law)'이 떠올랐다. 이탈리아 경제학자인 빌프레도 파레토(Vilfredo Pareto)가 1897년에 '80 대 20법칙'이라는 이름으로 발표한 것으로 20퍼센트의 이탈리아 사람이 이탈리아 국부의 80퍼센트를 차지하고 있다는 사실을 발견한 데서 유래했으며 '중요한 소수와 하찮은 다수의 법칙'이라고 불리기도 한다. 간단히 말해 결과의 80퍼센트는 전체 원인의 20퍼센트에 의해 일어나는 현상을 의미한다. 가령, 백화점 VIP고객 20퍼센트가 전체 매출의 80퍼센트를 창출하거나, 조직에서는 상위 20퍼센트의 직원이 전체 매출의 80퍼센트를 담당하는 것이 이 법칙이 적용되는 좋은 사례들이다.

이 파레토의 법칙을 흥미롭게 변주한 기업이 있다. 바로 혁신의 아이콘 구글이다. 구글이 주목한 것이 20퍼센트의 핵심적인 시간이다. 구글의 전(前) 회장인 에릭 슈미트(Eric Schmidt)는 기업의 성공 요건은 근로자에게 얼마나 많은 것을 이끌어내느냐에 따라 달라질 수 있다며 구글의 모든 직원에게 업무 시간의 20퍼센트를 개인적인 프로젝트에 매진하도록 하고 있다고 밝혔다. 그는 구글의 핵심 경쟁력이 여기서 비롯된다고 말하며 이를 '20퍼센트의 법칙'이라 표현했다.

에릭 슈미트가 쓴 《구글은 어떻게 일하는가》는 구글의 흥미로운 업무 방법을 자세히 소개한다. 실제로 구글의 모든 직원은 업무 시간의 20퍼센트를 자신만의 프로젝트에 사용할 수 있도록 회사의 지원을 받는다. 본인의 업무와 크게 관련이 없어도 되는 이 프로젝트는 그야말로 자유롭다. 회사 생활 중에 실현하고 싶은 아이디어가 있다면 누구든 자유롭게 프로젝트를 개인적으로 시작한다. 만약 구체화하는 과정에서 어려움이 있거나, 다른 부서의 도움이 필요하다면 다른 조직원들의 도움을 요청할 수도 있는, 그야말로 '오픈형'으로 진행되는 것이다.

실제로 이 개인 프로젝트로 시작해 시장 진출에 성공한 사례도 있다. 구글의 엔지니어인 케빈 깁스(Kevin Gibbs)는 구글이 검색어를 미리 예측하고 나머지 질문을 완성해 주는, 요즘말로 '신박한' 아이디어를 떠올렸다. 구글의 자동완성(Google Suggestion) 기능이 바로 케빈의 프로젝트에서 시작된 제품이다. 가령 'We'를 먼저 입력하면 자동으로 '일기 예보(Weather Forecast)'를 검색하는 것으로 인식해 나머지 글자를 입력하지 않아도 여러 하위 메뉴를 보여 주는 식이다. 구글 자동완성은 몇 초의 검색 시간을 줄여 주며, 사용자들이 더 신속하고 정확하게 필요한 내용을 얻는 데 도움을 주었고 수십억 명의 사람들이 이 새로운 기능에 열광했다.

이 사소하지만 놀라운 아이디어가 구상에서 출시까지 단 1~2년밖에 걸리지 않은 것은 구글의 20퍼센트 법칙이 만들어 낸 대단한 성과라고 에릭 슈미트는 평가했다. 또한 이 법칙을 통해 세상에 나온 서비스는 이뿐만이 아니다. 구글 나우, 구글 뉴스, 구글 맵스의 이동 정보 등을 포함해, 구글의 핵심이라 불릴 수 있는 지메일, 구글 뉴스, 구글 어스 등의 히트 상품들 역시 이 20퍼센트의 시간을 통해 탄생되었다. 구글은 직원들에게 20퍼센트의 법칙을 지속적인 회사 철학과 문화로 각인시킨다. 전 세계 지사를 돌면서 직원들이 20퍼센트의 시간을 성실히 지키도록 체크하는 전담 직원이 따로 있을 정도로 철저하게 20퍼센트 법칙을 지켜나가고 있다.

여기서 우리가 간과해서는 안 될 점이 있다. 업무 외적으로 주어진 20퍼센트의 시간을 단순한 휴식이나 여가 시간으로 생각하면 안 된다. 그렇게 생각해서는 이 법칙의 본질을 이해할 수 없다. 이 시간은 단순한 자유 시간이나 휴식 시간이 아니라 자기계발을 실현시키는 시간에 가깝다. 현재 맡고 있는 일보다 '하고 싶은 것', '잘

할 수 있는 것'을 스스로 찾아 계발해 나가는 것이다. 그것이 바로 20퍼센트 법칙의 진짜 의미다.

이 법칙의 본질을 제대로 이해하는 직원들은 스케줄 중에 '자유롭게 진행할 자신의 프로젝트'를 최우선에 둔다는 것이다. 그들은 실제로 아주 구체적인 스케줄을 작성한다. 가령 하루 일과 중 오전 9시부터 1시 사이에는 우선적으로 개인적인 프로젝트 시간을 할당한다. 구글 캘린더에 먼저 20퍼센트를 위한 스케줄을 적어 놓고 그 시간을 자신의 관심사와 미래를 위해 사용하는 것이다.

사람은 보통 하루에 16시간 정도 활동한다. 일주일이면 112시간 동안 활동하는 것이다. 그중에 20퍼센트라면 22.4시간이 되고 일주일에 20시간이라는 제법 긴 시간을 구글 임직원들은 자신의 미래를 위해 사용할 수 있다. 현재의 직업을 보장받으면서도 개인적인 흥미를 만족시키고, 더 큰 성취와 성과로 연결해 갈 수 있는 시간과 기회가 주어진다니, 새삼 20퍼센트라는 숫자가 크고 유의미하게 다가온다.

현재 구글에서는 20퍼센트 법칙에 따라 진행되는 소규모 프로젝트가 1,000개가 넘는다고 한다. 이 가운데 어떤 아이디어가 세상 사람들에게 선보이게 될지는 아무도 알 수 없다. 무엇보다 성공이냐 실패냐는 더이상 이들에게 중요하지 않다. 직원들이 좋아하고 잘할 수 있는 일을 끊임없이 도전하도록 뒷받침해 그 창조적 에너지가 기업 혁신과 성장의 원동력이 되도록 하는 문화가 바로 구글이 무한 경쟁시대에 선택한 비장의 무기이기 때문이다.

이는 글로벌 경쟁력을 유지하기 위해 구글 인재들의 최대 잠재력과 창의력을 이끌어내기 위한 묘책이며, 바로 구글이 세계적인 혁신과 지속적으로 탁월한 성과를 이루어가고 있는 핵심 경쟁력의 근간을 이루고 있다.

그렇다면 여기서 우리는 스스로에게 질문해 봐야 한다. 나에게도 20퍼센트의 시간을 쏟을 곳이 있는가? 있다면 어디에 집중하고 싶은가?

직장 생활을 해 본 사람은 알겠지만 근무 시간 중 완전히 자신의 관심사에 집중하기란 참 어렵다. 내가 하고 싶은 일에만 전력을 쏟을 수만은 없는 구조다. 구글이 아닌 일반 회사를 다니는 직장인들에게 근무 중 개인 시간이란 언감생심일 뿐이다. 하지만 다들 알겠지만 내가 관심 있는 분야에 쏟는 열정은 그 반대보다 훨씬 집중력도 높고 파급력도 크다. 즐겁게 일할 수 있고 긍정적인 결과가 나올 가능성이 높다. 구글은 20퍼센트라는 시간을 투자하는 것이다. 이는 곧 한 개인의 성장과도 맞물려 있기 때문에 아주 중요한 포인트가 된다.

우리 대부분은 구글과 같이 회사 내에서 조직적으로, 또 구조적으로 20퍼센트의 법칙을 제공받을 수는 없겠지만, 개인적인 삶에서 충분히 시도해 볼 수 있는 부분이다. 그 20퍼센트라는 시간을 간헐적 몰입에 쏟아보는 것은 어떨까? 나 자신을 잘 돌아보고 돌보며 진정한 자신의 관심사에 에너지와 시간을 과감히 투자해 보는 것이다. 직장과 가정도 물론 중요하지만 여기에 속한 나 역시 중요하다. 충분히 휴식을 갖고, 명상하고, 운동을 하고, 새로운 경험을 하는 데 주저하지 마라. 나를 위해 온전히 에너지를 채우는 시간에 그 20퍼센트를 할애하라. 그렇게 되면 나머지 80퍼센트의 삶은 20퍼센트가 멋지게 이끌어 줄 것이다.

간헐적 몰입 시스템을
디자인하라

　　대부분의 사람들은 종종 자신이 정한 목표에 다다르지 못하고 중간에 포기를 하고 만다. 그리고 결국 잘못된 습관에서 문제를 찾는다. 그러나 오랫동안 고착화된 일상과 습관은 하루아침에 형성된 것이 아니기에 절대로 빠르고 급속하게 변화시킬 수는 없다. 실제로 죽었다 깨어나는 근사체험을 한 사람들조차 변화하는 데에는 적지 않은 시간이 걸린다고 하니 말이다.

　하지만 우리는 의지력의 힘을 지나치게 과대평가하는 경향이 있다. 의지력 자체가 쓸모없다기보다 대부분의 경우 의지력은 우리의 생각과 다르게 무엇인가를 꾸준히 지속할 수 있는 강력한 힘은 못 된다는 뜻이다. 따라서 의지력은 무엇인가를 선택할 때 사용하는 것이고 그 이후에는 가랑비에 옷이 젖듯이 지속적이고 반복적인 행동을 지속가능하게 하는 시스템이 필요하다. 이를 통해 우리의 무의식과 잠재의식에 특정 행동 패턴을 스며들게 해 행동을

변화시켜야 한다. 이것이 내가 알고 있는 가장 빠르고 확실한 변화
와 성장의 방법이다.

대부분의 변화 시도가 번번이 실패하는 이유는 바로 이러한 진
실을 모르고 무턱대고 변화하려고 하기 때문이다. 간헐적 몰입 또
한 마찬가지다. 지금까지 우리는 간헐적 몰입의 의미와 다양한 방
법들에 대해 살펴보았다. 하지만 뭔가를 더 많이, 더 빨리, 더 크
게, 더 오래 해내야만 유능한 사람이라는 가르침으로 살아온 우리
가 이런 분위기를 역행해서 갑자기 충분한 휴식을 취하고, 에너지
를 새롭게 충전하고 정화하는 간헐적 몰입을 이해하고 실천하기란
쉽지 않은 일이다. 따라서 자신의 일상 가운데 간헐적 몰입을 현명
하게 시스템화하여 체화하지 않는 한 대부분은 결국 실패하고 말
것이다. 이 이야기는 내가 '책추남TV' 구독자분들 중에 적극적으로
삶의 변화와 성장을 꿈꾸는 분들이 모여 진행하고 있는 독서 모임
'책추남TV 북살롱'에 참여하는 분들께도 반드시 들려 드리는 이야
기다.

앞서 설명한 대로 간헐적 몰입은 너무 애쓰지 않으며 자신만의
자연적 리듬에 맞춰 에너지의 활용을 최적화하는 것으로 단순한
시간 낭비를 의미하지 않는다. 하지만 우리가 매순간을 온전히 의
식하지 못한 채 그저 흘려보내 버린다면 에너지만큼 소중한 시간
을 덧없이 낭비하게 된다. 결과적으로 목표로부터 점점 더 멀어지
게 된다. 이러한 시간과 에너지 낭비를 최소화하는 방법이 바로 원
하는 변화를 위한 행동 패턴을 '시스템화'하는 것이다.

일반적으로 루틴(Routine), 리추얼(Ritual)이라고 부르는 행동 습관들도 시스템의 일종이라 할 수 있다. 특히 리추얼은 규칙적으로 행하는 의식·의례를 뜻한다. 리추얼은 긍정적인 행동을 반복하여 무의식적으로 긍정적인 습관을 형성하도록 도움으로써 우리로 하여금 굳이 어떤 목적을 의식하지 않고 자동적으로 실행할 수 있도록 만든다. 에너지 소모를 최소화하고 효과적이고 효율적인 에너지 활용을 가능하게 하는 생산적인 시스템의 역할을 하는 것이다. 위대한 창조자로 손꼽히는 과학자, 철학자, 의학자, 예술가, 작가, 영화감독 등 역사상 위대한 인물들은 모두 자신만의 리추얼을 가지고 있었다.

이미 70대가 되었지만 여전히 집필 활동을 게을리하지 않는 세계적인 소설가 무라카미 하루키는 글을 집필하는 기간이 되면 새벽 4시에 일어나 5~6시간 정도 꼬박 글을 쓰는 일에만 집중한다. 그리고 체력을 유지하기 위해 오후에는 달리기나 수영을 하고 이후에는 다른 저자의 책을 읽거나 음악을 듣고는 저녁 9시에 반드시 잠자리에 든다. 그는 "반복은 일종의 자신에게 거는 최면으로, 반복 과정에서 더 심원한 정신 상태에 이른다."는 말로 자신의 리추얼이 주는 긍정적 효과를 설명했다. 여기서 우리가 주목할 점은 하루키가 자신의 신체와 감정의 리듬에 대해 제대로 파악하고 이를 바탕으로 자신에게 맞는 에너지 최적화 시스템을 구축했다는 것이다.

한때 '아침형 인간'이 성공한다는 주장과 '저녁형 인간'이 더 창의적이라는 논란이 있었던 적이 있다. 양측 모두 자신의 입장을 변론하기 위해 그런 주장을 내놓았겠지만 대체로 자신의 성향과 리듬에 맞는 방식을 택하는 것이 좋다는 결론으로 마무리가 되었다.

하루키의 리추얼을 무조건 수용하라는 것은 아니다. 하루키처럼 자신의 성향을 잘 파악해 하루 일과를 자신의 바이오 리듬에 맞추어 리추얼을 디자인하는 것이 핵심이다.

짐 로허와 토니 슈워츠는 《몸과 영혼의 에너지 발전소》에서 리추얼을 '내면의 가치에 의해 만들어져 반복을 통해 자동화된 행위'라고 정의하면서 리추얼이 가진 3가지 차원에 대해 설명했다.

첫째, 어떤 일에든 에너지를 효과적으로 관리하고 있다는 확신을 준다.

둘째, 한계가 분명한 의식적인 의지와 자기규율에 덜 의존하게 해준다.

마지막으로 우리가 갖고 있는 가치와 1순위의 것들, 즉 일상에서 우리에게 가장 중요한 것들을 행동을 통해 실현시키도록 해준다.

리추얼이 갖는 중요한 역할은 완전한 몰입을 위해 필요한 에너지 소비와 재충전 사이의 효과적인 균형을 맞추어주는 것이다. 그리고 어떤 분야든 성공한 사람들은 긴장 속에서도 리드미컬하게 에너지를 소비하고 다시 회복시키는 능력을 최대화하는 시스템을 가지고 있다. 우리도 그들처럼 에너지를 최적으로 활용하기 위해서는 리추얼이라는 도구를 적극 활용해야 한다. 보통의 사람들이 무엇을 시작했다가 쉽게 중단하는 이유 중 하나는 자신의 재능을 의심했기 때문일 것이다. 하지만 남이 보기에 정말 대단한 재능을 지닌 사람도 스스로는 재능이 없다는 생각을 가지고 있을 수도 있다.

러시아의 천재 연출가이자 작가였던 스타니스랍스키(Stanislavsky)는 시스템의 힘에 대해 "재능만 믿고 아무 노력도 하지 않는 사람은 결코 천재가 될 수 없지만 재능이 뛰어나지 못한 사람도 예술의 본성과 창조 법칙을 탐구하면 천재에 가까이 갈 수 있다. 바로 시스템이 가까이 갈 수 있도록 도와줄 것이다."며 재능보다 일상의 시스템이 성공을 이루는 중요한 요소가 된다고 통찰하였다.

사실 자신의 재능을 의심하는 일은 언제든지 무엇이든 포기하기에 아주 좋은 핑계가 된다. 그러나 제대로 된 리추얼을 생활화하다 보면 재능뿐 아니라 우리를 방해하는 여러 요소들을 상대적으로 쉽게 이겨낼 수 있는 힘을 가지게 된다. 리추얼은 약한 의지를 보완하고 자신의 재능을 의심하는 마음, 상황에 따라 생기는 감정 기복 때문에 생기는 부정적인 에너지 흐름에 빠지지 않을 수 있도록 우리를 도와주기 때문이다. 그러니 조급한 마음을 내려놓고 자신이 언제, 어느 시간에 어떤 일을 수행할 때 가장 효율적인 결과는 내는지 주목해야 한다.

서두를 필요없이 자신을 잘 관찰하면서 차근차근 자신의 리추얼을 만들어가 보자. 잘 알다시피 생활 습관에서 갑작스러운 변화를 이끌어내기는 쉽지가 않다. 그래서 자연스러운 변화를 위해 리추얼 자체를 시스템화하는 것이 유용하다. 다시 말해, 리추얼을 실행하지 않을 수 없는 무엇인가를 함께 디자인하는 것이다. 예를 들어 'OO일까지 행동으로 옮기지 않으면 친구에게 고급 레스토랑에서 밥 사주기' 같은 재미있는 전제조건을 만드는 것이다. 이렇게 반드시 행동으로 옮길 수 있도록 하는 재미있는 시스템을 디자인하는 것도 좋은 방법이 될 수 있다.

무언가를 꾸준히 실천하기 위해서 무너지기 십상인 의지력을 사용하기보다 반드시 실행할 수밖에 없는 환경과 시스템을 디자인해보자. 게임처럼 스스로 돈을 내고 함께 실천해 나가는 '습관형성 플랫폼 챌린저스 시스템(https://www.challengers.com)'을 동료들과 함께 활용해 보는 것도 좋은 방법이 될 것이다. 그리고 한 번에 한 가지만 집중적으로 시도하는 것이 성공 확률을 훨씬 높여 줄 것이다.

과학과 기술의 발전이 초래한 급변화, 다변화로 말미암아 현대의 비정상적인 속도에 맞춰 인생을 살아가려면, 필연적으로 에너지가 더 많이 필요하지만 오히려 산만함을 조장하는 현대문명 속에서 우리의 에너지의 용량은 줄어들고 있다. 이러한 혼란스러운 삶 가운데, 내면의 가치에 부합하도록 살기 위한 간헐적 몰입 시스템을 반드시 구축해야 한다. 간헐적 몰입 시스템은 우리로 하여금 무조건 열심히 일하기보다 현명하게 일하게 해 준다. 더 나아가 복잡한 삶을 우선순위에 맞추어 단순화하여 우리의 소중한 에너지를 정말 중요하고 가치있는 일에 온전히 집중시킬 수 있도록 함으로써 우리 내면의 창조력과 창의성을 발현시켜 주는 강력한 수단이 되어 줄 것이다.

유대인 천재성의 비밀,
안식일

　　세계적인 그래픽 디자이너이자 타이포 그래퍼인 스테판 사그마이스터(Stefan Sagmeister)는 TED에서 '휴식의 힘(The Power of Time Off)'이라는 주제로 강연에 나서 화제를 모았다. 모두가 협업하고 싶어 하는 1순위 아티스트로 손꼽히는 그는 7년마다 한 번씩 뉴욕에 있는 디자인 스튜디오의 문을 완전히 걸어 잠그고 1년이나 되는 '안식 휴가(Sabbatical)'를 갖는다고 밝혔다. 7년을 꼬박 일하고 1년은 일 외에 온전히 그가 하고 싶어 하는 일에 주력하면서 자신만의 시간을 갖는 것이다.

　　승승장구하던 디자이너가 1년이라는 시간 동안 업계에서 자리를 비운다는 것은 쉽지 않은 결정이었을 것이다. '물 들어올 때 노 저어야만 한다는 것이 보편적인 인식으로 자리잡은 우리들에게 그의 결정은 더욱더 생소하게 느껴진다.

　　단 하루의 휴가도 휴가계를 내는 마음이 마뜩잖고, 어쩌다 운 좋게 공휴일을 끼워 맞춰 샌드위치 휴가라도 쓰고 자리로 돌아온

날에는 뒤통수가 왠지 따갑게 느껴질 수밖에 없는 것이 현실이기 때문이다. 자리를 비운다는 것이, 곧 내 업무에 공백을 남겼다는 죄책감이 되어 그렇게 스스로를 힘들게 만든다. 그렇기에 더욱 어째서 스테판 사그마이스터가 그런 대담한 결정을 내리게 되었는지 궁금해진다.

그는 음악과 디자인이라는, 자신이 가장 사랑하는 일들을 하고 있었지만 언젠가부터 내놓은 결과물들이 비슷한 양상을 보인다는 것을 파악했다. 그 역시 매너리즘에 빠진 것이다. 늘 새롭고 놀라운 것을 만들어 내야 하는, '창의력'이 가장 큰 무기인 그에게 이는 절체절명의 위기일 수밖에 없었다. 그때부터 그는 1년이란 시간 동안은 대도시 뉴욕에서 완전히 벗어나 자연이 아름다운 발리 같은 곳에서 업무에 관련된 일은 되도록 접어두고 독서나 산책, 명상을 하면서 온전히 자신을 채우는 일에 집중했다. 그 결과는 어땠을까?

다시 돌아왔을 때에는 더 좋은 디자인 품질과 서비스로 클라이언트들을 만족시켜 더 높은 수익을 낼 수 있었다고 그는 말했다. 또한 그렇게 1년 동안의 생각에서 나온 결정들이 이후 7년의 놀라운 결과물을 만들어낼 수 있었다고 고백했다.

스테판 사그마이스터가 가진 안식 휴가는 유대인이 쉬면서 예배를 드리는 안식일(Sabbath)에서 그 기원을 찾을 수 있다. 20세기 최고의 유대 사상가 중 한 명으로 손꼽히는 랍비 아브라함 헤셀(Abraham Joshua Hessel)에 따르면 하나님은 천지창조의 마지막 날 7

일째인 '메누하(Menuha)'를 창조했다. 6일째 날 인간을 창조했기 때문에 인간이 가장 먼저 맞이한 것은 바로 이 7일째 날인 안식일이다. 메누하는 치유의 힘이 있는 '풍요로운 고요'라는 뜻으로 그 안에 평화, 고요와 정적, 휴식이라는 의미를 가지고 있다. 요컨대 안식이 있은 연후에야 창조도 마무리 지을 수 있다는 것을 뜻한다.

메누하의 탄생 이후에야 비로소 창조의 순환도 완전하게 마무리된다. 즉 몸과 마음을 내려놓고 쉴 수 있는 안식일이 창조적 존재로서의 인간에게 필수적이라는 것이 유대인의 견해인 것이다.

유대인은 인구 1천 300만 명으로 전 세계 인구의 0.2퍼센트에 불과하지만 역대 노벨상 수상자의 30퍼센트, 미국 아이비리그 학생의 25퍼센트, 세계 억만장자의 30퍼센트를 차지한다. 아주 놀라운 수치다. 하버드 재학생 비율만 봐도 한중일 동북아계 학생 비율이 4.25퍼센트인데 비해 유대인은 30퍼센트에 가까울 정도로 큰 비중을 차지한다. 이렇게 유대인은 세계에서 강력한 영향력을 끼치는 엘리트 집단이 많은, 특별한 민족으로 알려져 있다.

스탠퍼드 대학의 한 심리학자는 이러한 유대인들의 비밀이 뛰어난 IQ에 있을 것이라는 가정하에 조사를 해 보았으나 유대인들의 IQ가 타민족에 비해 두드러지게 우수하지 않다는 결과를 얻었다. 실제 조사에 따르면 유대인의 평균 IQ는 94로, 놀랍게도 세계 1위를 기록하는 대한민국 평균 IQ 106에 한참 못 미치는 수치이다. 그렇다면 유대인들의 놀라운 성취의 비밀은 도대체 무엇일까? 그 비밀 중 하나가 바로 '안식일'에 있다.

채우는 것에만 집중하지 않고 비우고 내려놓는 시간을 가지는 것, 그것이 이들을 세계 최고의 영향력 있는 인재들로 성장하게 만든 원동력이었다.

유대인 수필가 아카드 하암(Achad Haam)은 유대교 역사에서 안식일 전통의 중요함을 강조하면서 다음과 같이 말하고 있다.

"유대인이 안식일을 지켰다기보다는 안식일이 유대인을 지켰다고 단언할 수 있으며 이것은 결코 과장이 아닙니다. 안식일이 유대인의 영혼을 회복시켜 주고 매주 그들의 영적인 삶을 새롭게 해주지 않았다면, 유대인은 평일의 침울한 경험들 때문에 너무나 절망하여 물질주의와 도덕적, 지적 타락의 바닥에까지 떨어졌을 것입니다."

유대 문화를 연구한 전문가들은 유대인 성공의 비결을 타고난 지적 능력이 아니라 열심히 노동하는 것보다도 더 중요하게 생각하고 지켜 온 안식일에 있다고 말한다. 노동에 매몰된 삶이 아니라 소진된 체력과 정신과 영혼을 소생시키는 것. 그것은 요즘 가장 화두가 되고 있는 일과 삶의 균형을 의미하는 '워라밸(워크-라이프 밸런스, Work-Life Balance)'과 일맥상통한다. 요즘 MZ 세대들이 일을 선택함에 있어 가장 큰 가치를 두는 것이기도 하다. 쉼없이 폭주하는 기관차처럼 일하던 것이 미덕으로 여겨지는 시대가 저물어 간다는 의미다.

제대로 된 휴식 없이 일에만 몰두하다보면 번아웃 증후군 (Burnout Syndrome)에 시달리게 된다. 안타깝게도 직장인의 85퍼센트가 겪고 있다는 이 증상은, 말 그대로 '다 타고 재만 남은' 상태가 될 정도로 신체적·정신적으로 모두 소진된 상태를 뜻한다. 하지만 과중한 업무로 인해 일과 삶을 분리하기가 쉽지 않은 것이 현실이다. 거기다 일을 하지 않을 때 불안하고 죄의식을 가지게 되는 심리 상태까지 지속되면 필연적으로 우리는 번아웃 증후군에 빠져들게 되는 것이다. 일의 무게감, 부담감, 죄책감 등 부정적 감정이 개인의 삶을 더욱 짓누르게 되고, 결과적으로 충분하지 못한 휴식으로 말미암아, 일에서 완전한 분리가 되지 않은 것들의 찌꺼기가 나를 괴롭히는 괴물이 되어 돌아온다. 태울 것이 더이상 남아 있지 않은 상태에서 아웃풋을 기대한다는 것은 어불성설이다.

행동심리학자 짐 로허와 토니 슈워츠도 건강한 활동과 휴식 간의 균형 있는 리듬 패턴이 완전한 몰입, 최고의 성과, 지속적인 건강 유지를 위한 가장 중요한 요소이며 본질적으로 인간의 창조성과 연관되어 있다고 말한다. 마치 음표와 쉼표의 균형이 음악을 창조하고, 단어와 쉼표의 균형이 멋진 문장을 창조하듯이 말이다.

미네소타 의대 교수인 프란츠 홀버그(Franz Halberg) 박사가 창시한 시간 생리학(Chronobiology)에 따르면 우리 신체는 본래 25시간 생체주기(Circadian Rhythm)를 따라 움직인다고 한다. 이 리듬에 따를 경우 우리는 하루에 한 시간씩 늦게 일어나야 하지만 현대 사회에서 이것은 불가능한 일이다. 따라서 일주일에 하루 정도는 신체 주기를 정상화하기 위해 평소보다 긴 휴식이 필요하다. 만약 쉼 없이 일할 경우 피로, 신경 과민, 각 신체 기관의 스트레스, 나아가 불면 증과 같은 신체적, 정신적 이상 징후들을 초래하게 된다.

그러나 안식일이라는 단어 앞에 우리의 마음 한구석에 여전히 불편한 마음이 있다는 것은 나 역시 알고 있다. 행여 학업에서 뒤처지지 않을까, 업무에 부정적인 영향을 주지 않을까 고민스럽다. 잠시 작업에서 손을 놓는다면 앞으로 다시 할 수 없을 거 같은 막연한 두려움이 엄습한다. 그런 걱정을 하는 사람들에게 다음으로 소개할 하버드대 학생들의 시간 활용 실태 조사 결과를 아는 것이 도움이 될 것이다.

하버드대의 토머스 엔젤로(Thomas Angelo) 교수는 히버드 대학생의 시간 활용을 집중적으로 연구한 결과 매주 20시간 정도 한두 가지 여가 활동에 전념을 해도 성적에는 거의 영향을 받지 않는다는 사실을 발견했다. 뿐만 아니라 그런 활동이 오히려 대학 생활의 전반적인 만족도를 높이는 것으로 조사되었다.

창의성이 그 어느 때보다 필수적인 무기가 된 4차 산업의 시대가 열렸다. 다음 조사 결과는 이를 잘 나타내 주고 있다. 맥도날드의 경우 초보 사원과 숙련된 사원의 업무 능률 차이는 3배, 간호사의 경우 초보 간호사와 숙련 간호사의 업무 능률 차이는 7배 정도인데 반해, 마이크로소프트사의 초보 프로그래머와 숙련 프로그래머의 업무 능률 차이는 1,200배가 넘는다고 한다.

그동안 우리가 성공하는 데 필수적이라고 믿었던 '성실함과 열

정'이라는 두루뭉술하고 뭉툭한 무기로는 더 이상 살아남을 수 없
다는 말이다. 그 이상의 무언가가 필요한 시대가 되었다는 것을 의
미한다. 귀가 따갑도록 듣는 '창의성'이 중요해진 시대가 바로 21세
기다. 따라서 우리의 잠재력을 최대로 발휘하고 창의성을 극대화
하기 위해서는 모든 것들을 내려놓고 일주일에 하루는 몸과 마음
그리고 영혼을 위한 충분한 안식의 시간을 갖도록 노력해야 한다.

간헐적 몰입이
가져다주는 것들

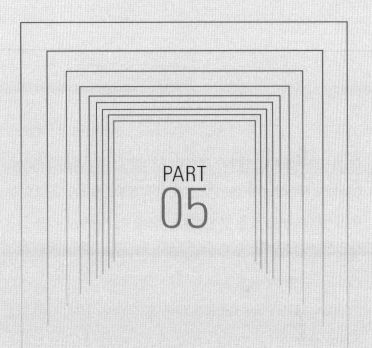

PART
05

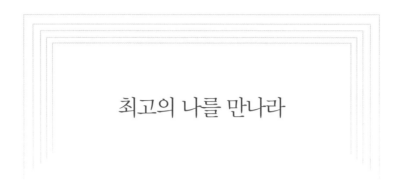

최고의 나를 만나라

'재능(才能)'. 사전적으로는 어떤 일을 하는 데 필요한 재주와 능력을 의미한다. 영어로는 Talent, Gift라고 하는데 보통 재능은 날 때부터 '타고난' 능력이란 말로 자주 묘사되곤 한다. 물론 후천적인 노력으로 이 재능이란 것을 갈고 닦을 수도 있지만, 타고난 지적 능력이나 다양한 예술적 재능 등은 쉽사리 무시할 수는 없다.

실제로 다재다능한 사람들을 많이 볼 수 있다. 일도, 쉬는 것도 잘하며 삶의 관리를 잘하는 이들도 있고, 타고난 재능으로 분야에서 최고가 된 사람들도 마주하게 될 때가 있다. 하지만 이 재능이란 것이 그 자체로는 좋은 의미이지만 종종 그렇지 못한 사람들에게는 그럴듯한 변명거리를 제공하기도 한다. 목표에 도달하지 못했을 때, '나는 타고난 능력이 없어서 결국 이렇게 되었다'는 식이다. '탁월한 성과를 보이는 사람들과 나는 다르다, 나는 재능이 없다.'는 말로 나 자신을 성공한 사람들과 구분 짓고 스스로를 성장하지 못하게 자신을 막아 버린다.

정말 이들의 말은 변명이 아닌 일리 있는 자기 한탄일까? 아무리 노력해도 재능이 없으면 의미가 없는 걸까? 재능이 없다면, 타고난 좋은 기질이 없다면 우리는 결국 의미 없는 인생을 살게 되는 걸까? 이런 의문들에 대해 다음 영화가 좋은 힌트가 되어줄 것이다.

보통 사람의 위대한 자기 여정을 그린 영화를 하나 소개하고자한다. 월터 미티는 '라이프'라는 잡지사에서 표지 사진을 현상하는 일을 하는 평범한 직장인이다. 심심하고 단조로운 일상을 살고 있던 그에게 별안간 잡지 폐간 소식이 들려 오고 10년 넘게 다닌 회사로부터 권고사직을 통보받는다. 그는 폐간 전 마지막 호의 표지에 실을 사진을 찾아 처음으로 일상을 벗어난 여행을 떠난다.

제임스 서버(James Thurber)의 소설《월터 미티의 은밀한 생활》을 원작으로 만든 영화 '월터의 상상은 현실이 된다'의 대략적인 이야기다. 소설에 등장하는 주인공인 월터 미티는 평범한 중년 남성으로 가끔 지루한 일상에서 자신만의 상상에 빠지는데 이를 위트 있게 보여 주는 작품이다. 월터의 상상력으로 환상과 현실을 넘나들며 일상을 벗어나는 이야기의 골격을 영화가 차용한 것이다.

영화 속의 월터는 대중교통을 타고 늘 비슷한 옷처럼에, 좋아하는 사람에게 마음을 표현하지도 못하는 소심한 남자다. 그는 주변에서 흔히 볼 수 있는 누군가이며, 또 우리가 쉽게 공감할 수 있는 평범한 소시민이다. '월터의 상상은 현실이 된다'는 자신이 사는 곳에서 한 번도 벗어난 적이 없는 그가 세계 곳곳을 누비며 대자연과 만나고, 낯선 곳의 사람들을 만나 소통하고 성장해가는 모습을 담은 영화다. 영화 속에는 주인공 월터가 갑자기 '멍'해지면서 가히 폭발적인 상상을 하는 장면이 여러 번 등장하는데, 나중에는 그것이 월터의 상상인지 현실인지 구분이 모호해지기까지 한다. 남들은 그를 보며 '멍 때린다'며 비아냥대지만 그는 그 시간만큼은 깊은 몰입 상태를 유지한다. 누가 불러도 그 소리를 들을 수 없을 정도로 월터는 아주 깊이 자신의 세계에 들어가는 것이다.

월터는 상상이라는 이 '간헐적 몰입'의 시간 동안 내재된 상상력과 창의력을 발현시키고 내면의 숨은 '영웅'을 부활시킨다. 늘 소심하고 니약힌 자신과는 달리 싱싱에서 그는 딤대하고 용감하다. 이 상상을 실제 행동으로 옮기면서 그는 진정한 자신의 참모습과 생의 의미를 찾기 시작한다.

너무나도 평범한 월터에게도 자신만이 걸어가야 하는 '여정'이 있었던 것이다. 신화학자 조지프 캠벨은 이에 대해 "인간의 인생이란 곧 영웅의 여정이다. 영웅이란 스스로의 힘으로 자아 극복을 위한 기술을 완성한 인간이다."라고 말했다. 영화 '월터의 상상은 현실이 된다'는 바로 평범한 우리도 자신만의 '영웅의 여정'을 살아갈 수 있음을 상징적으로 표현했다. 꼭 고귀한 혈통이나 비범한 능력을 가진 자에게만 영웅의 여정이 존재하는 것이 아니다. 자기가 민든 작은 세상에만 갇혀 있던 월터가 문을 열고 넓은 세계로 나가는 영화 속의 이야기는 한 개인이 자신의 참된 나와 내면의 자연, 우주와 연결하고 소통하면 어떤 일이 일어날 수 있는지를 영화답게 극적으로 잘 보여 주고 있는 것이다.

그렇다면 어떻게 해야 누구나 월터처럼 영웅의 여정을 걸어갈 수 있는 힘을 얻을 수 있을까? 그 열쇠는 바로 간헐적 몰입을 통한 '근원적 에너지 장과의 연결'에 있다. 이 근원적 에너지 장에 대해 조금 더 살펴보자.

세계적인 신화학자 조지프 캠벨이 세계의 신화를 수집하고 연구하며 국가와 상관없이 공통의 이야기 구조를 발견한 것에서, 또 정신의학자 칼 융이 전 인류의 의식을 하나로 연결하는 집단 무의식을 발견한 것에서, 우리는 인류가 시공간을 초월해 서로 교신할 수 있는 능력을 있음을 알 수 있다. 양자물리학에서는 이를 양자 얽힘(Quantum Entanglement)이라고 설명하는데, 마치 분리되어 있는 땅처럼 보이는 섬이 실제로는 바다 밑으로 모두 연결되어 있는 것처럼, 우주에 존재하는 모든 것들은 모두 보이지 않는 에너지 장으로 연결되어 있는 것을 의미한다.

영국의 저널 《왓킨스》 선정 '세계에서 가장 영향력 있는 영적 인물 100인'이자 《뉴욕타임스》 베스트셀러 작가인 그렉 브레이든(Gregg Braden)은 우주 만물을 연결하는 이 '장(場, Field)'을 디바인 매트릭스(Divine Matrix)라 명명했다. 그는 자신의 저서 《디바인 매트릭스》를 통해 이러한 우주적 연결성에 바탕을 둔 변화의 비결을 제시한다. 그에 따르면 우주 만물은 서로 연결되어 있으며, 우주의 고차원적인 힘을 이용하기 위해서는 자신이 우주와 독립적으로 존재하는 것이 아니라, 우주의 일부임을 깨달아야 한다고 말한다.

그렉 브레이든은 인간이 잠시 우주를 스쳐지나가는 무능하고 보잘것없고 초라한 존재가 아닌, 우주 만물을 연결하는 에너지 장인 디바인 매트릭스에 의해 광대한 우주와 연결되어 있는 존재로 보았다. 그는 인간은 내면의 '느낌 또는 감정'이라는 진동 주파수 언어로 디바인 매트릭스와 소통하며, 그것의 창조적 힘을 활용함으로써 우주의 변화에 적극적으로 참여할 수 있는 존재라고 설명한다. 우리 스스로가 창조해 나가는 우주야말로 자신을 둘러싼 세계의 현실이 되며, 이런 변화를 일으킬 힘이 각자에게 존재한다는 것을 그는 강조한다.

이러한 관점으로 자신의 인생을 바라보기 시작할 때, 나라는 존재가 그저 힘없이 내 인생을 바라볼 수밖에 없다는 수동적 입장에서, 적극적으로 창조에 개입할 수 있는 능동적인 입장으로 거듭날 수 있다. 성공이나 성과 같은 것들은 이 이후에 따라오는 부수적인 결과에 불과한 것이다.

동양의 불교에서도 수천 년 전부터 우주의 모든 것을 연결하는 '인다라망(因陀羅網)'이 존재한다고 설명한다. 인다라망이란 인드라의 그물이라는 뜻을 담고 있다. 고대 인도 신화에 따르면 인드라 신이 사는 선견성(善見城) 위의 하늘을 이 인드라망이 덮고 있다. 인드라망은 일종의 무기로 그물코마다 보배 구슬이 박혀 있고 거기에서 나오는 빛들이 무수히 겹치며 신비한 세계를 만들어 낸다고 한다. 불교에서는 끊임없이 서로 연결되어 온 세상으로 퍼지는 법의 세계를 뜻하는 말로 주로 쓰인다. 이 신비로운 우주적 초연결성은 심리학, 종교학, 과학 등 다양한 분야의 전문가들이 주장할 뿐만 아니라 오래전부터 동서양을 막론한 고대의 현자들 역시 이에 대해 이미 직관적 통찰을 통해 입을 모아 이야기하고 있다. 따라서 우리는 타고난 재능이 모자람을 탓할 것이 아니라 이 우주적 에너지 장이 존재함을 깨닫고, 어떻게 이 에너지의 장에 우리를 연결할 수 있느냐를 탐구하는 것이 중요하다. 그것이 우리가 타고난 본연의 참모습과 잠재력을 구현하며 살아갈 수 있는 중요한 열쇠가 된다.

다시 말해 간헐적 몰입을 통해 내 안의 우주에 연결된다면 타고난 조건과 관계없이 자신이 살아가야 하는 본연의 잠재력을 마음껏 펼치며, 자신의 인생을 행복하게 살아갈 수 있는 것이다.

어떤가? 어디선가 익숙하게 들어본 이야기라는 생각이 들지 않는가?

그렇다. 바로 간헐적 몰입의 여덟 번째 원리인 '제로 포인트 필드의 원리'에 대한 독자들의 더 깊은 이해를 돕기 위해 다시 한 번 여러 관점에서 설명해 보았다. 간헐적 몰입의 궁극적 목표는 바로 이 제로 포인트 필드에 깊은 수준으로 연결하여 고차원적인 우주 에너지를 활용하는 에너지 몰입 상태에 도달하는 것이기 때문이다. 간헐적 몰입은 단순히 순간의 업무 효율을 높이는 수준의 이야기가 아니다. 궁극적으로 제로 포인트 필드라고 불리는 강력한 우주적 근원 에너지 장에 연결하는 일이다. 우리는 누구나 우주의 그물이라는 것에 유기적으로 연결되어 있고, 촘촘하게 잘 직조된 에너지 그물을 활용해 인생을 바꾸는 힘을 이끌어낼 수 있어야 한다. 결국 이는 내 안의 참 나와 소통하는 것이며, 내 안의 우주를 깨우는 일이며 동시에 그 속에서 진정한 나를 찾고 성장하는 것이다. 그래서 그저 평범하고 별 볼일 없다고 생각했던 내 인생에서 자신만의 고유한 의미를 찾는 일이다.

이것을 가능하게 해 주는 것이 바로 간헐적 몰입이다. 꼭 기억하라. 간헐적 몰입으로 우리는 '최고의 나'를 만남으로써, 우리 모두 자신의 인생의 영웅이자 주인공이 될 수 있다. 아니 되어야만 하는 것이 우리에게 주어진 인생의 유일한 소명이다.

세렌디피티,
동시성의 선물

살아가면서 어려운 점을 하나 택하라고 한다면 여러분은 무엇을 고르겠는가? 여러 가지 어렵고 힘든 점들이 많겠지만 나는 단연코 '불확실성 혹은 예측 불가능성'에 한 표를 던지고 싶다.

현시대를 일컬어 '부카(VUCA)'라고들 부른다. 변동성(Volatility), 불확실성(Uncertainty), 복잡성(Complexity), 애매함(Ambiguity)이 혼재된 시기라는 의미다. 그리고 이런 큰 불확실성이 지배하는 부카 월드를 살아가는 우리에게 예측 불가능성이 주는 어려움은 바로 의도적인 통제와 관리가 거의 불가능하다는 데서 오는 불안과 좌절감일 것이다.

사실 과거 우리 부모님 세대가 미래에 희망을 가지고 밤낮없이 현재를 담보로 열심히 살 수 있었던 이유는 바로 평생 직장이 보장됨으로써 어느 정도 예측이 가능한 미래가 있었기 때문이다.

때가 되면 따박따박 입금되는 안정된 월급으로 결혼과 내 집 마련, 출산과 양육과 같은 다양한 삶의 이벤트들을 경험하고 선택할 수 있었던 세대였던 것이다. 안정적인 수입은 삶에 있어 선택권을 넓히게 도와주고, 그럭저럭 평탄한 삶의 항해를 할 수 있도록 도왔던 것이다.

하지만 우리는 AI가 인류의 전통적인 직업들을 대체해 가고 있는 엄청난 대변화의 시대를 살고 있다. 오늘날 우리가 마주하게 된 세상은 부모님들이 살았던 세상과는 완전히 다른 것이 되고 말았다. 대홍수 속에서 무기력하게 허우적거리는 한 마리 개미와 같은 느낌이 들 만큼, 급변하는 시대의 변화 속에 평생 직장의 개념은 이미 사라져 버렸고, 대변화로 말미암아 우리가 당면하게 된 삶의 도전은 과거 세대가 마주했던 그것과는 판이하게 달라진 것이다.

그리고 우리가 코로나라는 장기간 팬데믹을 겪고 있는 경험에 비추어 보면 쉽게 알 수 있듯이, 나의 통제 범위를 넘어선 이 변화가 누군가에게는 두려움이 될 수도 있고, 또 누군가에게는 행복과 행운을 가져다 주기도 한다.

예측 불가능성이라는 단어와 함께 떠올릴 수 있는 단어들은 주로 아무런 인과관계가 없이 뜻하지 않게 일어나는 일을 의미하는 '우연(偶然)'이나, 로맨스를 다루는 영화나 소설의 단골 소재로 자주 등장하는 '세렌디피티(Serendipity)'가 있을 것이다. 세렌디피티는 '뜻밖의 발견, 뜻밖의 발견을 하는 능력'이란 의미인데, 보통 의도치 않았음에도 불구하고 놀랍고 멋진 것들을 마주하게 될 때 주로 쓰는 말이다.

그런데 놀랍게도 페이스북의 마크 저커버그(Mark Zuckerberg)나 아마존의 제프 베조스(Jeff Bezos), 구글의 세르게이 브린(Sergey Brin) 같은 세계적인 인물들은 자신들이 업계 최고의 위치에 오를 수 있었던 것은 '세렌디피티' 덕분이었다고 입을 모은다. 세계 최고 수준으로 손꼽히는 이들이 말하는 세렌디피티는 로맨스 소설이나 영화에서 자주 등장하는 재미있고 신비한 요인으로서의 우연성이라는 의미를 넘어선다.

런던 정경대학교의 크리스티안 부슈(Christian Busch) 교수는 런던 정경대와 하버드대, 세계경제포럼 등에서 나온 최신 연구 자료와 다양한 분야를 이끄는 리더 200인의 인터뷰를 토대로 한 그의 저서 《세렌디피티 코드》를 통해서 세렌디피티를 활용하여 탁월한 성과와 성취를 이끌어내는 이들의 공통 행동 패턴을 밝혀냈다.

그들은 평범한 일상 속에서 일어나는, 의도되지 않은 말과 행동의 미세한 부분들을 유의미하게 연결시켜 세렌디피티를 발견해 나간다는 사실을 통찰한 것이다. 그가 말하는 세렌티피티는 단순히 우연하게 주어지는 운을 넘어선, 스스로 설계하고 만들어낼 수 있는 '현명한 운'이라는 것이다.

이 세렌디피티는 정신의학자 칼 융이 주장한 동시성 이론과도 연관된다. 칼 융은 동시성을 〈비인과적인 연결원리(Synchronizitatals Ein Prinzip akausaler Zusammenhange)〉라는 논문에서 '둘 혹은 그 이상의 의미심장한 사건들이 동시에 발생하는 현상'으로 정의했다. 다시 말해 원인이 결과를 낳는다는 전통적인 뉴턴식 인과법칙으로는 설명할 수 없는 '비인과적인 연관' 또는 '의미 깊은 우연의 일치'를 가리키는 것이다. 우리가 일상적으로 종종 '신기한 우연의 일치'라고 표현하는 것이 바로 동시성이라고 말할 수 있다.

어느 날 칼 융은 여성 내담자와 심리 분석을 진행하였는데 그녀는 지나칠 정도로 합리적인 편이어서 치료에 강한 저항을 가지고 있었다. 이 여성 내담자가 황금왕쇠똥구리(Scarabaeus) 모양의 보석을 선물로 받는 꿈을 꾸었다고 얘기하고 있었다. 그런데 바로 그 순간 밖에서 갑자기 창문에 무엇이 부딪히는 소리가 나서 융이 창을 열자 황금왕쇠똥구리가 방 안으로 날아들어 왔다. 융은 왕쇠똥구리를 잡아 여성 내담자에게 건네 주었다. 왕쇠똥구리는 본래 밝은 곳으로 가기 좋아하는 습성을 가지고 있는데, 바깥보다 어두운 실내에 들어왔다는 점에서 그녀는 신비로운 조짐을 느끼게 되었다. 그전까지는 고집스럽고 완고한 합리주의자였던 여성 내담자는 저항적인 태도에서 유연한 태도로 변했다. 이 신기한 우연과 같은 동시적인 사건은 내담자의 심리적 문제를 치료하는 데 큰 도움이 되었다고 그는 논문에서 밝혔다.

최근 들어 동시성은 더욱 다양한 개념으로 확장되고, 많은 사람들이 실질적으로 활용할 수 있는 방법론으로도 발전되고 있다. 그중에 세계적인 머니 코치 혼다 켄의 개념이 흥미롭다. 30대 초에 이미 백만장자가 된 혼다 켄은 이러한 동시성 활용법을 그의 책 《원하는 대로 산다》에서 '랑데부 포인트'라는 개념으로 쉽게 설명한다. 랑데부 포인트란 우리의 소원 실현에 필요한 요소가 모두 모인

'장소'이며 소원이 이루어지는 '지점'이라는 의미이다. 이는 제로 포인트 필드가 우주의 모든 정보와 연결의 가능성을 품고 있으며 우리의 꿈이 현실로 변화하는 마법 존(Magical Zone)이라는 개념과 연관된 개념이라 할 수 있다. 혼다 켄은 랑데부 포인트를 자신의 경험을 토대로 설명한다.

랑데부 포인트 설정이란 자신의 소원을 더욱 명확하게 구체화해서 그것이 이루어지기 위해 여러 동시성을 일어날 수 있도록 가능성을 열어두는 작업을 의미한다. 혼다 켄은 동시성의 발생 빈도를 높이기 위해 자신이 좋아하는 일을, 가슴이 두근거리는 일을 가능한 한 자주 할 수 있도록 하루를 계획하는 것이 좋다고 권하고 있다. 혼다 켄이 말하는 가슴이 두근거린다는 의미는 바로 우리의 에너지 진동수를 높여 그와 유사한 에너지들을 끌어당김으로써 동시성이나 세렌디피티가 발생하게 되고, 이로 인한 여러 우연한 만남과 기회의 징검다리를 통해 목표에 다다를 수 있다는 것이다.

동시성은 21세기 진로 이론에도 활용되고 있는데, 미국 상담 학회의 '살아 있는 전설'로 불리는 스탠퍼드 대학의 존 크럼볼츠(John Krumboltz) 교수는 비즈니스, 스포츠, 과학, 예술, 정치 등 다양한 분야에서 사회적 성공을 이루고 개인적으로도 행복한 삶을 누리고 있는 사람들을 조사했다. 조사 결과, 그들이 큰 고비에 직면했거나 인생의 전환점을 맞이했을 때 이를 헤쳐나갈 수 있었던 요인의 80퍼센트는 전혀 생각지도 못했던 우연한 사건과 만남이었다고 한다. 그는 이 연구를 기반으로 그의 저서 《굿럭》에서 '계획된 우연성

(Planned Happenstance)'이라는 새로운 진로 이론을 제안했다.

이를 정리해 소개하면 다음과 같다.

> 1 우리 삶에 일어나는 모든 사건이나 만남에는 의미가 있다.
> 2 우리는 더욱 더 많은 기회를 얻기 위해 행운을 활용할 수 있다.
> 3 행운은 우리가 어떤 삶의 자세를 가지느냐에 따라 불러들일 수 있다.
> 4 행운을 가져다 주는 우연은 어느 정도 의도할 수 있고 계획적으로 빈도수를 높일 수도 있다. 이렇게 불러들인 행운은 이미 단순한 우연이 아닌 필연성을 갖는다.

그러니까 우리가 흔히 통제 불가능하다고 여기는 운, 행운, 우연 같은 것들에는 사실은 동시성, 링데부 포인트, 계획된 우연 등과 같은 이론들에 따르면 어느 정도 예측이 가능하고 조절 가능한 부분도 있다는 것이다. 마치 요트로 바다를 항해할 때와 같다. 비록 우리가 바다에서 파도와 날씨를 통제할 수는 없지만, 돛을 컨트롤하며 타고 있는 요트를 원하는 방향으로 나아갈 수 있게 할 수 있는 것처럼, 불확실성으로 가득한 세상이라는 바다에서 우리의 삶을 원하는 방향으로 이끌어갈 수 있는 지혜와 실력을 갖출 수 있다는 것이다.

내가 동시성을 실제 삶에 실용적으로 적용하는 방법은 다음과 같다. 나는 어떤 특정한 시점에 똑같은 메시지가 3번, 서로를 진혀 모르는 다른 세 사람, 전혀 상관없는 다른 채널들을 통해 나에게 다가올 때, 그 메시지가 생각해 본 적도 없던 생소한 것이거나, 하고 싶지 않았던 일일 경우에도 진지하게 숙고해 보고 실행에 옮겨 보곤 한다.

평소의 패턴이라면 하지 않을 옵션을 선택하고, 만나지 않았을 사람들을 만나면서 예기치 못했던 멋진 일들이 일어나는 확률을 높이는 방식으로 삶에 적용하는 것이다.

이렇게 동시성 활용을 통해 나뿐만 아니라, 나와 연결된 다양한 사람들에게도 긍정적인 영향을 끼침으로써 모두에게 행복한 운으로 창조할 수 있다. 촘촘한 세상이라는 그물 안에 속한 나, 또 그 안에 연결된 우리까지 생각한다면 결국 그것은 나뿐만 아니라 우리 모두에게 좋은 선택이 된다. 우리가 우주적 연결성을 깊이 이해하고, 간헐적 몰입을 통해 우리의 진동 주파수를 높일 때, 이 상승된 진동 주파수와 같은 파동을 지니는 좋은 것들이 공명하며 우리에게 끌어당겨져 동시성 현상으로 나타나는 것이다. 그것이 바로 간헐적 몰입을 통한 시크릿, 즉 끌어당김의 법칙의 선물이다.

제7의 감각,
전략적 직관으로

우리는 소위 말하는 성공한 사람들 또는 세계를 이끄는 리더들이 중요한 의사결정을 할 때, 철두철미한 데이터 분석과 검증을 통해 장고 끝에 합리적인 판단을 내릴 것이라고 생각하기 쉽다. 하지만 우리의 예상과 다르게 그들은 모두 '직관(直觀)'을 신뢰하고 있었다.

직관(Intution)이라는 단어는 '고려하다', '주시하다', '안을 들여다보다'라는 뜻을 지닌 라틴어 '인투에리(Intueri)'에서 유래된 말이다. 옥스포드 영어사전은 직관을 다음과 같이 정의하고 있다.

1 의식적인 노력과 사유를 거치지 않은 빠른 상태의 진실 인식
2 내부로부터의 지식
3 본능적 지식 또는 느낌

과거에는 비과학적으로 치부되었던 직관이, 불확실성이 증대되

고 창조성이 나날이 강조되는 요즘에는 모든 사람들에게 필수적인 요건이 되어가고 있다. 이 같은 세태를 잘 반영하듯 최근 《비즈니스위크》가 실시한 조사에서도 '직관'은 이 시대의 최고의 화두로 떠오르고 있다.

세계 최고의 기업 중 하나인 아마존의 설립자이자 CEO인 제프 베조스(Jeffrey Bezos)는 논리적으로 분석하고 이를 기반으로 이성적으로 선택하는 것이야말로 훌륭한 의사 결정 방식이라고 생각하지만, 실제로 인생에서 아주 중요한 결정을 내려야 할 때는 '마음'을 따르게 되어 있다고 밝힌 바 있다. 이는 비단 제프 베조스만의 개인적인 이야기가 아니다. 난독증을 극복하고 창조 경영의 아이콘으로 선정된 영국 버진 그룹의 회장 리처드 브랜슨(Richard Branson)이나, 희대의 투자가 조지 소로스(George Soros), 마이크로소프트의 창립자 빌 게이츠(Bill Gates), 스타벅스의 창립자 하워드 슐츠(Howard Schultz)에 이르기까지 이들 모두 방대한 양의 통계 자료보다 자신의 직감에 의존해 결정을 한다고 했다.

우리가 흔히 '감(感)'이라고도 말하는 이 직관은 이성적인 판단보다 순간의 감정에 치우쳐 있는 것이라 생각하기 쉽다. 하지만 직관의 어원이 '내부 혹은 본능적인 지식'이라는 의미의 라틴어 '인투에리(Intueri)'에서 파생된 것처럼, 단순히 감각에 치우친 비합리적인 판단이 아니라는 것을 알아두어야 한다. 다양한 직업에 종사했던 세계적인 명사들은 직관에 대한 신뢰를 다음과 같이 표현하곤 했다.

에이브러햄 링컨 (미국 16대 대통령)

"중요한 결정은 책과 전문가의 의견이 아니라 내 직관으로 한다."

임마누엘 칸트 (철학자)

"인간의 지식은 모두 직관으로부터 시작하여 개념으로 나아가 아이디어가 된다."

조지 소로스 (펀드 매니저)

"나는 동물적인 육감에 크게 의존하는 편이다. 한 증권에 돈을 투자하고 있을 때, 허리가 몹시 아파왔다. 나는 직감적으로 내 증권에 문제가 있다는 것을 알아챘다."

스티브 잡스 (애플 창립자)

"직관은 대단히 강력하다. 지성보다 뛰어나다. 직관적 이해와 지각은 추상적 사고나 지적이고 논리적인 사고보다 훨씬 중요하다는 사실을 알게 되었다."

하워드 슐츠 (스타벅스 창립자)

"다양한 의견이 대립할 때 자신의 직관적인 감각을 신뢰하는 법을 배웠다."

리처드 브랜슨 (영국 버진 그룹 최고 경영자)

"나는 사람을 만난 지 30초 안에 첫인상을 결정한다. 사업 제안을 받을 때도 마찬가지다. 마음이 설레는지 아닌지 30초면 알 수 있다. 나에게는 산더미처럼 쌓인 통계 자료보다 직관이 훨씬 중요하다."

제임스 왓슨 (노벨 생리의학상 수상자, DNA 발견자)

"직관은 신비한 것이 아니다. 그것은 모든 일이 어떻게 돌아갈 것인지를 알아채는 이면의 감각 같은 것으로 그 존재는 뇌 속에 숨겨져 있다. 직관은 논리적이다."

하부 요시하루 (일본 체스 챔피언)

"지금처럼 정보화 사회에서 지식은 큰 의미가 없다. 앞으로 인간에게 필요한 것은 직관과 결단력이다."

하워드 가드너 (하버드 대학교 심리학 교수)

"불확실성이 높고 경험이 중요한 분야에 뛰어들고도 직관에 의존하지 않는다면 그것은 스스로의 직업 생명을 죽이는 것과 다름없다."

다양한 해석이 따르고 의미가 부여되는 직관은 최신 뇌 과학 연구 분야에서도 주요한 이슈가 되었다. 세계적인 과학 학술지《사이언스》에 따르면 미국 워싱턴대의 조슈아 브라운(Joshua Brown) 박사는 전대상피질(Anterior Cingulate Cortex)로 알려진 뇌 부분에 이런 육감이 존재하며 위험을 감지하면 정보를 울린다는 연구 결과를 발표했다. 브라운 박사는 건강한 젊은이들로 이루어진 피실험자들에게 모니터에 나타나는 영상을 지켜보도록 한 뒤 자기공명영상(MRI)으로 이들의 뇌 활동을 2.5초 간격으로 측정했다. 브라운 박사의 실험 결과 뇌는 우리가 생각했던 것보다 미묘하고 미세한 위험 신호를 아주 잘 포착한다는 사실이 밝혀졌다. 즉 잘못된 의사결정과 행동이 초래할 부정적인 결과를 미리 감지하고 우리가 실수를 저지르기 전에 경고해 줄 수 있다는 의미다. 브라운 박사는 신경전달물질인 도파민이 대뇌전두대피질이 조기 경보 신호를 보내야 할 때를 인식하도록 훈련하는 데 중요한 역할을 하는 것으로 보인다고 덧붙였다. 그러니까 직관은 우리가 선택 앞에 설 때, 리스크를 최대한 줄이고 좋은 의사결정을 할 수 있도록 돕는 합리적인 감각이라는 것이다.

그렇다면 이 직관은 어떤 상태에서 가능한 것일까? 아무때나, 어떤 선택에서나, 또 누구나 이 직관이 작동해 자신에게 유리한 선택을 가능하게 할 수 있는 걸까?

말콤 글래드웰은 저서《블링크》를 통해 실제로 전문가적 직관에 대해 심도 깊게 다루었다. 눈을 깜빡인다는 의미의 블링크(Blink)

가 말해 주듯, 그는 직관은 상황을 접하는 처음 2초 동안 내리는 순간적인 판단력이며 인간의 무의식에서 일어나는 문제 해결 방식이라고 설명했다. 그러니까 그가 말하는 직관은 단순히 마음이 가서 하는 충동적인 감이 아니라, 감보다는 훈련된 통찰력(Insight)이라는 의미이다.

말콤 글래드웰의 블링크를 넘어서는 연구를 진행하고 있는 이는 컬럼비아 경영대학원의 윌리엄 더건(William Duggan) 교수다. 그는 뇌 과학을 기반으로 직관을 설명한 《제7의 감각》이라는 책을 펴냈는데, 여기서 그는 '전략적 직관(Strategic Intuition)'이란 용어를 사용한다. 전략적 직관이란 말콤 글래드웰이 말하는 전문가적 직관, 즉 제6의 감각을 넘어선 제7의 감각을 의미한다. 제7의 감각은 새로운 아이디어를 만드는 인간의 정신적 메커니즘이다. 제7의 감각인 전략적 직관은 에피파니(Epiphany)요, 섬광과 같은 통찰이나 유레카 모멘트로, 자신이 이전에 가져보지 못한 아이디어를 만들어 낸다고 한다. 그리고 인류의 업적은 제7의 감각에서 기인하는 섬광과 같은 통찰을 통해 진보한다고 윌리엄 더건 교수는 말한다. 이따금 새로운 아이디어나 통찰은 우리가 사는 세계의 작동 방식을 크게 바꾸기도 하지만 대부분 한 개인의 세계를 변화시킨다. 역사상 어느 시대보다 인간의 창의력이 삶의 중요한 능력으로 부상한 현대 사회에서 이 전략적 직관은 특별한 누군가만이 발휘할 수 있는 것이 아니라, 모두가 훈련해야 할 인식 체계이다. 따라서 윌리엄 더건 교수는 이 제7의 감각인 전략적 직관을 발전시키고 그것을 최대한 활용하기 위해 꾸준히 연습해 나가야 한다고 강조한다.

여기에 더해 제7의 감각과 연관된 사고법은 직관과 논리를 뛰어넘는 제3의 사고법으로 불리는 '써드 씽킹(Third Thinking)'이 있다. 노벨경제학상을 수상한 미국의 행동경제학자 대니얼 카너먼(Daniel Kahneman)은 인간의 사고를 두 가지로 나누었는데 빠른 사고와 느린 사고가 바로 그것이다. 이에 더해 일본의 뇌 과학자이자 의학박사인 가게야마 테쓰야는 무의식 사고를 추가했고 그것이 바로 제3의 사고, 써드 씽킹이다.

먼저 대니얼 카너먼이 밝혀낸 두 가지 사고에 대해 알아보도록 하자. '빠른 사고(시스템 1)'란, 직관적으로 빠르게 결정하는 사고다. 가령, 직장인들이 가장 빈번하게 하는 선택 중 하나가 바로 점심 메뉴를 고르는 일이다. 오늘은 또 무엇을 먹어야 하나 고민이 들때 언젠가 회사 근처에 맛집이 있다는 생각이 들면, 지체없이 바로 그곳에 가보기로 결정한다. 이것이 바로 빠른 사고다.

반면 '느린 사고(시스템 2)'란 빠른 사고처럼 직관적으로 선택을 하기가 망설여진다. 갖고 있는 데이터를 활용해 심사숙고 한다는 점에서 제법 공이 들어가는 선택이다. 가령, 우리가 '집'을 살 때는 점심 메뉴를 고르는 것처럼 쉽게 선택할 수 없다. 입지나 교통, 학군, 앞으로의 가능성 등과 같이 다방면으로 고려해야 할 사항이 많다. 이런 때에는 다른 사람들의 의견도 들어보고, 뉴스도 검색하고, 부동산 전문가들의 의견을 들어보는 등 신중하게 고민하고 결정해야 한다. 이것이 바로 '느린 사고'라 할 수 있다.

그렇다면 제3의 사고란 무엇인가?《써드 씽킹》의 저자인 가게야마 테쓰야는 스스로 의식할 수 없는 사고인 무의식 사고를 써드 씽킹이라 설명한다. 빠른 사고(시스템 1)과 느린 사고(시스템 2)에 추가된 제3의 사고 시스템으로 최근 뇌 과학과 심리학에서 증명해낸 사고법이다. 새로운 기획안을 작성해야 하는데 좀처럼 아이디어가 떠오르지 않아 그저 책상 앞에서 많은 시간을 보냈던 경험이 있을 것이다. 그러다가 단 한 줄도 쓰지 못하고 집에 돌아왔는데 가족들과 대화를 하거나, 샤워를 하는 중에 갑자기 좋은 생각이 문득 떠오르는 것을 한 번쯤은 경험해 봤을 것이다. 바로 이것이 무의식 사고 즉, 제3의 사고 방식이다.

이렇게 업무에 있어서건 사사로운 개인 생활에 있어서건 의사 선택을 앞두었을 때, 혹은 새로운 아이디어를 떠올려야 할 때 도무지 진척이 없는 경우가 있다. 그때 우리는 바로 '모든 것을 미루는 방식'을 택할 때가 있는데, 이때 문제에서 완전히 분리되어 있다 보면 번뜩 영감이 떠올라 모든 문제가 한 번에 해결되는 경험, 그것이 바로 제3의 사고다.

머리를 싸매고 고민했던 시간을 후회하게 될 정도로 왜 영감은 여백의 시간에 문득 찾아오는 것일까? 테쓰야 박사는 그동안 아무런 생각도 하지 않으면서 갑자기 무슨 복권에라도 당첨된 듯 무언가 떠오르는 일은 없다고 재차 강조한다. 이 제3의 사고는 문제에서 잠시 동안 벗어난 그 시간에도 무의식적 사고 회로는 쉬지 않고 작동하고 있기 때문에 나타나는 것이라고 가게야마 테쓰야 박사는 설명한다. 이 같은 무의식과 뇌 과학의 연구는 무의식 사고도 우리가 그 원리와 작동 매커니즘만 제대로 이해한다면 누구나 활용할 수 있음을 알려주었다.

하지만 만성적인 수면 부족으로 몸이 피로하거나, 혹은 시간에 쫓기거나, 스트레스에 억눌린 상황의 심적 상태에서 무의식 사고를 하기란 쉽지 않다. 마음이 불안하면 집중력에 문제가 생겨 몰입을 방해한다. 가게야마 테쓰야 박사와 마찬가지로 윌리엄 더건 교수도 최고의 아이디어를 어떻게 얻느냐는 질문에 많은 사람들이 샤워할 때나 운동을 할 때, 혹은 잠이 들기 전에 얻는다고 대답했다. 내 일터인 회사 책상 앞이 아닌 의외의 장소에서 이런 섬광과 같은 통찰력을 만날 수 있는 것이다. 즉 이런 통찰은 일에 매몰되어 있을 때가 아닌, 오히려 일에서 한발 물러선 때에 다가오는 경향이 있다. 또한 마음챙김을 통해 복잡한 우리의 뇌를 깨끗이 정리하고 마음을 편하게 만드는 방법도 함께 필요하다. 결국 직관은 이에 대한 올바른 이해와 더불어 편안히 이완된 심신의 상태가 통합적으로 준비되었을 때 효과적으로 발현된다는 것을 알 수 있다. 긴장을 풀어 편안한 심신 상태가 세팅되고, 간헐적 몰입을 통해 생각들이 서로 유기적으로 연결될 때 비로소 직관적 사고가 가능한 것이다.

나도 다양한 책들을 집필할 때, 무의식 사고를 활용하고 있다. 물론 엉덩이를 붙이고 묵묵하게 글을 써 내려가야 할 때도 있지만, 글이나 아이디어가 꽉 막혀 도저히 진도가 나지 않을 때는, '에라~

모르겠다. 이 작업도 어떻게든 풀리겠지' 하는 기분으로 마음껏 딴일을 하거나 일찍 잠자리에 들기도 한다. 아니면 작업할 책과 관련된 여러 자료를 검색하기도 하고 주제와 상관없는 책들을 재미로 찾아보고 읽다 보면, 다음 날이나 며칠 후 문득 연결고리들이 떠오르면서 집필이 이어지는 것을 수도 없이 경험해 왔다.

그렇다면 어떻게 해야 직관을 실질적으로 활용할 수 있을까? 앞서 살펴보았듯이 간헐적 몰입은 우리의 심신 에너지의 리듬을 최대한 활성화시키는데, 반복해서 이런 상태를 유지시켜 편안한 상태의 몸과 마음을 유지하는 것이 첫 번째로 중요하다. 이렇게 안정된 에너지 안에서 직관은 잘 발휘되기 때문이다.

두 번째로 '좋은' 질문을 하는 습관을 가지는 것이 좋다. 초능력 수준에 가까운 직관력의 소유자로, 데미 무어나, 브래드 피트, 제니퍼 에니스톤 등의 유명한 헐리우드 스타들의 직관 코치로 잘 알려진 로라 데이(Laura Day)는 직관을 위해 좋은 질문을 던지길 권한다. 그렇다면 좋은 질문이란 도대체 무엇인가? 그녀는 자신의 저서 《성공을 부르는 직관의 테크닉》에서 좋은 질문의 기준에 대해 다음과 같이 설명한다.

1 질문이 구체적이고 명확해야 정확한 답을 얻을 수 있다.

2 여러 가지를 한꺼번에 묻는 복합적인 질문보다 간단하고 단순하게 질문한다.

3 당신이 알고자 하는 문제와 직결된 질문이어야 한다.

로라 데이는 모호한 질문들과 직관의 대답을 들을 수 있는 질문들의 예를 다음과 같이 제시해준다.

잘못된 질문 나는 돈을 충분히 가지게 될까?

➡ 충분하다는 의미는 어느 정도인가? 기본 생계비를 해결할 수 있을 만큼?

좋은 질문 나는 언제쯤 방이 세 칸 있는 집을 마련할 수 있는 재정적 여유가 생길까?

잘못된 질문 나도 결혼해서 아이를 가지게 될까?

➡ 복합 질문으로는 정확한 대답을 얻을 수 없다. 절반에 대해서는 긍정, 나머지 절반에 대해서는 부정적인 답이 나올 수도 있기 때문이다.

좋은 질문 나는 누구와 결혼하게 될까? 나는 어떤 구성의 가족을 꾸리게 될까?

잘못된 질문 새로운 직장으로 이직해야 할까?

➡ 왜 직장을 옮기기 원하는지, 새로운 직장에서 무엇을 제공받을 것인지 구체적으로 고려해야 한다.

좋은 질문 가족과 단란하고 친밀감 있는 시간을 더 누리고 싶다면 이 직장을 택해야 할까?

직관 전문가인 로라 데이가 이렇게 구체적으로 질문을 하라고 권하는 이유는 무엇일까? 본인의 고민이나 풀어야 할 문제들에 앞 섰을 때 막연하게 대하는 태도를 지양하라는 의미로 해석된다. 막 막하긴 하지만 문제들에 대해 끊임없이 생각하고, 구체화시키고, 아이디어를 모으는 것이다. 이런 질문들이 쌓이면서 문제의 실마 리들이 잡히기 시작하고, 이 실마리들이 다시 직관이나 섬광과 같 은 통찰로 이어지는 멋진 디딤돌과 징검돌이 되어 줄 것이다. 마지 막으로 다시 몸과 마음이 편안한 상태로 초연하게 질문들에 대한 답을 기다리면 된다. 간헐적 몰입과 함께 수반된 좋은 질문은 이미 당신의 무의식 안에 존재하고 있는 답을 건져올려 줄 것이다.

이처럼 간헐적 몰입을 통해 직관의 활용이 생활화되면, 삶에서 만나는 크고 중대한 결정들이 수월해진다. 누구나 살면서 금전적 인 문제와 인간관계, 진로와 업무에 대한 다양한 결정들을 만나게 된다. 이때 누군가가 원하는, 타인이 개입된 수동적인 선택이 아니 라 내가 진정으로 원하는 선택을 할 수 있게 만든다. 때로는 큰 결 정들이 내가 아닌 누군가에 의해 선택될 때가 있다. 부모님이나 배 우자, 혹은 친구 등 나를 둘러싼 가까운 사람들에 의해 결정될 수 도 있고, 마케팅 전략에 빠져 판매자나 제공자가 원하는 선택을 하 게 될 수도 있는 것이다. 내가 내린 결정이라고 착각하기 쉽지만 실상은 그렇지 않은 것이다. 이런 문제에 빠지지 않고 내가 한 결 정에 후회 없도록 현명한 판단을 내리도록 돕는 것이 직관이다.

큰 결정을 앞두고 어떤 선택도 할 수 없을 정도로 머리가 복잡

하다면, 그 일에서 한발 물러서 보는 것을 권한다. 휴식을 취하거나, 몸을 움직이거나, 취미 생활을 하면서 온전히 그 일에서 벗어나 심신을 편히 쉬게 해 준다면 좋은 생각이 불현듯 떠오를 것이다. 그것이 바로 간헐적 몰입에 기반한 직관 활용법이다.

사실 여러분도 지금까지 부지불식간에 무의식 사고를 활용함으로써 자신이 본래 가지고 있는 놀라운 능력을 한두 번쯤은 경험해 보았을 것이다. 만약 간헐적 몰입을 통해 무의식 사고를 의식적으로 활용할 수 있게 된다면 어떻게 될까? 우리의 잠재력이 한껏 피어날 가능성이 엄청나게 커지지 않을까? 내가 미처 알아채지 못했던 나 자신의 놀라운 능력을 깨닫게 되고, 이를 의식적으로 활용할 수 있다고 상상해 보라. 가슴이 두근거리지 않는가? 당신 안에 어떤 가능성이 숨어 있을지 궁금하지 않은가?

간헐적 몰입을 할 때,
뇌에서 일어나는 일

　　우리의 생각을 언어나, 글, 그림과 같은 예술 작품으로 표현하지 않고 뇌로 직접적으로 표현할 수 있다면 어떤 모습일까? 뇌가 자신의 목소리를 낼 수 있다면, 아프거나 불편할 때 혹은 행복하고 기쁠 때, 슬프거나 괴로움을 느낄 때 뇌는 어떤 표현을 하는지 눈으로 관찰할 수 있다면 어떤 모습일까?

　　인간은 다양한 상황이 닥쳤을 때 신경세포가 활성화되면서 뇌의 상태가 변화한다. 뇌가 신호를 통해 현재의 상태를 말하는 것, 그것을 전기적 신호로 나타내는 에너지 파동의 흔적을 뇌파라고 한다. 그리고 우리는 뇌파 분석을 통해 뇌의 변화를 눈으로 확인할 수 있다. 뇌파는 인간이 생명을 유지하는 동안 의도하지 않아도 지속적으로 발생되며, 자신의 상태를 정확하게 파악할 수 있는 도구이자 특정한 행위를 함으로써 그 상태를 변환시킬 수도 있다.

　　현대의 뇌 과학은 뇌파를 크게 델타, 세타, 알파, 베타, 감마

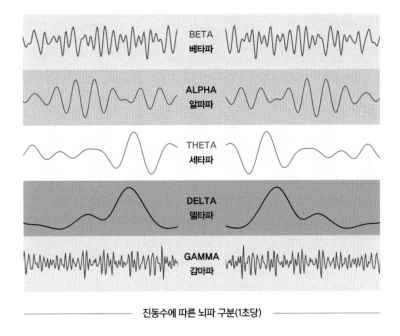

진동수에 따른 뇌파 구분(1초당)

파 5가지로 나눌 수 있음을 밝혀냈는데 전미 통합보건 연구소(The National Institute for Integrative Healthcare, NIIH)의 창립자인 도슨 처치(Dawson Church)와 심신의학자 조 디스펜자와 직관 전문가 페니 피어스(Penny Peirce)의 뇌파 연구를 정리해보면 다음과 같다.

베타파   ≡

우리가 일상적인 생활을 할 때의 뇌는 주로 베타파의 진동수를 나타낸다. 베타파는 주파수 13~30Hz로 초당 13~30번 정도 진동하는데 대체로 정신과 신체가 깨어 있을 때가 이에 해당한다. 눈을 뜨고, 생각하고, 활동하는 동안 나타나는 뇌파이다.

베타파는 다시 저베타파, 중베타파, 고베타파로 나뉘는데, 저베타파는 외부 세계로부터 아무런 위협도 감지하지 않는 이완 상태이지만 여전히 시공간 속에 있는 자신의 몸을 의식하고 있는 상태이다. 우리는 보통 책을 읽거나 가족과 즐겁게 얘기를 나눌 때나 혹은 강의를 들을 때 이런 상태에 있다. 중베타 영역은 많은 사람 앞에서 자기소개를 하고 다른 사람들의 이름도 모두 기억해야 할 때처럼 저베타파보다는 약간 더 각성된 상태이다. 이때 우리는 조심스럽게 행동하지만 극심한 스트레스를 받아서 균형을 잃을 정도는 아니다. 견딜 수 있을 정도로 적당한 스트레스를 경험하는 상태라고 보면 된다.

이에 반해 고베타 영역은 전형적인 불안한 상태의 뇌파로 스트레스 호르몬에 몸이 지친 상태이다. 분노나 경계심을 느끼거나, 괴로움과 슬픔, 불안, 좌절 등 부정적이고 격정적인 감정들이 일어날 때의 뇌파 상태로 볼 수 있다. 고베타 상태는 저베타 상태보다 세 배 이상 빠른 진동수를 보이고, 중베타 상태보다는 두 배 빠른 진동수를 보인다. 특히, 불안하거나 긴장한 상태, 혹은 복잡한 계산 같은 것을 처리할 때에 자주 나타난다. 생각이 많거나 걱정을 할 때도 나타난다. 마음이 흥분되고 수축되어 좁은 의식 수준의 작용으로 이 뇌파 상태에서는 우리는 앞서 설명한 가짜 나인 에고(Ego) 상태로 존재하기 쉽다.

알파파 ≡

알파파는 주파수 4~8Hz로 초당 8~13회 정도 진동한다. 마음이 편안하고 안정 상태에 있을 때 나타나는 뇌파이다. 특히 눈을 감고 편안한 상태에 있을 때 발생하는데, 눈을 뜨면 약해지고 다시 감으면 강해지기 때문에 뇌의 시각 영역과 연결된다고 추측된다.

깊은 생각이나 분석을 하지 않고 상상 혹은 몽상을 할 때, 즉 내면 세계에 더 집중하는 상태에 알파파가 나타난다. 알파파는 위로는 베타파와 감마파, 아래로는 세타파와 델타파의 사이인 뇌 스펙트럼의 한가운데 있기 때문에, 영국의 저명한 정신생물학자인 맥스웰 케이드(Maxwell Cade)는 높은 주파수와 낮은 주파수 사이의 다리 역할을 한다고 생각해 '알파 브리지'라고 불렀다. 케이드 박사는 이 알파 브리지가 의식적인 마음을 무의식의 직관적 지혜에 연결해 준다고 말한다. 알파파는 세로토닌 호르몬 분비를 촉진시키며 유전자 발현을 촉진시켜 기분을 좋게 해 줄 뿐 아니라 뇌가 최상의 수행 능력을 발휘하도록 조율한다.

알파파는 디폴트 모드 네트워크가 활성화될 때도 나타나는데, 우리의 뇌는 알파파 상태일 때 휴식을 취하며 백일몽을 꾸는 상태다. 이때 우리는 별다른 걸림돌 없이 이 생각에서 저 생각으로 쉽게 넘나들 수 있다.

세타파

≡

세타파는 몸은 잠들었지만 아직 정신은 깨어 있는 몽롱한 상태 즉, 얕은 수면 상태에 나타나는 뇌파이다. 수면 상태에서 주로 나타나기도 하지만, 이와 비슷하게 깊은 명상에 빠져들었을 때에 형성되기도 한다. 그래서 명상가들에게 가장 흔히 관찰되는 주파수라고 알려져 있다. 세타파 상태로 뇌파가 느려지면, 우리는 참된 자아에 대한 이해력을 갖추게 된다. 우리의 에고가 작용을 멈추기 시작하고, 마음의 방향이 내면을 향하여 내적 성찰에 집중하게 됨으로써 앞서 살펴본 참 나의 의식인 셀프가 에고를 대체하게 된다.

흥미로운 사실은 뇌의 세타파 활동이 증가하게 되면 생각하지 못했던 새로운 아이디어가 분출된다는 것이다. 막 잠에서 깬 듯한, 혹은 잠이 막 들기 전의 이완의 상태에서 묶여 있던 잠재의식들이 깨어나는 것이다. 그래서 많은 전문가들이 창의력이 발현되는 동안 가장 활성화되는 뇌파로 세타파를 꼽는다. 이 과정을 간헐적 몰입의 방식으로 한 번 더 해석하자면 뇌 속의 안테나인 송과선(Pineal Gland)'이 세타파 상태에서 우주 정보 도서관이자 우주적 유튜브인 제로 포인트 필드에 접속해 얻은 정보를 '아이디어'의 형태로 우리에게 인식시킨다. 그때 우리는 '그래. 바로 이거야!'하고 외치게 되는 것이다.

창의력과 관련된 세타파를 활성화시키기 위해서는 무언가를 빨리 수행해야 한다는 생각, 결과를 내야 한다는 생각에서 잠시 벗어나 몸과 마음에 휴식을 주는 것이 중요하다. 잠시 동안이라도 고민과 생각의 스위치를 과감하게 꺼 버리고 제로 포인트 필드에 연결할 때 우리는 새로운 세계와 만나게 되기 때문이다. 세타파는 알파파보다 약간 더 낮은 주파수대로, 알파파와 세타파가 서로 동조하는 특정한 지점에 이르면(7~8Hz) 우뇌가 급속히 활성화되기 시작한다. 이때 우리의 몸은 지구의 고유 주파수와 비슷한 영역대로 내려가 공명함으로써 지구의 에너지를 온전히 받아들이게 된다. 우주의 주파수(7.5Hz)는 지구의 주파수(7.83Hz)보다 조금 더 낮다. 처음에는 지구의 주파수에 동조하는 단계로 갔다가 좀 더 낮은 뇌파로 내려가서 우주의 주파수에 공명한다면, 우리는 우주의 무한한 창조적 에너지를 자유롭게 끌어 쓸 수 있는 상태가 된다.

델타파

뇌파 중 가장 느린 델타파는 신체가 휴식을 갖고 회복되는 깊은 수면 상태일 때 나타난다. 깊은 수면은 피로에 지친 뇌를 회복시키고 해마의 신경세포 사이의 시냅스 연결부 활동을 증가시켜 기억과 학습능력을 높인다. 해마는 낮에 새롭게 유입된 정보들을 분류하고 편집하여 대뇌신피질로 보내 필요한 정보를 기억할 수 있도록 작업하는데, 이 모든 과정이 수면을 통해 생성되는 델타파로 인해 이루어진다.

보스턴 대학교 로라 로이스(Laura Royce) 연구팀은 MRI 장치를 이용해 잠을 자는 동안 뇌에서 벌어지는 일을 살펴보는 흥미로운 연구를 진행했다. 그 결과 수면 상태에 접어들면 신경세포가 활동이 멈춰 혈액이 조금씩 빠져나가는 자리에 뇌척수액이 흘러들어와 뇌 곳곳을 흐르면서 신경세포 활동으로 쌓인 노폐물을 밀어내며 청소를 하는 것을 발견했다. 이때 뇌척수액이 청소하는 노폐물은 치매의 주요원인 물질인 '베타─아밀로이드'라는 사실도 밝혀냈다. 그리고 델타파는 신경세포의 재생을 자극할 뿐만 아니라 노화 방지와 건강에 있어 핵심적인 역할을 하는 염색체 끝부분의 텔로미어를 보호하는 효소인 텔로머라제 생산을 촉진시키는 유일한 뇌파이다.

델타파는 무한과 연결되는 느낌이 들 때, EEG(뇌파도) 그래프에서 발견된다. 이때 사람들은 전형적으로 국소적 자아가 비국소적 자아와 합일하는 신비한 체험을 보고한다고 한다. 큰 진폭의 델타파가 나올 때 명상가들은 대자연과 다른 인간 존재들, 그리고 무한에 연결되는 것을 느낀다. 그들은 분리된 개인으로 존재하는 느낌, 곧 아인슈타인이 '분리 망상(Delusion Of Separateness)'이라고 부른 것을 잃어버린다. 대신 그들은 만물과의 일체감을 경험한다. 우리의 정체성은 집단적이고 보편적인 차원으로 확장되어 에고를 압도하는 통합지·전체적 의식 속으로 데려 간다. 즉, 에고로서의 나를 초월해 제로 포인트 필드에 더 깊은 수준으로 연결된 '최고의 나'의 모습에 온전히 다다르게 되는 것이다. 델타파의 상태는 모든 평행

우주가 동시다발적으로 전개되는 양자물리학의 다중 우주 현실로
여겨지기도 한다.

감마파　　　　　　　　　　　　　　　　　≡

감마파는 가장 최근에 발견된 뇌파이다. 베타파가 끝나는 25Hz에
서부터 100Hz 너머까지 올라가는 아주 빠르고 높은 진동수를 보
이는 특징이 있다. 어린 아이들이 놀이에 푹 빠져 있을 때, 화가가
그림을 그릴 때, 또는 음악가가 작곡할 때, 즉 깊은 몰입감을 느낄
때 나타나는 뇌파가 감마파이다. 오랜 기간 나를 괴롭히던 문제에
좋은 생각이나 해결책이 번쩍 떠오르거나 어려운 과제를 완벽하게
수행해 낼 때에도 나타난다. 감마파는 뇌의 모든 부위로부터 오는
정보를 동기화하여 통합시키는 일에 관여한다. 존 코우니우스와
마크 비먼은 연구를 통해 우리가 통찰을 얻기 직전에 뇌에서 감마
파가 갑자기 나타나는 현상을 발견했다. 하지만 감마파는 세타파
와 '결합(Binding)'하는데, 이는 세타파가 나타날 때만 감마파가 나타
난다는 것을 의미한다.

　신경 심리학자이지 명상 지도지인 릭 핸슨(Rick Hanson)은《뉴로
다르마》에서 수도자들에게 자주 나타나는 감마파에 대해 소개한
다. 그는 노련한 티벳 불교 수행자들의 뇌파를 측정해 보면 학습
능력 강화의 실체인 대뇌피질의 광범위한 영역에서 초당 25 내지

100회 가량의 감마파가 쉽게 측정된다는 것을 밝혔다.

그리고 델타파와 마찬가지로 감마파 역시 뇌 속을 청소하는 중요한 역할은 한다는 연구 결과도 최근 발표되고 있다. MIT의 신경과학자인 차이 리 후에이(Li-Huei Tsai)가 이끄는 연구팀은 감마파가 뇌의 청소부 세포라 불리는 소교세포를 활성화시킨다는 것을 발견했다. 소교세포가 감마파에 노출되자 그 수가 2배로 늘어나 기형 단백질, 죽은 세포들, 독성 요소인 '베타-아밀로이드' 같은 몸속 쓰레기들을 말끔히 청소하기 시작한 것이다. 해당 연구 결과에 대해 캘리포니아 대학의 비카스 소할(Vikas Sohal) 교수는 "만일 감마파가 뇌의 소프트웨어 부분이라면 이 연구는 소프트웨어를 돌려 하드웨어를 비꿀 수 있다는 사실을 명확하게 보여준다."고 말했다.

살펴본 것처럼 감마파는 항염증 단백질 생산 유전자를 촉발시키고, 줄기 세포의 생산을 증가시킴으로써 치유와 회복의 기능을 하는 것으로 설명할 수 있다. 또한 스트레스 유전자의 발현을 제어하면서 뇌와 더불어 신체의 회복에 깊은 영향을 주고 있는 것으로 보인다. 조 디스펜자 박사는 감마파를 초의식(Superconsciousness)이라고 부르며, 모든 뇌파 중에서 최고의 에너지를 분출한다고 말한다.

인간의 뇌가 그러하듯, 지구 역시 끊임없이 진동하며 고유 주파수를 가진다. 독일의 물리학자인 빈프리드 오토 슈만(Winfried Otto Schuman) 박사는 지구의 고유 진동 주파수가 7.83Hz임을 밝혀내면서 '슈만 공명 이론'을 제창했다. 슈만의 공명 이론은 루트거 베버

(Rutger Weber)라는 독일 과학자의 연구를 통해 확실히 입증되었다.

연구 내용은 다음과 같다.

베버는 건강한 학생 지원자들을 모집해 밀폐된 지하 벙커에 가두고 슈만이 주장한 주파수를 완벽히 차단한 상황에서 4주 동안 생활하도록 연구를 진행했다. 놀랍게도 4주가 지나자 학생들은 밤낮의 생활 리듬이 완전히 깨어지면서 편두통에 시달리고, 밀폐된 공간에서 느끼는 불안정한 감정적 고통을 겪는 모습을 보였다. 이런 그들을 7.83Hz의 슈만 주파수가 있는 곳으로 들여보내자 지원자들은 언제 그랬냐는 듯 다시 정상으로 돌아왔다. 이 연구 결과는 태초부터 지구의 전자기장은 이 7.83Hz라는 자연 주파수 진동으로 지구상의 모든 생명체를 보호하고 지켜 왔음을 알 수 있다. 다시 말해 슈만 공명은 지구와 그 안에 살아가는 모든 생명들의 '심장 박동'과 같은 것이다.

그렇다면 왜 하필 '7.83Hz'라는 수치인지 궁금해진다. 조 디스펜자 박사의 《당신도 초자연적이 될 수 있다》를 살펴보면 이 7.83Hz가 가진 능력을 알 수 있다. 무의식으로 넘어가는 저알파파와 고세타파의 뇌파 상태와 관련이 있는 것으로 알려져 있는 이 주파수는 뇌파 동조(Brain-Wave Entrainment)를 높이는 데 아주 큰 역할을 한다고 한다. 이때 우리의 뇌는 매우 안정된 상태가 되고 따라서 집중력이 향상되고 마음이 평화로워진다고 그는 설명한다. 높은 암시 감응력, 명상은 물론, 성장 호르몬 수치를 증가시키고 대뇌 혈류 증가 등과도 깊은 관계가 있어 인간의 평안한 상태와 더불어 창의력에까지 관여하는 중요한 주파수라고 할 수 있다.

이쯤 되면 우리는 지구의 주파수와 우리 뇌의 주파수가 서로 공명하며 우리의 신경계가 지구 전자기장으로부터 영향을 받고 있다는 사실을 깨달을 수 있다. 복잡한 도시를 벗어나 자연 속으로 들어갈 때 심신의 안정을 얻는 것도 바로 이런 이유 때문이라고 할 수 있다. 미국의 NASA에서는 이 주파수를 우주선 안에 인공적으로 발생시켜 우주선 안에서 활동해야 하는 연구원들이나 우주 비행사들의 건강을 해치지 않게 도왔다. 이런 일례들을 보면 지구 고유의 슈만 공명이 얼마나 우리의 삶에, 더 나아가 생명에 중요한 것인지를 알 수 있다.

《디바인 매트릭스》의 저자인 그렉 브레이든의 최신 연구에 따르면 슈만 공명의 수치가 8.6Hz로 상승했으며, 지금도 계속 상승하고 있다고 말한다. 이런 지구 주파수의 변화가 우리 세포 진동과 DNA를 진화적으로 변화시켜, 우리가 낡은 감정적·정서적 패턴에서 풀려나 더 높은 의식 상태로 접근하게 된다고 한다. 우리의 의식은 지구와 함께 공명하며 에너지와 의식의 전환을 향해 가속화되고 있는 것이다.

많은 이들이 뇌가 단순하게 하루의 신체 주기에 따라 깨어 있거나 잠들어 있거나 두 가지 중 하나의 상태로 존재할 것이라고 생각하고 있을지도 모르지만, 사실은 일상생활을 하는 중에 뇌는 이렇게 다양한 뇌파의 형태를 띠고 있었다. 뇌파의 관점으로 하루를 본다면 아침에 일어나 베타파의 상태로 일상생활을 하고 집에 돌아가 잠자리에 들어 조용히 눈을 감고 알파파의 상태에 머물렀다가 가수면 상태인 세타파에 이르게 된 다음 깊은 잠에 빠져 뇌파가 델타파로 되면서 원기를 회복하고 다시 아침이 되면 역순으로 몸과 정신이 깨어나는 것이다. 그리고 감마파는 때때로 깊은 몰입에 빠져들 때 경험할 수 있다.

이번 장에서 명심해야 할 점은 간헐적 몰입을 통해, 우리의 뇌파를 조화롭게 운용할 수 있다는 사실이다. 스트레스가 가득한 일상생활 가운데 짧더라도 규칙적으로 간헐적인 휴식 시간을 주어 베타파를 알파파와 같은 뇌파로 바꾸거나, 마음챙김이나 명상 훈련 등과 같은 간헐적 몰입 기술들을 습관화해서 세타파나 델파타, 감마파의 상태로 뇌파를 변환시킬 수도 있다.

물론 꾸준한 간헐적 몰입의 수행이 전제되어야 하겠지만, 만약 이러한 훈련이 익숙해져 능숙한 뇌파 변환 기술을 습득하게 된다면 우리는 풍요로운 우주의 에너지를 점점 더 자유롭게 활용할 수 있게 된다. 마치 듣고 싶은 음악이 있을 때 그 음악 채널의 주파수를 찾아 라디오 주파수를 맞추듯이, 자신이 수행해야 하는 과제의 특성에 맞추어 자신의 진동 주파수를 맞추어가며 효과적으로 대응해 나갈 수 있는 것이다.

이와 같이 우리 뇌가 만들어 내는 뇌파가 매 순간 신체와 정신에 큰 변화를 일으킨다는 사실은 놀라운 일이다.

간헐적 몰입은 우리의 진동 주파수와 뇌파를 전환시켜 무한한 정보와 에너지의 장인 제로 포인트 필드에 연결시켜 줌으로써 우

리 내면의 창의성과 다양한 잠재력을 활짝 꽃피워주는 멋진 선물
을 선사해 줄 것이다.

간헐적 몰입으로
행복 호르몬이 흐르게 하라

간헐적 몰입이 주는 또 하나의 멋진 선물 중 하나는 몸에 이로운 호로몬의 분비를 촉진시킨다는 점이다. 호르몬이란 몸의 한 기관에서 합성 분비되어 체액, 혈액을 타고 몸속을 순환하며 여러 기관에서 효과를 발휘하는 물질인데, 우리 몸에서 분비되는 호르몬은 100종이 넘는다.

하버드대학 의학부, 파리대학 의학부, 브뤼셀자유대학 의학부, 밀라노대학에서 객원교수를 지냈던 네고로 히데유키 교수는《호르몬 밸런스》와《시계 유전자》에서 호르몬의 비밀을 다음과 같이 밝혔다.

호르몬은 체내 환경의 유지, 성장과 발생, 생식 기능, 에너지 생성, 이용, 저장 작용을 한다. 이 호르몬에 의해 우리의 젊음과 건강이 유지되는데, 호르몬의 기능은 20세를 기점으로 나이를 먹어감에 따라 서서히 저하된다. 40세에는 20세에 비해 분비가 반으로 줄어들며, 60세에는 20세의 4분의 1이 된다. 지나치게 호르몬 기능이 떨어지거나, 호르몬 밸런스가 무너지면 노화가 빨리 진행되고 병에 걸리기 쉬워진다.

히데유키 교수는 호르몬을 살리는 3대 황금 조건으로 첫째, 체내 시계 유전자의 올바른 작동, 둘째, 자율신경의 올바른 작동, 셋째, 혈관의 올바른 작동을 든다.

우리 몸에는 태어날 때부터 탑재된 체내 시계란, 지구의 자전에 따라 하루 24시간 주기로 해가 뜨고 해가 지듯, 매일의 자연 현상에 적응하기 위해 생체 리듬을 만들어 낸다. 실제 2017년 노벨 생리학상을 수상한 연구 주제가 바로 이 생체 시계 유전자 연구였다. 호르몬은 체내 시계에 따라 활약하도록 시간표가 정해져 있다. 낮은 적극적으로 활동하기 위한 호르몬이, 밤은 낮 동안 피로해진 몸과 상처 입은 세포의 회복을 위한 호르몬이 활동하는 귀중한 시간이다. 우주의 법칙인 대극의 법칙에 맞추어 나의 잠재력을 최대한 발휘하며 살기 위해서는 이 낮의 호르몬과 밤의 호르몬이 주기적으로 조화롭게 잘 분비될 수 있도록 건강한 생활 습관을 체득하는 것이 매우 중요하다. 가장 대표적인 낮과 밤의 호르몬을 살펴보기로 하자.

흔히 행복 호르몬이라 불리는 세로토닌은 낮의 호르몬이라고 할 수 있다. 주로 낮에 분비되고 여러 가지 스트레스 완화에 있어 도움을 주는 긍정적 기능을 한다. 이시형 박사의 저서 《세로토닌하라》에 따르면 세로토닌의 주요 기능을 3가지로 분류했다.

첫째는 조절 기능이다. 세로토닌은 공격성이나 폭력성, 충동성과 의존성, 중독성 등을 조절해 평상심을 유지하게 해 주며 이로 인해 격한 감정 조절이 가능하다. 흡연이나 음주, 과식 같은 충동적 행동도 세로토닌이 분비되면 어렵지 않게 통제가 가능하단 의미다.

둘째, 세로토닌은 주의 집중과 기억력을 향상시켜 주는 역할을 한다. 즉, 학습 능력이나 창조성을 높이는 기능이다. 세로토닌은 신피질을 살짝 억제해 잡념을 없애 주고 변연계를 활성화함으로써 창조성을 불러일으키는 데에 크게 기여한다고 한다.

그리고 마지막으로 셋째는 '행복' 기능이다. 세로토닌은 의욕을 불러일으키는 기능을 한다. 일을 수행하거나, 때론 운동과 같은 하기 싫은 일을 해야 할 때 이 세로토닌으로 인해 책상에 앉을 수 있고, 러닝 머신 위에 올라갈 수 있게 된다. 의욕은 인생의 활력과도 같아서 의욕이 가득하면 인간은 자신감 넘치고 행복한 기분을 느낄 수 있다. 그래서 세로토닌을 행복의 호르몬이라 부른다.

앞서 설명했듯, 세로토닌은 낮에 분비되는 호르몬으로서 보통 낮 12시 전후에 분비가 결정된다. 이때 약간 힘든 운동으로 세로토닌의 분비 효율을 높이면 수면 중에 활발해지는 멜라토닌의 활동 효율을 높일 수 있다. 실제로 이 시간대의 리듬 운동이 '수면을 깊게 한다'는 연구 자료가 있다. 그러니까 낮에 하는 운동은 삶의 활력도 높여 주고, 현대인의 과제인 숙면도 가능하게 한다. 낮을 대표하는 호르몬으로 세로토닌이 있다면 밤을 관장하는 호르몬도 있는데 바로 멜라토닌이다. 이 둘은 아주 중요한 관계가 있다. 송과선이 낮의 호르몬인 세로토닌을 화학반응을 통해 밤의 호르몬인 멜라토닌으로 변화시키기 때문이다. 햇빛은 세로토닌의 분비를 촉진하고, 이는 잠을 잘 때 활동하기 시작하는 멜라토닌의 재료가 된다. 따라서 세로토닌 분비가 활성화되면 멜라토닌도 잘 분비되어 숙면을 취할 수 있다. 수면 중에 나오는 성장 호르몬과 멜라토닌 덕분에 몸은 구석구석까지 회복되고 우리 몸은 아름답게 거듭난다.

대부분 사람은 낮에 활동하고 밤에 잠을 잔다. 이는 자연스러운 생리적 리듬이기도 하다. 깨어나 있는 시간대에는 세로토닌이, 잠을 자는 시간대에는 멜라토닌이 활동하는 것이다. 둘 중 하나가 불충분하면 건강과 활력을 잃게 된다. 호르몬은 철저히 인간의 체내 시간에 따라 분비된다. 낮에는 활동을 돕는 호르몬이 분비되며 밤에는 세포 회복을 위한 호르몬이 분비되는 것이다. 그러니 신체 능력을 최대한 활용하고, 잠재력을 발휘하기 위해서는 낮과 밤의 호르몬이 주기적으로 잘 분비될 수 있도록, 또 그 균형을 잘 맞추는 것이 매우 중요하다.

신체 리듬이 깨지게 되면 호르몬의 분비량이나 리듬이 잘 깨지기 때문에 건강해지기 위한 '진리', 즉 규칙적인 식사와 충분한 운동과 수면을 지키는 것이 큰 도움이 된다. 거기에 간헐적으로 하는 단식으로 몸을 주기적으로 비우는 일도 권한다. 이런 규칙적인 생활, 즉 간헐적 몰입 라이프 스타일로 우리는 건강한 호르몬 분비를 촉진시켜 건강을 유지할 수 있다.

세로토닌의 주적은 만병의 근원과 같은 스트레스와 피로다. 하지만 간헐적 몰입은 세로토닌의 분비를 촉진시킬 수 있다. 세로토닌은 마음이 치유될 때, 리듬 운동을 하고 있을 때, 일상이나 자연 속에서 잔잔한 감동을 느낄 때 많이 분비되기 때문이다.

이시형 박사는 세로토닌의 효과적인 분비를 위해서 규칙적인 생활을 권한다. 호르몬이 분비되는 오전 시간대에 걷기, 수영, 근육 트레이닝 등의 리듬 운동을, 통근 시간과 이동 시간에는 걸으려고 의식적으로 노력하라고 설명한다. 걷기는 뇌의 변화에도 도움이 된다. 몸을 움직일수록 뇌는 성장하고 이는 성인에게도 해당하는 과학적 사실이다. 몸을 끊임없이 움직이는 것은 뇌 발달에 긍정적인 영향을 미친다.

밤의 호르몬인 멜라토닌은 간헐적 몰입의 중요한 뇌 기관인 송과선에서 생산된다. 송과선은 뇌의 내분비기관 중 하나이다. 《당신도 초자연적이 될 수 있다》의 저자인 조 디프펜자 박사의 연구에 따르면 송과선이 활성화됨에 따라 뇌파는 감마파와 같은 고뇌파 상태에 들어가게 되고 멜라토닌은 강력한 안정제인 벤조디아제핀과 슈퍼 항산화제인 피놀린, 심오한 통찰을 일으키는 물질인 디메틸트립타민과 같은 초강력 화학적 파생물들로 변형된다. 이러한 멜라토닌의 변형 물질들은 우리 몸의 긴장을 풀어 주는 동시에 마음은 깨어 있는 편안한 몰입 상태로 들어갈 수 있도록 도와준다고 조 디스펜자 박사는 말한다. 뇌가 베타파에 있으면 교감 신경이 외부의 비상 사태에 대비하기 위해 생존을 목적으로 에너지를 쓴다. 하지만 감마파 상태에서는 생명 에너지를 잃는 것이 아니라 에너지를 자유롭게 풀어줌으로써 우리 몸에 더 많은 에너지를 만들어낸다.

조 디스펜자 박사는 이렇게 에너지가 몸에서 뇌로 옮겨갈 때 마치 전자석의 자기장처럼, 우리 몸을 둘러싼 둥그런 모양의 토러스 장이 형성된다고 말한다. 이렇게 토러스 장이 우리 주변에 전방위적으로 움직이는 동안 송과선이 활성화되는데, 전자기 에너지의 역방향인 토러스 장이 정수리를 통해 우리 몸 안으로 에너지를 끌어온다고 설명한다. 모든 주파수는 정보를 갖고 있으므로 이 상태에서 우리는 데카르트가 '영혼의 자리(Seat of the Soul)'이라고 불렀던 송과선을 통해 가시광선이나 우리의 감각 너머로부터 정보를 받게 된다. 이것이 앞서 살펴보았던 천재들이 제로 포인트 필드에 연결해 천재성을 발휘하는 메커니즘인 것이다.

간헐적 몰입의 라이프 스타일은 균형 잡히고 풍성한 호르몬 밸런스를 유지시킴으로써 심신의 건강뿐만 아니라 우리 내면의 창조력과 잠재력의 발현을 가능케 한다.

인간 궁극의 지능을 향해서

이제는 세계적인 기업이라고 부를 수 있는, 국내 굴지의 자동차 기업인 현대자동차가 미국의 로봇 회사인 보스톤 다이너믹스를 인수해 화제가 되었다. 1조 원에 달하는 인수 대금도 놀랍지만 IT기업이 아닌 자동차 회사에서 로봇 기업을 인수했다는 것이 많은 사람들의 궁금증을 자아냈다. 인수에 대한 여러 가지 견해가 있지만, 스마트 모빌리티에 대한 현대자동차의 미래 청사진에 로봇 기술력을 가진 보스톤 다이너믹스가 아마 중추적인 역할을 할 것이라고 추측해 볼 수 있겠다.

실제로 로봇은 먼 미래의 이야기가 아님을 최근 보스톤 다이너믹스가 공개한 영상을 통해 많은 사람들이 알게 되었을 것이다. 그들은 인간의 신체와 유사한 모습을 갖춘 휴머노이드(Humanoid)인 '아틀라스'가 춤을 추는 모습을 공개했다. 단순히 뛰거나 균형을 잡는 정도의 움직임을 상상했던 우리에게 미세한 관절의 움직임까지 구현해 춤까지 출 수 있는 로봇이 등장했다는 것은 큰 충격이 아닐 수 없었다. 상용화라는 큰 숙제가 남아 있지만, 이미 이 정도 수준의 로봇이 만들어진 것을 보면 사회 곳곳에서 그들의 쓰임을 필요로 하는 곳이 많아질 것이라는 것을 쉽게 예측해 볼 수 있다.

인공지능(Artificial Intelligence)을 기반으로 한 사람을 닮은 로봇, 휴머노이드 기술력은 그 자체로 다양한 논쟁들을 유발시킨다. 그중 가장 두려운 일은 인간의 노동력을 대체하게 될 것이라는 것인데, 단순 업무부터 시작해 인간의 일자리를 대신할 것이라는 것이다. 조금 더 디스토피아적 견해를 추가하면 인간과 로봇의 경계가 모호해진다면 결국 인간이 가지고 있던 존엄성마저 상실할 수 있다는 우려다. 또한 인공지능이 인간의 인지능력을 초월해 인간이 휴미노이드에 대한 통제권을 잃을 수도 있다는 것이다. 로봇은 인간이 만든 멋진 신세계일까, 아니면 인간성을 잃게 하는 재앙이 될까?

인간과 로봇의 경계가 흐려지고, 진짜 인간과 로봇 인간을 구분하기 어려워지는 미래를 우리는 어떻게 준비해야 할까? 로봇이 가지지 못한, 가질 수 없는 인간만의 무기는 과연 무엇일까?

세계적인 마케팅의 대가이자 경영 사상가로 불리는 필립 코틀러(Philip Kotler)는 자신의 저서 《마켓 3.0》을 통해 모든 것을 바꿔놓을 시장이 도래했다고 강조하며, 다가올 가치 주도의 시장에서 사람의 마음을 움직이는 '감성'의 마케팅을 넘어 '영성'이라는 키워드를 제시했다. 그렇다면 영성이란 무엇인가?

저명한 영국의 경영 사상가 찰스 핸디(Charles Handy)는 자신의 저서 《정신의 빈곤》에서 영성을 '삶의 비물질적 측면과 영속적 실체의 암시에 가치를 두는 정신'이라고 소개한다. 노벨상을 수상한 시카고 대학 경제학자 로버트 포겔(Robert Fogel) 또한 "물질적 충족의 정상에 오른 오늘날의 사회는 갈수록 영적 원천을 추구할 수밖에 없다"고 단언한다. 한국의 대표적 지성으로 꼽혔던 고(故)이어령 교수도 《지성에서 영성으로》라는 책을 통해, 자신의 인생 여정이 지성적 탐구에서 영성적 탐구로 변화한 과정을 이야기했다.

미국 MIT에서 물리학과 철학을 공부한 뒤, 하버드 대학에서 심리학과 신학을 전공한 경영 컨설턴트 다나 조하(Danah Zohar)와 옥스퍼드 대학에서 심리학과 철학을 공부한 뒤, 런던 대학에서 의학을 전공한 이언 마셜(Ian Marshall) 부부는 자신들의 저서 《SQ》에서 인간이 신체와 정신, 마음을 가졌을 뿐만 아니라, 영성을 가진 존재라는 새로운 인간관을 제시한다. 여기서 영성이란 과학적으로 설명할 수 없는 신비한 어떤 것이 아니라, 지금의 객관적인 상황을 초월해 새로운 차원을 볼 수 있는 능력을 말한다. 즉 현재의 자기 자신과 환경 그 너머를 보는 동시에 현실을 뛰어넘는 의미와 가치를 찾는 능력이다. 다나 조하와 이언 마셜은 이러한 능력이야말로 인간만이 갖는 고유한 것이며, 인간을 인간이게 하는 요소라고 설명한다.

하버드 대학교의 심리학 교수인 하워드 가드너(Howard Gardner)는 다중지능(Multiple Intelligence) 이론을 통해 영성지능에 대해 소개한 바 있다. 그는 인간이 언어, 음악, 논리수학, 공간, 신체운동, 대인관계, 자기이해, 자연친화의 8가지 지능을 가진 존재라고 하며 다중지능 이론을 정립했다. 더 나아가 가드너 교수는 8번째 지능을 넘어 9번째 지능을 '실존 지능'이라 명명하고 '인간의 존재론적 의미, 삶과 죽음, 축복과 비극 등의 우주적이고 실존적인 사안에 대해 생각하며 인간 존재의 이유나 참 행복의 의미, 삶의 근원적인 가치를 추구하는 능력'으로 정의하였다.

정리해 보면 영성지능(Spiritual Quotient), 이하 SQ란 우리가 의미와 가치의 문제를 다루고 해결하려 할 때 사용하는 인간지능, 우리의 행동과 삶을 광범위하고 풍부한 의미의 맥락에 자리매김할 수 있게 하는 지능, 어떤 일련의 행동이나 삶의 경로가 다른 것보다 의미 있다고 평가할 수 있게 하는 지능을 말한다. SQ는 IQ와 EQ가 효과적으로 기능하는 데 기본이 되는 인간의 궁극적인 지능이라고 할 수 있다.

TED에서 전 세계에 SQ를 소개한 딥 체인지의 대표인 신디 위글즈워스(Cindy Wigglesworth)는 SQ를 '주어진 상황에 관계없이 내적으로, 외적으로 평온을 유지할 수 있고, 지혜와 사랑을 가지고 행동할 수 있는 능력'이라고 정의한 바 있다. 또한 그녀는 역량기반 평가 척도로 'SQ21'이라는 자가 측정 도구를 개발하여 객관적으로 SQ를 측정하고 활용할 수 있는 시대를 열었다.

앞에서 살펴본 바와 같이 인간의 SQ는 IQ나 EQ만으로 나타낼 수 없는 또 다른 무한한 잠재력의 영역이며 궁극적인 지능이라고 할 수 있다.

경영·경제학의 구루나 미래학자 등, 세계적인 석학들은 지금 이 시기가 커다란 패러다임 전환의 시대라는 데 의견을 함께한다.

과학 기술과 물질 문명의 시대에서 정신 문명 중심인 영성의 시대로 이행하고 있는 전환기라는 것이다. 그렇다면 우리는 어떤 준비를 해야 하는가? 패러다임 대전환의 시대에 적합한 '영적인 삶'의 태도를 갖추는 것부터 시작해야 한다. 이것이 바로 미래의 행복한 삶을 준비하는 중요한 요소가 된다. 그렇다면 영성의 시대를 살아가기 위한 적합한 삶의 태도는 과연 무엇일까?

자아초월 심리학의 대가이자 이 시대의 가장 중요한 석학 중 한 명으로 손꼽히는 켄 윌버(Ken Wilber)는 그의 책 《통합비전》에서 새로운 영성의 시대가 도래했으며 영성은 사랑을 포함하며, 영적이 된다는 말은 사랑하는 존재가 되는 것이라고 말한다. 죽음학의 세계적 대가로 불리는 정신의학자 엘리자베스 퀴블러 로스(Elizabeth Kübler Ross) 박사도 2만 명의 임사체험자들의 사례를 통해 죽음에 관한 깊은 연구를 한 후 다음과 같은 결론을 내렸다.

삶의 궁극적인 과제는 무조건적으로 사랑하고 사랑하는 법을 배우는 것이지요. 최고의 축복은 늘 돕는 것에서 나옵니다. 죽음의 순간에 당신은 다음과 같은 두 가지 질문을 받을 것입니다.
'당신은 얼마나 많은 봉사를 하며 살았는가?'
'당신은 얼마나 많이 조건 없는 사랑을 주고 또 받았는가?'

천재 사업가 사이토 히토리도 현시대에 대해 자신의 저서《운 좋은 놈이 성공한다》에서 다음과 같이 말한다.

사람의 영혼은 성장하면서 여러 가지 문제를 겪습니다. 마찬가지로 이 세상의 영혼도 성장하기 때문에 이 세상에 전쟁이 필요할 때에는 전쟁이, 평화에 대한 생각을 해야 할 때는 평화가 찾아옵니다. 현대 사회는 베를린 장벽의 붕괴를 기점으로 새로운 과정을 맞이합니다. 드디어 '영혼의 시대'가 찾아온 것입니다. 이제 과거처럼 무조건 열심히 일만 한다든가 힘으로만 밀어붙이는 방식은 더이상 통하지 않습니다. 변화는 경제 분야에서도 일어납니다. 과거의 패러다임에 따라 무턱대고 열심히 일하거나 많은 자본을 들이는 방식으로는 큰 성과를 올리지 못할 것입니다. 다시 한 번 말하지만 지금은 영혼의 시대이기 때문입니다. 영혼에 대해 배워야 하고, 영혼의 성장에 대한 깨달음과 실천이 필요합니다. 저에게는 10명의 제자가 있습니다. 저는 그들에게 회사를 경영하는 법을 전수했지만 구체적으로 어떤 방법을 가르친 것은 아닙니다. 제가 가르친 것은 영혼을 성장시키고 풍성하게 하는 법입니다. 그 가르침에 따라 '즐겁다'는 철학으로 회사를 경영하면서 회사의 성과는 점점 커지고, 모두가 풍요로워졌습니다. '이 세상에는 여러 가지 즐거움이 있지만 사람들에게 영원한 기쁨을 주는 것은 오직 한 가지입니다. 그것은 바로 자신의 한계를 초월하는 일, 그리고 그것을 위해 끊임없이 노력하는 것입 니다. 사람이란 자신을 뛰어넘는 일에 도전하며 기쁨을 느끼 도록 프로그램된 존재이기 때문입니다. 하지만 많은 이들이 이런 기쁨을 놓치며 살아갑니다. 진정한 성공을 위해서는 즐 거운 노력을 기울여야 합니다. 즐겁게 하는 노력인가 고통스 럽게 하는 노력인가에 따라 성공과 실패가 결정되기 때문입 니다. 성공하기 위해서는 '즐겁고 즐겁다. 정말로 즐겁다'라는 마음을 가지고 있어야 합니다. 성공은 바로 이 즐거움으로부 터 시작되는 것입니다. 삶의 목적은 다른 사람을 사랑하기 위 해서입니다. 물론 사랑하는 방식은 저마다 차이가 있을 것입 니다. 하지만 사랑이야말로 이 영혼의 시대를 살아가는 최고 의 방법입니다.

개인의 삶에서 SQ를 올바르게 발휘하는 사람들은 강인한 정신 력과 뛰어난 창의성 그리고 사랑의 나눔을 실천해 가며 살아갈 수 있는데, 이는 궁극적으로 추구해야 할 의미 있는 삶으로 스스로를 이끈다. SQ가 활성화되면 개인적인 성과는 물론이고 공동체와 우 주만물을 사랑하는 이타적인 사람이 되는 것이다. 개인이 속한 사 회를 넘어 실존적인 우주에서 자신의 위치와 상호관계를 이해하고 본연의 모습으로 살아갈 수 있도록 하는 것도 바로 이 SQ의 역할 이라 할 수 있다.

그렇다면 간헐적 몰입은 어떻게 SQ 발달을 도울 수 있을까? 간헐적 몰입은 음과 양의 조화로운 균형을 바탕으로 한다. 건강한 활동과 편안한 휴식, 정신과 육체에 조화로운 균형이 잡혀 제로 포인트 필드에 연결되면 우리는 깊고도 강력한 몰입 상태에 빠질 수 있다는 사실을 앞에서 살펴보았다. 간헐적 몰입은 실질적으로는 바로 코앞에 닥친 업무적 효율과 성과라는 측면에서 개인적 유익함을 가져다줄 뿐만 아니라, 개인의 몸과 마음과 의식과 영혼이 깨어나도록 도와준다. 한 개인이 지속적으로 간헐적 몰입 라이프 스타일을 습관화함으로써 점점 더 신체적, 정신적으로 조화로운 균형을 이루어 간다면 서서히 내면의 고차원적인 의식이 깨어나 SQ가 계발되기 시작한다. SQ가 계발되기 이전에는 사랑과 관심의 범위가 오직 자신에게만 국한되었다면, SQ의 계발이 시작된 이후에는 가족, 사회, 국가, 인류, 우주 만물에 이르기까지 확장된다. 간헐적 몰입을 통해 SQ의 발달이 촉진될 수 있는 것이다.

팬데믹 이후 우리는 많은 것이 달라졌음을 느낀다. 집에서 혼자 있는 시간이 많아졌고, 비대면으로 일하는 것이 일상이 되었다. 디지털화는 가속화되고 점점 개인화, 파편화되어 가고 있음을 절절하게 체험했다. 비단 우리가 속한 사회, 국가에만 해당되는 이야기가 아니다. 전 세계가 이런 원치 않는 고립 상황을 겪고 있다.

위기는 또 다른 성장을 가능하게 하는 기회가 되기도 한다지만, 안타깝게도 지금의 상황은 낙관적으로만은 보기 어려운 측면이 있다. 양극화 현상이 더욱 심화되고 자국 우선주의는 더욱 견고해졌다. SNS의 발달로 인해 초연결 사회가 도래해 이제 지구 한 지역의 문제가 전 세계적 이슈가 되었다. 따라서 인류가 당면한 난제들을 극복해 나가기 위해서 한 개인을 넘어 나를 둘러싼 작은 사회, 나아가 국가 그리고 전 인류를 함께 연결해서 하나로 생각할 줄 아는 능력이 절실히 필요하다. 그렇기에 지금은 그 어느 때보다 SQ가 필요한 시대가 된 것이다. 진정한 혁명은 우리 자신의 안에서부터 시작되는 내적 혁명에서 비롯될 수밖에 없다고 대사상가 크리슈나무르티(Krishnamurti)는 말한다.

한 사람 한 사람이 간헐적 몰입을 통해 에너지 진동 주파수를 높임으로써 뇌파를 전환하고, 초의식을 일깨워야 한다. 우주의 중심으로 불리는 제로 포인트 필드에 연결하여 본연의 참된 내가 온전히 깨어나게 될 때, 우리의 SQ는 활짝 피어나게 될 것이다. 마치 《꽃들에게 희망을》에서 애벌레들이 나비로 날아올라 아름다운 꽃들이 만발하는 세계를 창조해 나가듯이, 우리 인류도 간헐적 몰입으로 SQ 계발에 힘쓴다면 더 나은 세상을 함께 만들어 나갈 수 있을 것이다.

간헐적 몰입의 천재들

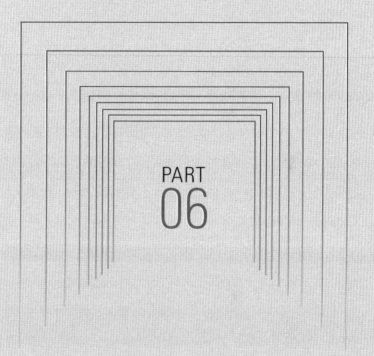

PART
06

파도 타는 CEO :
이본 쉬나드

바다 근처에 사무실이 있다고 가정해 보자. 서핑하기에 딱 좋은 높이의 파도가 치면 직원들은 갑자기 근무하다 말고 서핑을 하러 나간다. 누구의 눈치도 보지 않고 아주 자유롭게 말이다. 과연 세상에 이런 회사가 있을까? 바로 미국의 유명한 아웃도어 브랜드이자, 세계 최고의 아웃도어 브랜드가 된 파타고니아의 실제 이야기다. 파타고니아의 경영철학을 담은 책 《파타고니아, 파도가 칠 때는 서핑을》이란 책 제목이 말해주듯, 서핑하기 좋으면 언제라도 직원들은 일을 접고 당장 나갈 수 있는 유연한 근무제를 채택했다.

또한 직원들의 자녀를 마음 놓고 맡길 수 있는 보육 시설과 출산휴가 등 직원 복지에 많은 투자를 하는 것으로도 유명하다. 요즘은 사내에 어린이집과 같은 보육 시설이 흔하지만 1970년대에 설립한 작은 의류 회사에서 시작한 사내 보육 시설이란, 미국 내에서도 드문 복지 제도였다. 보육 시설의 필요성을 느낀 것은 뜻밖에도 이본 쉬나드(Yvon Chouinard)의 아내였다. 자신의 아이를 데려와 일하면서 그녀는 직원들의 자녀도 함께 이용할 수 있는 보육 시설의 필요성을 여실히 느끼게 되었고, 그녀의 요청에 따라 1983년에 사내 보육 시설을 설립했다. 이로써 파타고니아는 미국 캘리포니아에서는 최초로 보육 시설을 가진 회사가 되었다.

파타고니아는 특히 유기농, 친환경 원단을 사용하면서 친환경 기업이라는 이미지로 가치를 소비하는 요즘 시대의 소비자들의 기호를 충족시키는 기업이 되었다. 실제로 파타고니아는 환경을 보호하려면 자신의 브랜드 옷도 사지 말라는 도발적인 광고를 할 만큼 그들의 기업 아이덴티티를 잘 구축해 나갔다. 선도적인 아웃도어 브랜드인 파타고니아가 이룩한 성과는 다음과 같다.

- 노스페이스, 콜롬비아 스포츠와 함께 미국의 3대 아웃도어 기업
- 《포춘》 선정 일하고 싶은 100대 기업
- UN 지구환경대상 기업가 비전 부문 수상
- 미 백악관 선정 사내 가족 지원 제도 우수 기업
- 두 번의 불황 때마다 오히려 25퍼센트 성장한 전설적인 기업
- 2022년 세계에서 가장 영향력 있는 100대 기업에 선정

상품의 질도 신경 쓰는 것은 물론이겠지만, 환경이라는 가치에 더 치중한 이 기업의 설립자는 대체 어떤 사람일까? 이본 쉬나드에 대해 조금 더 알아보자.

이본 쉬나드는 그의 삶 자체가 파타고니아라는 브랜드라고 해도 과언이 아닐 정도로 자연에 대한 애정과 그 속에서 살아가는 한 인간으로서 성숙하고 포용적인 모습을 보여 주었다. 여기저기 해외로 출장을 다니며 바쁘게 지낼 글로벌 기업의 CEO의 모습이 아닐까 예상할 수도 있겠지만 놀랍게도 그는 그렇게 일에 푹 빠져 사는 전형적인 CEO의 모습은 아니었다. 그는 회사를 운영하면서도 한가롭게 산이나 바다와 같은 대자연 속으로 들어가 교감하는 일을 즐겼다.

"한 여섯 달쯤 사무실을 비우고 남아메리카 곳곳을 탐사나 다녔으면 좋겠어요." 이본 쉬나드는 그 흔한 스마트폰조차 없다고 한다. 오히려 그런 게 왜 필요하냐고 다음과 같이 반문하곤 한다. "본사에 불이 났다 할지라도 아마존에서 캠핑을 하고 있는 내가 무슨 도움을 줄 수 있겠소? 직원들이 직접 소방서에 전화를 걸어야겠지요."

이미 눈치채셨을지 모르지만 앞으로 소개할 그의 개인사부터 그가 이룬 업적까지 모두 우리가 생각하는 전형적인 성공한 사람과는 거리가 멀다는 것을 먼저 여러분에게 귀띔해 주고 싶다.

이본 쉬나드의 간헐적 몰입 능력은 어린 시절부터 형성되어 왔다. 캐나다 퀘벡 출신 프랑스계 가정에서 자란 그는 미국에서 태어났지만 영어를 할 줄 몰랐고, 여자 같은 이름과 작은 키 탓에 끊임

없이 놀림을 받던 소년이었다. 언
어와 문화의 차이로 인해 외톨이
가 되었지만, 그는 고통의 시간만
보냈던 것은 아니었다. 자연 속에
서 마음껏 뛰놀며 자신의 아픔을
자연에 대한 사랑으로 승화시켜
나갔던 것이다. 수십 킬로미터 떨
어진 호수까지 자전거로 달려가
송어와 농어 낚시를 즐겼고, 작살

암벽등반가 시절의 이본 쉬나드 1972년

을 만들어 토끼 사냥을 하기도 했다.

　이본 쉬나드는 일찍이 한국 북한산에도 그 발자취를 남겨 놓았
다. 그가 1963~1965년 주한 미8군으로 복무했을 때, 북한산 인
수봉에 매료되어 클라이머 1세대인 선우옥중 씨를 찾아가 자일 파
트너가 되어 여러 암벽 등반 코스를 함께 등반했는데, 이 등반로
가 훗날 후배 등반가들에 의해 '쉬나드 A'와 '쉬나드 B'라 이름 붙
여졌다.

　실제로 그는 의류 회사의 창립자보다 전설적인 암벽 등반가, 서
퍼, 환경 운동가로 더 먼저 알려졌던 사람이다. 이렇게 이본 쉬나
드는 성공한 사람의 전형이 아닌 완전히 다른 길을 걸어온 사람이
었다. 학교에선 주목받지 못했고 사회에서도 인정받지 못했다. 하
지만 그가 성공할 수 있었던 이유는 자신이 무엇을 원하는지, 무엇
을 지키기 위해 애쓰는지 제대로 이해하고 있었기 때문이다.

파타고니아의 CEO이기 전에 그를 규정하던 모든 것들은 책상 머리가 아닌 자연에서 이루어졌다. 암벽이 가득한 산에서, 파도가 치는 바다에서, 병들어가는 환경 앞에서 말이다. 그는 온몸으로 대자연을 껴안으며 느끼고 사색하는 간헐적 몰입을 통해서 스스로를 이해하고, 앞으로의 나와 주변과 세상에 대해 통찰하는 능력을 지니게 된 것이다. 그리고 그것이 지금의 이본 쉬나드와 파타고니아를 존재하게 했다.

이본 쉬나드는 자신의 이러한 간헐적 몰입 라이프 철학을 파타고니아의 경영에도 적극적으로 적용하고 있다.

"다행히 나에게는 사업을 확장하려라도 절대 놓치고 싶지 않은 것이 있었다. 일은 늘 즐거워야 한다는 점이다. 일터로 오는 길에는 신이 나서 한 번에 두 칸씩 계단을 겅중겅중 뛰어 올라야 한다. 내키는 대로 자유롭게 입고 심지어는 맨발로 일하는 동료들에 둘러싸여 있어야 한다. 유연한 근무로 파도가 좋을 때는 서핑을 하고, 함박눈이 내리면 스키를 타고, 아이가 아플 때는 집에 머물면서 아이를 돌볼 수 있어야 한다. 일과 놀이와 가족의 구분을 모호하게 만들어야 한다."

이본 쉬나드는 일을 할 때는 늘 즐거워야 하며 일터로 오는 길도 즐겁길 바랐다. 그래서 출근 복장에도 별다른 규제를 두지 않았다. 원하는 대로, 내키는 대로 직원들이 자유롭게, 편하게 일할 수 있는 복장이라면 어떤 차림이든 상관이 없었다. 맨발로 일하는 직원들도 있을 정도였다. 파도가 좋다면 서핑을 하러 나가고 눈이 내린다면 스키를 타러 가도 좋다. 실제로 벤투라 본사에는 직원들의 서핑보드를 보관하는 공간이 따로 있다. 아이가 아프다면 당연히 집에 머물러 아이를 돌보는 시간을 가지도록 권유하기도 했다. 일하는 시간이 그 자체로 스트레스가 되지 않게, 높은 중압감으로 나를 짓누르지 않게 일과 삶 그 자체가 서핑처럼 역동적인 균형을 갖기를 그는 원했다.

파타고니아는 유연성 근무제를 넘어 직원들의 가슴에 깊은 의미를 불어넣으며 더 깊은 몰입감으로 빠져들 수 있도록 하고 있다.

파타고니아의 첫 사명은 '최고의 제품을 만들되 불필요한 환경 피해를 유발하지 않으며, 환경 위기에 대한 공감대를 형성하고 해결 방안을 실행하기 위해 사업을 이용한다.'였으며 2019년 파타고니아는 창립 이후 27년 만에 처음으로 사명 선언문을 바꾸었다. 새 사명은 "우리는 우리의 터전, 지구를 되살리기 위해 사업을 한다."이다.

이본 쉬나드의 말을 들어보자.

"누구나 의미 있는 일을 하고 싶어한다. 자신이 사랑하는 일을 하는 것은 그 일을 의미 있게 만든다. 그리고 다른 사람과 함께 옳은 일을 할 때, 일의 의미는 더해진다. 이 두 가지가 결합되면 기업은 보편적인 인간의 우수성을 끌어내면서도 큰 사업적 성과를 내는 두 가지 목표를 달성할 수 있다. 7세대를 내다보고, 유지할 수 있는 속도로만 성장하라!"

이러한 이본 쉬나드의 철학은 파타고니아의 행동으로 이어져 공정무역 인증 제품생산, 유기농 목화 사용, 재생 유기농 투자, 플라스틱 줄이기 환경 캠페인 등 환경문제 해결과 지속 가능한 의류 생산, 유통을 실천했다. 1993년부터는 버려진 플라스틱병을 모아 녹여 뽑은 실로 짠 폴리에스테르 옷감을 활용하는 등 재활용 제품이 100퍼센트에 이른다. 환경보호를 위해 급기야 '이 재킷을 사지 마세요(DON'T BUY THIS JACKET)'라는 도발적인 슬로건까지 내놓은 파타고니아는 매년 매출의 1퍼센트니 순이익의 10퍼센드 중 큰 금액을 전 세계 환경단체에 기부하고 있다. 또한 파타고니아는 2001년에 '지구를 위한 1퍼센트(1 Percent for the Planet)'라는 운동을 시작해 수백 개 기업들의 참여를 이끌어냈다.

이렇게 환경을 생각하는 파타고니아의 노력은 2008년 미국 금융위기 때 더욱 빛을 발했다. 매출 성장률 50퍼센트를 달성했고, 2013년 이후에는 미국 아웃도어 시장 2위로 우뚝 올라섰다. 파타고니아 플리스 조끼는 미국 월가 금융인에게는 교복으로 통한다. 2008년 금융위기 이후 월가에서 매주 금요일, 정장을 입지 않는 캐주얼 데이에 이 옷을 나누어주었기 때문이다. 더 나아가 젊음과 자유의 상징인 실리콘밸리에까지 '착한 기업'으로 파타고니아가 입소문이 나면서 팀 쿡 애플 CEO, 마크 저커버그 페이스북 CEO 등도 즐겨 입는 핫한 브랜드가 되었다.

이본 쉬나드와 파타고니아는 우리가 그간 가졌던 시장과 비즈니스에 대한 생각을 송두리째 바꾸어놓았다. 성장만을 목표로 두지 않는 것, 내가 가진 신념을 지키는 것, 사업은 단지 신념을 지키는 수단일 뿐이라는 것, 더 많은 이들이 사람과 환경에 대해 다시 한 번 생각하게 하는 것. 그것이 바로 이본 쉬나드의 인생이자 파타고니아의 기업 철학이다. 이것이 자연 속에서 얻은 자신만의 통찰, 지혜, 신념 그리고 자기와의 끊임없는 대화에서 그가 발견한 것이다.

이본 쉬나드가 만약 사회의 기대에 부흥하는 삶을 살지 못했던 자신을 자책했다면 오늘의 그는 없었을 것이다. 포기하고 좌절하는 대신 그 해답을 자연에서 얻었다.

그는 자연과의 지속적인 교감을 통해 자신의 삶을 치유하고, 자연에서 정기적으로 재충전한 에너지를 활용해 비즈니스 창의력을 발휘함으로써, 위대한 기업 파타고니아를 설립했다. 또 그 자연을 지키기 위해 사업을 해 나가는 이본 쉬나드, 그는 진정한 간헐적 몰입 경영의 마스터라 칭할 수 있는 인물이다.

정신 의학자 칼 융의
간헐적 몰입의 기술:
퀘렌시아

사람들에겐 누구나 '영혼의 안식처' 같은 것들이 존재한다. 다 큰 성인이라 할지라도 가끔 엄마의 따뜻한 집밥이 생각나고, 어렸을 때부디 함께했던 친구들과 동네의 정겨운 호프집에서 맥주 한 잔을 기울이고 싶은 날이 있다. 사는 게 힘들 때, 사회가 나를 억누를 때, 스트레스로 모든 것을 포기하고 싶을 때 보통 나를 위로할 만한 공간으로 찾아가고 싶을 때가 있다. 예전에 살던 집이나 보통 자신이 행복했던 추억을 간직한 곳이거나 익숙하고 편안한 곳이 그런 공간이다.

사람들의 이런 경향은 동서양을 막론하고 존재한다. 몸과 마음이 지쳤을 때 휴식을 취할 수 있는 자신만의 공간이나, 그러한 공간을 찾는 것을 의미하는 스페인어 '퀘렌시아(Querencia)'가 있다. '애정, 애착, 귀소 본능, 인식처' 등을 뜻하는 말로, 투우(鬪牛) 경기에서는 투우사와의 싸움 중에 소가 잠시 쉬면서 숨을 고르는 공간을 의미한다. 이는 경기장 안에 확실히 정해진 공간이 아니라 투우

경기 중에 소가 본능적으로 자신의 피난처로 삼은 곳으로, 투우사는 절대 퀘렌시아 안에 있는 소를 공격하지 않는 것이 암묵적인 룰이다. 명상에서는 이 퀘렌시아를 '인간 내면에 있는 성소'에 비유하기도 한다. 우리에게도 삶을 살아가는 동안 이런 퀘렌시아와 같은 공간이 꼭 필요하다.

정신의학자 칼 융은 이런 퀘렌시아를 슬기롭게 잘 활용했다.

칼 융은 스위스 취리히 외곽의 호수 근처에 2층짜리 집을 짓고 자기만의 퀘렌시아 공간을 만들었다. 전기도 들어오지 않는 집에서 융은 밤이 되면 석유 램프를 켜고 난로로 난방을 하면서 최소한의 물건들과 함께 생활했다. 그의 집에서 가장 중요한 규칙은 그 누구도 그의 허락 없이 방에 들어갈 수 없게 했다는 점이다. 그렇게 온전히 혼자만의 공간에서 융은 '안식과 창조'의 시간을 보냈다.

강의와 상담으로 눈코 뜰 새 없이 바쁜 시간을 보내던 융이 이런 선택을 한 이유는 무엇이었을까? 당시에는 프로이트의 무의식의 해석 방식이 절대적으로 통용되던 시기였다. 그는 프로이트의 한계를 넘어설 수 있는 새로운 이론 정립을 구상하고 있었는데, 이를 위해 일상적인 공간에서 벗어나 새로운 공간에서 더 창조적으로 몰입히길 원했다. 즉 자신의 삶을 깊이 성찰, 재정비하고 더 나아가 기존의 질서를 넘어 새로운 창조를 위한 방편으로 퀘렌시아라는 방법을 선택한 것이다.

실제로 칼 융은 그의 작은 집, 퀘렌시아 안에서 그만의 명상과 내면과의 대화라는 간헐적 몰입을 통해 깊은 사유와 창조적 능력을 발휘하여 정신 의학 분야의 세계를 바꿀 만큼 독창적인 분석 심리학이라는 새로운 지평을 연다. 칼 융의 선택은 분주하고 시끄러운 일상적인 환경을 벗어나 자기성찰과 쇄신의 공간 속에서 온전한 몰입을 통해 창조적 도약을 이루기 위한 최선의 방편이었던 것이다.

내가 하버드대 케네디 스쿨에서 공부할 때의 일화를 소개하려한다.

당시 교내 최고의 리더십 수업 중 하나로 손꼽히던 수업이 있었다. 바로《하버드 케네디 스쿨의 리더십 수업》의 저자이기도 한 로널드 하이패츠(Ronald Heifetz) 교수의 수업이다. 그는 유대인으로 컬럼비아대와 하버드 의대를 졸업한 정신과 의사이자, 러시아의 명 첼리스트 피아티고르스키와 함께 음악을 공부한 첼리스트이기도 했다. '위기 상황에서의 리더십(Leadership on the line)'이라는 수업에서 그는 '신성한 장소(Scared Place)'를 확보하라고 강조했다. 리더로서 몸과 정신을 위한 신성한 장소에서 스스로 내면을 성찰하고, 이를 통해 안목을 발전시킬 수 있는 장소가 필요하다는 것이다. 이것이 바로 내가 로널드 교수에게서 배운 '퀘렌시아'에 관한 수업이었다.

수업을 듣고 나 역시 퀘렌시아를 마련했다. 나의 신성한 장소는 거창한 별장도, 책으로 빼빽한 책장이 있는 그럴듯한 서재도 아니었다. 찰스 강변의 잔디밭이 내게는 퀘렌시아였다. 타국에서 공부하며 겪는 어려움, 학비에 대한 고민, 성과를 내야 하는 것들에 대한 모든 스트레스, 또 늘 어려운 문제인 복잡한 인간관계에 나도 번아웃이 된 적이 한두 번이 아니었다. 그럴 때마다 작지만 풍요로운 나만의 퀘렌시아를 찾았다. 유학 준비 중의 스트레스 관리를 위해 시작했던 태극권을 찰스 강변에서 수련하면서 스트레스와 잡념들을 흘려보냈던 것이다.

찰스 강 물결이 흐르듯이 내 몸의 자연스러운 흐름을 따라, 세상사를 내려놓고, 온전히 호흡에 주의를 기울이며, 태극권의 한 동작, 한 동작을 매끄럽게 이어나간다. 움직이며 행하는 명상이며 선禪이라 해서 '동선(動禪)'이라 불리기도 하는 태극권을 마치고 난 후에는 스트레스로 흥분했던 마음이 가라앉고 머릿속이 한결 정리된 느낌이었다.

대단한 깨달음을 얻은 것도, 막연히 모든 것이 다 잘 될 거란 근거 없는 믿음을 가진 것도 아니었다. 다만 나를 괴롭히는 쓸모없는 것들, 가령 내 힘으로 어쩔 수 없는 타인의 평가 같은 것들에 대해 내려놓는 법을 알게 되었고, 눈앞에 닥친 일들의 진정한 우선순위가 명확해졌다. 그런 명료해진 마음을 기반으로 나는 묵묵히 앞으로 나아갔다. 또 어떤 때엔 좋은 아이디어들이 떠오르기도 했다.

그렇게 내게 찰스 강변의 잔디밭은 무거워진 몸과 마음을 덜어내는 곳이었고 마음의 안식처가 되어 주었다.

당신은 어떤가? 이런 신성한 장소, 퀘렌시아, 나를 위한 온전한 휴식 공간이 존재하는가? 현기증이 느껴질 만큼 빠르게 변화하는 세상이다. 스마트폰과 불필요한 인간관계, 주된 일과 상관없이 벌어지는 다양한 변수들 앞에서 머릿속은 그 어느 때보다도 산만해진다. 이러한 환경 속에서 살아가는 우리에겐 칼 융보다 더 퀘렌시아가 필요한 상황일지도 모른다. 앞서도 말했지만 그의 별장처럼 근사한 공간이 필요한 것은 아니다. 주말을 이용해 숲으로 여행을 가는 것도 좋고, 조용히 머무를 수 있는 시골에 작은 공간이 있다면 쉽게 나만의 안식처를 만들 수 있다. 그것도 여의치 않다면 집이나 사무실의 특정한 공간이나 자주 가는 카페도 좋다. 퇴근길 버스의 맨 뒷자리도 상관없다. 특정한 장소를 선택했을 때 익숙하고 편안한 마음이 든다면, 안정을 찾을 수 있는 곳이라면 어떤 공간이라도 좋다.

그러한 공간에서 지친 몸과 마음을 추스르면 된다. 음악을 들어도 좋고, 아무런 생각을 하지 않는 것도 좋다. 자신이 몸과 정신의 에너지를 재정비할 수 있도록 보살피면 된다. 퀘렌시아는 자기반성과 쇄신의 공간이다. 분주하고 시끄러운 일상적 공간을 피해 잠시 자신의 내면을 조용히 들여다보며 마음 깊은 곳에서 이상과 목표를 다시 확인하고 에너지를 재충전할 수 있는 틈입(闖入)의 시공간이 당신에게 필요하다.

무한 경쟁의 시대, 사람과의 경쟁을 넘어 이제 AI와의 경쟁까지 고민해야 하는 시대다. 마치 원시 시대 우리 조상들이 맹수들에게 쫓기며 생존에 급급하며 살아갔듯이 24시간 스마트폰과 컴퓨터에 쫓기며 쉴새없이 살아가는 우리는 투우장에 내던져진 것보다 더 심각한 상황일지도 모른다. 전구가 발명되기 전까지 사람들은 원하지 않을 경우에도 쉴 수밖에 없었지만 지금은 밤도 대낮처럼 환해졌다. 이로 인해 우리의 교감 신경은 과거 선조들과는 비교할 수 없을 만큼 자주 자극받고 활성화되고 있다.

스마트폰의 끊임없는 알람 소리, TV, 라디오, 어디나 밝게 켜져 있는 도시의 화려한 조명들이 인간의 교감 신경을 쉴 새 없이 자극한 결과, 우리는 많은 시간을 맹수에 쫓기는 원시인처럼 '투쟁-도피 반응'을 하며 긴장의 연속으로 살아가고 있다. 이에 반해 부교감 신경은 철저하게 억압당하고 이로 말미암아 재생과 휴식의 기회를 박탈당하며, 투우장의 소보다도 긴장을 하며 살아가고 있는지도 모른다.

우리 대부분은 이런 현대 문명 가운데 한국 사회에서 당당한 성인이 되기까지 투우장의 소보다 더 치열한 경쟁과 삶을 살아왔을 것이다. 이제 그런 우리에게도 투우사의 눈을 피해 잠시 쉴 공간이 절실히 필요하다. 이 안전한 시공간에서 교감 신경과 부교감 신경의 균형을 회복하고, 우리가 타고난 자연적인 생명력의 리듬을 다시 회복할 수 있어야 한다. 이것은 당연한 우리의 권리이자 삶의 원동력이기 때문이다.

마이크로소프트사의
비밀 무기:
빌 게이츠의 생각 주간

세계 초일류 기업인 마이크로소프트사의 창립자이자, 수십 년간 전 세계 부호 1순위를 차지했고, 세상에서 가장 영향력 있는 사람 중 한 명으로 손꼽히는 빌 게이츠도 한계를 가진 한 인간이기에 최근엔 그의 그림자와 관련된 이슈도 있었지만 그럼에도 인류의 문명을 진보시킨 그의 공적을 부인하기는 어려울 것이다.

그간 그와 관련된 여러 가지 성공 비결들을 무수히 많은 매체에서 다루었지만, 나는 간헐적 몰입의 관점에서 빌 게이츠의 '생각 주간(Think Week)'에 특별히 주목해 보고자 한다.

2019년 넷플릭스는 빌 게이츠에 대한 궁금증을 해소하기 위해 '인사이드 빌 게이츠'라는 다큐멘터리를 제작했다. 다큐멘터리는 사업가 그리고 인간 빌 게이츠의 생각, 생활 그리고 궁극적인 삶의 목표를 담고 있다. 성공한 이들이 늘 그러하듯 일상적인 생활에 있어서 빌 게이츠는 시간 관리에 엄격한 사람이었다. 5분 단위로 시간을 나누어 계획을 세우고, 회의 시간은 1분도 어기지 않는다. 시간을 이렇게 소중하게 생각하는 그도 조금 특별한 시간을 가지는데, 바로 '생각 주간'이다.

이 '생각 주간'에 그는 워싱턴 북서부 지역의 아름다운 올림픽 산지가 내다보이는 호젓한 호숫가 별장에 홀로 머물면서, 마이크로소프트사의 직원은 물론, 친구나 가족들과 같이 가까운 사람들도 만나지 않는다. 융의 경우처럼 오직 홀로 시간을 보내는 것이다. 이 기간에 접촉이 가능한 사람은 오직 하루 두 차례 음식을 준비해 주는 관리인뿐이다.

빌 게이츠는 일상과 단절된 공간을 확보해 스스로 고독을 선택했다. 이런 고독이 오히려 깊은 몰입에 빠질 수 있도록 돕는 것이다. 너무 많은 것과 연결된 자신을 강제적으로나마 차단시키고 그 시간 동안 최첨단 과학이나 신기술 관련 도서, 그리고 현재 자신이 가진 문제들을 해결해 줄 관련 논문들을 읽으면서 깊이 사색하고 정보들을 융합해 자신과 회사의 미래를 계획한다. 또한 숲과 자연으로 둘러싸여 있는 주변을 여유롭게 거닐며 신선한 숲 공기를 마시며 심신의 회복의 과정을 거쳤다. 그런 행위는 신체적으로는 교감 신경과 부교감 신경의 조화로운 균형은 물론, 정신적 긴장과 스트레스를 줄여 주어 그가 마이크로소프트사의 새로운 창조적 혁신의 방향을 제시하는 데 엄청난 도움이 되었다. 앞서 살펴본 칼 융처럼 빌 게이츠도 '생각 주간' 동안 자신만의 퀘렌시아에서 편안하고 깊은 몰입을 통해 참신한 아이디어와 탁월한 통찰을 이끌어냈다. 그리고 바로 이것이 마이크로소프트사를 세계 최고의 기업 중 하나로 우뚝 서게 한 비밀 무기였던 것이다.

미국을 대표하는 건축 평론가인 세라 윌리엄스 골드헤이건 (Sarah Williams Goldhagen)이 《공간 혁명》에서도 언급한 것처럼, 실제로 공간은 인간의 정신과 역량까지 좌우하는 아주 중요한 요소가 된다. 책에서는 실제로 공항 근처에 사는 어린이들의 학습 능력과 인지 기능이 저하되는 사례를 들면서 인간에게 고요하고 쾌적한, 더불어 자연과 함께하는 환경이 얼마나 중요한 부분인지를 일깨운다.

빌 게이츠가 호숫가 별장에서 보낸 '생각 주간'을 통해 이룬 대표적인 성과는 다음과 같다. 1995년, 마이크로소프트사는 사업 방향을 웹 브라우저로 바꿈으로써 당시 인터넷 브라우저 시장이 1인자였던 넷스케이프를 따돌리고 1위로 등극했을 뿐 아니라, 그 이후에 태블릿, 온라인 비디오 시장에 진출했던 것도 바로 이 연 2회의 '생각 주간'이 탄생시킨 작품들이었다.

직장인들은 공감하겠지만 일상적인 직장에서 머무르는 동안은 깊은 몰입의 시간을 갖기란 쉽지 않은 일이다. 특히 다양하고 중대한 의사결정들을 해야 하는 자리라면 더욱 그러할 것이다. 빌 게이츠는 자신과 회사를 오늘에 머무르게 하지 않기 위해서는 지속적으로 회사의 방향을 결정해야만 했다. 빌 게이츠가 세계에서 가장 위대한 창업가로 또 수많은 경험을 가진 경영 구루라는 것을 부정할 사람은 없지만, 그런 그에게도 사생활이 있고 자신만의 시간이 필요하다. 그런 시간을 갖기 위해, 휴식과 더불어 개인의 성장도 멈추지 않기 위해 선택한 것이 바로 '생각 주간'이라고 할 수 있다.

아마도 빌 게이츠만큼 바쁜 현대인들도 비슷한 어려움에 직면했으리라 생각된다. 대부분 너무 많은 연결, 너무 많은 정보, 너무 많은 관계에 피로감을 느낀다. 이 때문에 정말로 자신에게 중요한 것이 무엇인지, 내가 원하는 것이 무엇인지에 대해 놓치고 있다. 정작 남의 삶을 관찰하느라 자신의 중요한 시간들은 놓치고 있는 경우도 있다. 이런 상황에서 빌 게이츠의 생각 주간은 우리에게 많은 것을 시사한다.

지금까지 빌 게이츠가 '생각 주간'을 통해 마이크로소프트사에 이룬 성과는 이미 충분한 설명이 된 것 같다. 그런데 게이츠는 일에만 그 시간을 사용하지는 않은 것 같다. 그가 세운 '빌 앤 멜린다 게이츠 재단'은 노블리스 오블리주를 실천하는 비영리 재단으로 세계의 많은 문제들을 해결하고자 노력하고 있는데, 재단은 세계의 환경, 의료, 미래 에너지 등을 연구해 세계인이 적절한 구호와 혜택을 받을 수 있도록 돕는 것을 목표로 한다. 게이츠의 이런 사회 공헌 사업은 사회 활동가였던 그의 어머니와 전 부인 멜린다의 영향을 받았다고 하며 그가 재단을 세운 이후에는 '생각 주간'에 재단 사업에 관련된 논문이나 책을 더 많이 보았다고 한다.

빌 게이츠는 '생각 주간'을 회사를 세계 최고의 기업으로 만드는 시간으로 활용하였음은 물론 자신이 진정 원하는 것을 사유하는 시간으로도 활용했다. 자신의 마음을 한곳에 집중시켜 진정한 자신을 만나고 이후에 인간 빌 게이츠로서 나아가야 할 방향을 깊이

숙고했던 것이다.

아마 모두가 빌 게이츠처럼 특별한 공간을 마련하기는 힘들 것이다. 게다가 가족들 없이 1주일간 홀로 보낼 수 있는 시간을 확보하기도 만만치 않은 일이다. 그렇다면 빌 게이츠의 시간 관리 방법에서 힌트를 얻어 보자. 1년에 두 번 일주일, 그러니까 총 2주라는 이 시간을 삶에 촘촘히 나누어서 쓰는 방법이다. 자신의 시간 계획표에 짧지만 '생각 시간'을 추가하는 것이다. 점심을 먹고 회사 주변을 산책하는 것은 게이츠의 '생각 주간'을 아주 미니멀하게 실천할 수 있는 방법이 된다. 저녁 시간에는 손님이 없는 카페에서 조용히 앉아 하루를 정리하고 평소에 관심 있었던 분야의 책을 읽는 것도 좋겠다. 약간의 백색 소음을 배경으로 책을 읽다 보면 갑작스런 아이디어가 나올 수도 있고 의외로 마음의 평온이 찾아오기도 할 것이다.

희대의 즐거운 괴짜 부자
사히토 히토리:
즐거운 수행 여행

　　　　　　　책추남TV, '책 추천해 주는 남자' 유튜브 채널 구독자들로부터 가장 사랑받는 작가 중 한 명인 사이토 히토리는《1퍼센트 부자의 법칙》,《괜찮아, 다 잘 되고 있으니까》,《부자의 운》,《돈의 진리》등의 저서를 펴낸 한국에서도 꽤 유명한 작가다. 그는 베스트셀러 작가이기도 하지만 그보다 일본에서 수년 간 사업 소득 납세액 1위를 기록하는 거부(巨富)로 더 유명하다. 큰 부자임에도 사이토 히토리에 대해 알려진 정보는 거의 없다. 건강식품 제조회사인 '긴자 마루칸(銀座まるかん)'이라는 기업의 창업자라는 것을 제외하고 그에 대해 거의 알려진 것이 없어서 '베일에 쌓인 부자'라고 불리기도 한다.

　　사이토 히토리는 보통 유명한 경영인이라면 밟았을 법한 명문 대학교나 MBA의 엘리트 코스를 마친 사람은 아니다. 그는 도쿄의 한 세탁소 집 아들로 태어나 중학교 졸업 후에 트럭 운전사나 페인트공으로 일하기도 하였다. 그런 그가 어떻게 이런 일본을 흔들 큰 부자가 되었을까? 이제부터 베일에 싸인 은둔형 부자인 사이토 히토리에 대해 알아보자.

그는 놀랍게도 한 달에 한 번 회사에 나올까 말까 하며 많은 시간을 자신만의 수행 여행을 즐기는 '한량 중의 한량'이었다. 다시 말해 그도 파타고니아의 이본 쉬나드처럼 간헐적 몰입 경영의 천재인 것이다. 나는 사이토 히토리가 간헐적 몰입을 본능적으로 제대로 이해하고 몸소 실천하고 있는 인물이라고 생각한다. 그는 '인생, 편하고 행복하게!'를 테마로 내걸고 철두철미하게 이를 지키며 행복한 삶을 영위하는 동시에 타의 추종을 불허하는 엄청난 성과를 제자들과 함께 즐겁게 성취해 나가고 있기 때문이다.

《가진 것이 없다면 운으로 승부하라》는 시비무리 에미고가 쓴 책으로, 이 저자는 사이토 히토리의 첫 제자이자, 사업가이기도 하다. 그녀는 자신의 저서를 통해 사이토 히토리에 대해 언급했는데, 은둔의 고수라는 소문대로 그를 사무실에서 본 적이 별로 없다고 전했다. 그만큼 그가 회사에 머무르는 시간이 적다는 것을 의미한다. 그녀는 히토리가 한 달에 한 번도 회사에 나오지 않을 때도 자주 있다고 말한다. 회사에 출근하는 시간 대신 히토리는 종종 여행을 떠나며, 그가 무엇을 하는지는 잘 알려져 있지 않다고 한다.

그런데 이렇게 신비의 베일에 쌓인 인물인 사이토 히토리가 여행을 하는 동안 무엇을 하는지 직접 밝힌 적이 있다. 바로 자신의 저서 《1퍼센트 부자의 법칙》을 통해서다. 그는 여행을 하면서 '관음참배(觀音參拜) 수행'을 한다고 밝혔다. 관음참배는 33곳의 관음성지를 돌면서 소원을 빌고 기도하는 것을 뜻하는데, 그는 이것이 자신의 유일한 취미라고 설명했다. 그는 관음참배를 하면서 몸과 마음이 이완된 상태에서 자신이 원하는 바를 소리 내어서 말하는데, 이 과정을 통해서 원하는 소원을 잠재의식에 스며들게 하는 동시에 '진정한 자신', 즉 본서의 '간헐적 몰입의 세 번째 원리인 가짜 나 vs 진짜 나의 원리'에서 함께 살펴본 참된 나를 이해하게 된다고 한다.

유명 기업의 경영자가 기업 경영의 아이디어를 얻기 위해 참배와 함께 소원을 말한다는 것이 참 엉뚱해 보일지도 모르겠다. 하지만 사이토 히토리는 관음참배 수행을 엄격한 수행이라고 말한다. 무려 33곳을 돌며 이런 수행을 반복하는 것은 심신이 지치고 피곤한 일이기 때문이다. 하지만 관음참배 수행을 하는 동안 심신은 이완되고, 이러한 뇌파 상태에서 내뱉는 말은 잠재의식에 직접적으로 전달되어 그 소원이 자연스럽고 효과적으로 이루어지게 한다. 사이토 히토리는 이러한 간헐적 몰입 수행으로 얻은 아이디어로 일본 최고 부자의 자리에 오르게 된 것이다. 즉, 그는 관음참배라는 간헐적 몰입을 통해서 앞서 말한 제로 포인트 필드에 접속해 최고의 아이디어들을 이끌어내 이를 기업 경영에 활용하고 있는 것이다. 앞서 언급했던 그의 말을 다시 한 번 인용해 본다.

"우주의 중심에는 매우 거대한 힘이 있다. 그리고 그 중심과 사람의 마음은 직접 연결되어 있다. 모든 지혜는 우주의 중심에 놓여 있다. 이해할 수 없는 일이 있거나 문제를 해결하고 싶을 때는 우주의 중심으로 그 지혜를 찾아가면 된다. 갑자기 어떤 아이디어가 떠올랐다면, 이는 우주의 중심에서 보내준 선물이다."

그는 또한 인생에서 가장 중요한 것은 '진동수를 떨어뜨리지 않는 것'임을 강조하며, 삶 가운데 즐거움이 넘칠 수 있도록 다양한 파티와 같은 여러 장치들을 많이 마련해 두어 높은 진동수가 유지될 수 있도록 섬세하게 신경을 쓴다고 한다.

어떤 면에서 기업가이기 전에 사이토 히토리는 자신과 함께하는 이들을 사랑으로 돌볼 줄 알고 또한 스스로를 돌아볼 줄 아는 수행자처럼 느껴지기도 한다. 하지만 그가 고행을 하는 수행자는 아니다. 오히려 수행을 즐겨야 한다고 강조한다. 그의 저서《1퍼센트 부자의 법칙》에서 이런 생각을 잘 나타내었는데 그 내용을 함께 살펴보면 다음과 같다.

"세상에는 '이 세상'과 '저 세상'이 있다. 저 세상에는 천국과 지옥이 있다. 사람은 천국으로 가기 위해 이 세상에서 수행을 한다. 수행이라는 말을 들으면 왠지 고통스러운 체험처럼 느껴질 것이다. 하지만 사실은 고통스럽게 수행한다고 해서 천국에 가는 것이 아니다. 즐거운 마음으로 수행해야 한다. 나 또한 다른 사람들 눈에는 놀고 있는 것처럼 비칠지 모르지만 동시에 수행을 쌓고 있다. 이런 방식을 '유행(遊行)'이라고 부른다. 모든 수행(修行)이 놀이(遊)라는 의미다. 이 세상 모든 만물의 현상은 수행이고 놀이다. 노는 것을 주체로 삼는 수행이라고도 말할 수 있다. 하지만 사람들은 대부분 회사나 가정에서 지나칠 정도로 진지하게 행동한다. 지나치게 진지하기 때문에 사소한 문제에도 눈꼬리를 치켜뜨며 화를 낸다. 일을 놀이라고 생각하면 어떤 문제가 발생한다고 해도 화를 낼 필요가 없다."

이쯤 되면 그의 커다란 성공은 그의 주목적이었다기보다는 그저 이런 즐거운 유행 과정에서 주어진 선물처럼 느껴진다. 그가 수많은 책에서 늘 강조했던 것은 자신처럼 부자가 되는 비결은 얄팍한 기술이 아닌 '절대적으로 긍정적인 삶의 태도와 진정한 자신과의 만남'에 있다는 것이다. 간헐적 몰입을 통해 얻은 그의 지혜이자 성공의 비결이 바로 그것이기 때문이다.

금수저를 물고 태어난 것도 아니고, 어엿한 경영 수업을 받았던 적도 없다. 그렇다고 대단한 재능이 있었던 것도 아니다. 하지만 그는 간헐적 몰입으로 편하고 즐거운 삶을 진지하게 추구하는 가운데 이끌어낸 지혜들로 자신은 물론 주변을 즐겁게 만든 멋진 간헐적 몰입 경영의 마스터인 것이다.

사이토 히토리는 우리가 쉽게 범할 수 있는 '잘못된 노력'에 대해 주의해야 한다고 강조한다. 그것은 바로 억지로 열심히 노력하는 것이다. 즐거움이 없는 고통을 억지로 참아가며 하는 노력은 하지 말라고 말한다.

내가 브랜드 컨설팅 기업의 총괄 부사장으로 일하던 시절 수도 없이 목격하며 답답해했던 사실은 많은 이들이 무조건 밤샘 작업을 하면서 열심히 하면 좋은 아이디어가 떠오를 거라 착각한다는 것이다. 졸린 눈을 비비며 억지로 일하는 것은 건강에도 좋지 않을 뿐더러 두뇌 회전을 방해한다. 이런 식으로는 절대로 좋은 아이디어가 떠오를 수가 없다. 몸과 정신의 에너지의 흐름을 악화시켜 놓은 상황에서 어떻게 좋은 아이디어가 끌어당겨질 수 있겠는가?

사이토 히토리는 오히려 비즈니스를 성공시키는 가장 귀중한 자산과 최고의 무기는 간헐적 몰입을 통해 즐거운 생활을 할 때, 그래서 몸과 마음의 편안히 이완되어 있을 때 불현듯 떠오르는 아이디어나 지혜와 영감이라고 강조하며 다음과 같이 덧붙인다.

"노력을 미덕으로 삼는 성실한 사람은 열심히 연구를 한다. 하지만 궁극적으로 멋진 아이디어는 순간적인 번뜩임에서 얻을 수 있다. 전혀 고통스럽지 않은 편안한 상태에서 떠오르는 아이디어가 가장 바람직하다. 이는 즐거움을 동반해 준다. 반면에 고통스러운 상태에서 떠오른 아이디어는 제아무리 멋진 것이라 해도 고통밖에 안겨 주지 않는다."

간헐적 몰입 경영의 마스터 사이토 히토리는 우리 안의 미운 오리새끼인 에고로부터 연유하는 잘못된 반성이나 노력을 매우 경계했다. 그는 인생에 힘든 일은 일어나지 않는다는 강한 믿음을 가지고 엄청난 긍정 에너지를 뿜어내면 자신뿐 아니라 주변 모두를 행복하게 만들어 줄 수 있다고 말하며 그 자신부터 그렇게 살아가고 있다. 그는 진정으로 즐겁게 사는 멋진 천재 사업가이다.

여행이란 것은 그 자체만으로도 삶을 살아가는 데에 큰 에너지가 되기도 한다. 일상에서 잠시 벗어나 새로운 환경을 만나고 경험하는 것이 실제로 자신의 삶 곳곳에서 큰 영향력을 발휘하기도 한다. 흔히 말하는 견문을 넓힌다는 것이 여행의 주목적이 되기도 하니 말이다. 그러나 조금 더 깊숙한 내면의 여행을 한 번 시도해 보길 권한다. 사이토 히토리식의 여행이 바로 그것이다. 누구나 다 아는 추천 장소, 꼭 먹어 봐야 할 맛집, 기념품들처럼 틀에 박힌 여행 방식에서 조금 벗어나는 것이다. 멋지고 대단한 여행지가 아니어도 괜찮다. 비싸고 근사한 곳은 제외한다. 살고 있는 근방도 좋고 살면서 한 번도 가보지 못한 고요한 곳도 좋다. 관음참배 수행은 아니라도 디지털 기기와 잠시 작별하고, 대신 그동안 읽고 싶었던 책 한 권과 함께 아날로그 여행을 떠나 보자.

치열한 업무 공간에서의 나와는 잠시 거리를 두고, 자연 속의 나, 내면 깊은 곳의 나와 만나는 시간을 가져 보자. 그 여행의 시간을 홀로 보내면서 오롯이 자신에게만 집중해 보는 것이다.

제로 포인트 필드에 연결하다:
니콜라 테슬라

전기 자동차 '테슬라'가 등장하기 전까지 니콜라 테슬라라는 과학자의 이름을 자주 들어보지는 못했을 것이다. 그는 발명왕 에디슨이 영원한 경쟁자였고 에디슨이 죽을 때까지 질투할 만큼 뛰어난 천재성을 지닌 물리학자이자, 전기 공학자, 발명가였다.

테슬라는 세르비아계 유대인 출신으로 미국으로 이주했는데 190cm가 넘는 훤칠한 키에 외모도 준수했을 뿐만 아니라 천재성 또한 대단했다. 그로 인해 뉴욕 사교계에서 많은 여성들의 마음을 훔치기도 했다는 일화도 있다. 그러나 그는 평생 독신을 고집했고 '발명의 귀공자, 혹은 전

1890년경, 30대 중반의 니콜라 테슬라

기의 마법사'라고 불리기도 했다.

오늘날 쉽게 사용하고 있는 교류 전기 시스템이 있다. 운전할 때 흔히 듣는 라디오나, TV 리모콘, 형광등, 거리에 반짝이는 네온 사인까지. 이제 너무나 자연스러운 이런 문명의 혜택들이 바로 테슬라의 천재적 발명에서 비롯되었다. 실제 니콜라 테슬라는 1930년대 유력한 노벨 물리학상 후보에 올랐으며, 그의 발명에 대해서는 미 FBI가 감시 명령을 내릴 만큼 그는 주목을 받았던 천재 중의 천재였다. 오죽하면 그를 '외계에서 온 과학자'라고까지 불렀을까? 신도 마사아키는 저서 《니콜라 테슬라, 과학적 상상력의 비밀》에서 테슬라의 발명의 특징은 이미지나 상징 체계, 신체 감각을 활용한 직관과 영감에 기초를 두고 있다고 말하며, 테슬라의 천재적 상상력의 비밀을 엿볼 수 있는 다음과 같은 사례들을 소개한다. 그가 세상에 내놓은 여러 발명품 중에 교류 모터의 아이디어는 간헐적 몰입의 기술 중 하나인 산책을 통해 나왔다고 한다. 1882년 겨울, 테슬라가 친구인 아니탈 시게티(Anital Szigeti)와 공원을 산책하면서 괴테의 '파우스트(Faust)'의 한 구절을 암송하고 있을 때, 아이디어가 번쩍 떠올랐고 그는 바로 멈춰 서서 곁에 떨어져 있던 나뭇가지로 땅에다 그림을 그리고 큰 소리로 외쳤다고 한다. "이것이 바로 내 모터야!" 이때 테슬라가 영감을 통해 발견한 원리는 '회전자계'라고 불리며 교류 시스템의 기본 원리가 되었다. 이 원리를 응용한 다상 유도 모터는 지금도 가장 대중적으로 쓰이는 교류 모터로, 공장의 동력에서부터 선풍기나 세탁기의 모터까지 폭넓게 이용되고 있다.

테슬라의 큰 업적 중 하나는 슈만 공명(Schumann Resonance)을 최초로 주장했던 것이다. 슈만 공명이란 앞서 살펴보았듯이 1950년 독일의 물리학자 빈프리트 오트 슈만이 명명한 전리층에 존재하는 7.83Hz의 공명의 주파수를 뜻한다. 지상에서 약 160킬로미터 정도 떨어진 하늘에 이 전리층이라는 것이 존재하는데, 대기 중에 다양한 진동 주파수와 전파가 그 사이에 존재한다는 것이 그의 이론이다. 슈만 공명이라는 이름이 명명되기도 전에 이미 테슬라가 이를 알아낸 것이다.

또, 테슬라는 요즘 많은 사람들이 다양한 건강 요법으로 사용하고 있는 고주파 요법의 창시자이다. 고주파가 근육을 자극해 혈액순환을 활발히 하는 효과를 가지고 있기 때문에 마사지와 같은 효과를 기대할 수 있을 뿐 아니라, 성장 촉진 및 육체를 넘어 정신 치료에도 효과가 있음을 발견한 테슬라는 스스로 매일 '고주파욕'을 일과로 삼기도 했다.

테슬라는 매일 연구소에 도착해 상반신을 벗은 채로 고주파 장치의 스위치를 켰다. 방전으로 인한 찌릿찌릿한 느낌이 바짝 긴장되어 있던 몸을 감싸 연일 계속되는 가혹한 연구로 지쳐 있던 심신에 활력을 불어넣어 피로를 말끔히 회복시켜 주었다. 1895년 과실로 화재가 나 연구소가 타버렸을 때도 낙담에서 그를 구해 준 것은 고주파의 정신 활성 효과였다고 한다.

실제로 《뉴욕 헤럴드》 인터뷰를 통해 우울하고 기운이 없을 때 효과가 탁월한 이 고주파 치료에 대해 극찬하기도 했다. 그는 이 전기를 '위대한 의사'라고 칭할 정도로 몸과 마음의 활력을 많이 얻었다고 말했다. 그는 간헐적 몰입의 일곱 번째 원리인 '공명 원리'에 깊은 이해를 가지고 있었고, 공명과 공진 현상을 바탕으로 테슬라 코일이나 무선 전력 운송 시스템, 우주에서 에너지를 뽑아내는 무한 에너지 장치에 대한 아이디어를 제시하기도 했다. 그 당시 이미 텔오토마톤이라고 이름 붙인 무선 원격조종 로봇도 인간을 우주적인 공진 기계로 간주한 데서 태어난 발명이었다.

일반인에 비해 예민한 신체 감각을 가졌던 테슬라는 인간의 육체가 우주의 톱니바퀴에 맞물려진 기계이며, 우주의 신체라고 주장했는데 테슬라 전기 작가 마거릿 체니(Margaret Cheney)는 테슬라가 다양한 주파수의 전자파가 발산하는 우주적 하모니에 매료되어 전자파 탐구에 매진했던 것이라고 말했다. 그것은 그가 이 우주적 음악의 명지휘자 내지는 명연주자였던 것을 의미하는 것만은 아니다. 무엇보다 그 자신이 우주적 하모니의 공명기, 즉 우주의 악기로서 그 음악의 일부가 되었던 것이다. 그것이 바로 테슬라의 천재적 발명의 핵심 비결이었다.

앞에서도 인용하였듯이 간헐적 몰입의 핵심 통찰인 제로 포인트 필드에 대해 그는 이미 100년 전 다음과 같이 말했다.

"나의 뇌는 리시버 수신기일 뿐이다. 우주에는 우리가 지식, 힘과 영감을 얻을 수 있는 핵이 있다. 나는 이 핵의 비밀을 이해하지 못했다. 하지만 나는 그것이 존재한다는 것을 안다. 만약 이 우주의 비밀을 발견하기를 원한다면 에너지, 주파수 그리고 진동에 대해 생각하라."

테슬라는 간헐적 몰입의 첫 번째 원리인 '대극의 원리'를 활용한 자신만의 독특한 간헐적 몰입 리추얼을 가지고 있었다. 그는 매일 정오에 연구실에 도착하자마자 모든 창문의 블라인드부터 내렸다. 그리고 어둠의 깊이를 확인이라도 하려는 듯 소파에 걸터앉아 마음속을 가득 채우고 있는 이미지와 아이디어들을 떠올리고 그 느낌들을 음미했다고 한다. 훗날 함께 일했던 직원의 증언에 의하면, 정오의 어둠을 사랑했던 테슬라는 딱 한 번 블라인드를 올린 적이 있었다고 한다. 맨해튼이 큰 폭풍우를 만나 깜깜한 하늘에 번개가 번쩍이던 때, 평소에도 혼잣말을 하는 버릇이 있던 그는 알 수 없는 말을 중얼거리며 어두운 하늘을 한없이 바라봤었다고 한다. 테슬라는 이렇게 자신만의 독특한 간헐적 몰입 리추얼을 활용해 제로 포인프 필드에 연결함으로써 획기적인 아이디어와 탁월한 통찰을 이끌어내고 이것을 천재적인 발명품들로 창조했던 것이다.

천재 화가 살바도르 달리: 무의식을 그리다

작은 슈퍼나 마트에 가면 어린이 눈높이에 아주 화려한 디자인으로 이목을 끄는 사탕이 있다. 바로 '츄파춥스'다. 노란 꽃 안에 빨간 폰트로 츄파춥스라고 쓰여 있어 바로 눈에 띄기도 하고, 원색의 색감이 더 두드러지게 보이기도 하는데, 1958년에 만들어져 지금까지 전 세계 아이들의 사랑을 받고 있다. 이 작은 막대사탕의 디자인은 살바도르 달리(Salvador Dali)의 솜씨로 만들어졌다. 츄파춥스의 창업자였던 엔리크 베르나트(Enric Bernat)와 친분이 있던 살바도르 달리가 함께 커피를 마시다가 엔리크 베르나트가 디자인에 대한 고민을 하자 그 자리에서 냅킨에 그려준 디자인이 지금까지 이어져 오고 있다.

막대사탕으로 어린이의 마음까지 사로잡은 살바도르 달리는 무의식 세계를 표현하는 신비하고 몽환적인 화풍으로 유명한 스페인 태생의 초현실주의 화가다.

독특한 수염으로 유명한 살바도르 달리의 모습

위로 솟은 수염을 기른 특이한 외모와 기인에 가까운 행동으로 유명한 살바도르 달리 역시 간헐적 몰입의 달인이기도 하다. 그는 예술 역사상 그 유례를 찾을 수 없을 정도로 탁월한 퍼스널 브랜드 전략을 구사했을 뿐 아니라, 무대 장치, 영화, 의상과 보석 디자인 등 다방면으로 예술적 재능을 펼쳐낸 자타공인 당대 최고의 스타 화가였다. 그는 스스로를 피카소보다 몇십 배나 훌륭하다고 주장했고 자신을 '세상의 배꼽'이라 부를 만큼 충만한 자신감으로 살아왔던 인물이다.

그의 작품 세계를 이해하기 위해서는 우리가 잠들 때 나타나는 무의식의 세계인 '꿈'을 빼놓을 수 없다. 달리는 그림을 그리기 전 수면 활동부터 진짜 그림을 그리는 작업이 시작된다고 주장했다.

살바도르 달리는 잠든 시간을 그저 무의미하게 보내는 시간으로 여기지 말고 그 안에 담긴 무의식의 세계와 진지하게 만나기를 권했다. 실제로 그는 프로이트의 정신분석학을 탐독하고, 프로이트를 직접 만나기도 했으며, 프로이트의 초상을 그려 선물할 정도로 그의 영향을 많이 받았다. 이런 영향으로 '무의식 세계'를 통해 초현실주의라는 자신의 예술 세계를 창조했던 것이다.

살바도르 달리는 다른 예술가들과는 달리 대단히 체계적인 간헐적 몰입 방식으로 창조적 영감에 접근했다. 무의식 세계인 꿈에서 나타나는 다양한 이미지들을 탐구하면서 그 안에 존재하는 잠재력과 창의력에 불을 붙인 것이 그만의 독특한 창작 방식이었다.

달리는 "그 잠든 시간이야말로 각성된 의식 상태에서는 절대 인간적으로 해결할 수 없는 복잡 미묘한 기술적 문제들이 영혼의 아주 깊고 은밀한 곳에서 대부분 해소되는 시간"이라고 말하며 수면을 체계적으로 활용했다. 달리는 꿈속의 이미지에 접근하는 기술 즉, 무의식이 이미 만들어 놓아서 일깨우기만 하면 되는 통찰력을 '열쇠가 달린 잠'이라고 부르기도 했다. 그는 '각성과 수면을 분리시킬 수 있는 보이지 않는 긴장의 끈'으로 균형을 맞춤으로써 무의식에서 얻은 창의력과 의식의 기억력 모두에 접근할 수 있는 상태에 도달하게 된다고 말했다.

달리는 작품의 창작을 위해 스페인풍의 팔걸이가 달린 편안한 의자에 앉아 샴페인을 한잔하면서 낮잠을 즐겼던 것으로 잘 알려져 있다. 여유롭고 낭만적인 느낌마저 드는, 어쩐지 예술가와 잘 어울리는 휴식 방법이다. 그는 이 시간을 통해 자신의 작품 활동에 큰 도움을 받았다고 말했다. 달리는 편히 의자에 앉아 큼직한 열쇠를 손에 쥐고 바닥에는 금속 접시를 하나 두곤 했다.

그리고 낮잠에 빠지는 순간 왼손의 엄지와 검지 두 손가락 사이에 잡았던 열쇠를 놓치게 되면 금속 접시 위로 열쇠 떨어지는 소리에 잠에서 깨는데, 이때 기억나는 이미지를 기록으로 남기는 방식을 반복하면서 무의식으로부터 작품에 관한 아이디어와 통찰력을 얻는다고 말했다. 실제로 이 잠깐의 달콤한 휴식 시간은 달리의 작품 창작에 큰 도움이 되는 간헐적 몰입의 방법이었던 것이다.

달리를 연구한 버나드 이웰(Bernard Ewell)에 의하면 달리는 "상상력이 매혹적인 뭔가를 떠오르게 하는, 형언할 수 없는 이미지들을 만들어 내는 동안 그 흐름에 자신을 내맡기고 함께 흘러가곤 했다."고 한다. 달리는 이와 같은 독특한 간헐적 몰입의 기술로 수많은 초현실적 이미지들을 포착했고, 이를 자신의 예술 작품에 적용해 초현실주의 거장으로 성장했다. 달리는 자신의 저서 《마법의 예술적 정신의 50가지 비밀(50 Secrets of Magic Craftsmanship)》에서 독자들에게 이 선잠 방식은 자연스러운 것은 아니라며 "화가는 이러한 최면적 선잠을 자려면 오랜 시간 연습이 필요하다."라고 말했다. 꿈은 손에 잡히지 않는 무의식 속 깊은 곳에 자리한 창의력을 제공해 주지만 창조적이고 생산적인 꿈의 활용법은 훈련해야 하는 하나의 기술이라고 본 것이다.

당신에게 '꿈'은 어떤 의미인가? 그날 아침의 기분만 좌우하는 일종의 미신과 같은 꿈해몽으로 하찮게 흘려보내고 있지는 않은가? 꿈을 수동적으로 흘려보내는 것에서 벗어나, 적극적으로 활용하는 것이 우리와 달리의 큰 차이일 것이다.

사실 달리가 "선택할 수 있다면, 하루에 2시간만 활동하고 나머지 22시간은 꿈속에서 보내겠다."라고 말할 정도로 꿈과 자신의 무의식에 깊은 관심을 보였던 것은 개인사에 기인한다. 실제로 자신은 본 적도 없는 죽은 형의 이름을 물려받고, 마치 죽은 형을 대신하는 것처럼 살아야 했던 그는 언제나 부모에게 자신의 존재 그 자체로 인정받길 원했다고 한다. 그는 프로이트의 정신분석학을 통해 개인사로부터 비롯된 정신적 불안을 극복하려 노력했고, 초현실적 작품 세계를 통해 이러한 아픔들을 예술로 승화해 나갔다. "지금 내 최고의 야망은 살바도르 달리가 되는 것"이라고 스스로 말하기도 했던 살바도르 달리는 진정한 자기다움을 찾아 무의식의 세계를 거침없이 탐험하고 표현했던 인생 모험가였다. 달리의 전 생애는 자신의 참된 모습을 찾아가는 영웅의 여정이었다고 할 수 있다. 그리고 이것은 우리 모두가 걸어야 할 자신의 존재론적 물음에 해답을 찾기 위한 삶의 여정이다. 그간 살피지 않았던 나의 무의식의 세계, 진짜 자아를 찾기 위한 여정을 지금 바로 시작할 수 있어야 한다. 살바도르 달리가 무의식과 의식의 세계를 통합하는 간헐적 몰입 방식을 통해 내면 세계를 탐구하고 그것을 자신의 예술 세계에 적극적으로 반영한 것처럼, 우리 역시 자신만의 간헐적 몰입 방식을 택해 더 깊은 자신에게 다가감으로써 더욱 자기답게 성장해야 나가야 한다.

삶을 게임화하라:
제인 맥고니걸

동네 풍경이 많이 바뀌었다. 학교
가 끝나고 아이들 노는 소리로 시끌벅적했던 골목길은 이제 TV에
서나 볼 수 있는 정겹고 그리운 장면이 된 지 오래다. 그 많던 골목
대장들은 다 어디로 갔을까? 1900년대 중반에 컴퓨터가 발명되고
난 다음, 우리가 골목이나 운동장에서 흔히 하던 놀이가 상당 부분
컴퓨터나 스마트폰으로 옮겨가게 되었다. 그리고 '게임'이라는 이
름의 이 놀이는 발전을 거듭해 아이들뿐만 아니라 어른들도 상당
한 수가 게임을 즐기게 되었다.

아직 게임에 대한 장단점, 특히 아동과 청소년에게 미치는 중
독성 등 다양한 의견이 충돌하고 있어 미디어를 통해 전해지는 게
임에 대한 평가는 제각각이다. 컴퓨터로 거의 모든 것을 처리하는,
말 그대로 최첨단 사회이지만 아이를 둔 부모들은 여전히 게임에
대한 판단이 보수적일 수밖에 없다. 정서 발달이나 학습에 나쁜 영
향을 준다는 이유로 선뜻 허락할 수가 없어 늘 스마트폰과 컴퓨터

게임에 대한 통제권을 가지고 실랑이가 벌어진다. 그렇다면 게임은 그토록 유해한 것일까? 다음 사례를 보면 게임에 대한 시각이 조금 바뀔지도 모르겠다.

게임을 통해 심한 뇌진탕 증후군을 극복한 사람이 있다. 《비즈니스 위크》가 선정한 '꼭 알아야 할 10명의 혁신가'이자 MIT 《테크놀로지》 리뷰가 선정한 '과학 기술로 세상을 바꿀 35인의 혁신적 인물'이며 '게임을 하면 더 좋은 세상을 만들 수 있습니다.'라는 TED 강연으로 유명한 게임 디자이너 제인 맥고니걸(Jane McGonigal)이 그 주인공이다.

이토록 화려한 수식어를 가지며 미국은 물론 전 세계에서 주목하는 인물인 제인 맥고니걸은 어느 날 자리에서 일어나다가 장식장 문에 머리를 심하게 부딪치면서 심한 뇌진탕 증후군에 시달리게 되었다. 한 달이 지나도 어지러움과 잦은 기억상실 증상은 그녀를 괴롭혔고, 불안과 우울증과 자살 충동마저 느끼며 증세는 전혀 호전되지 않았다. 4주 동안 인생에서 가장 끔찍한 시간을 보낸 그녀는 자살을 선택하든지, 아니면 스스로 두뇌를 치료하기로 결정하든지 둘 중 하나를 선택하기로 한다.

그리고 실제 현실을 변화시키는 것을 목적으로 하는 '대체 현실 게임(Alternative Game)'의 전문가인 제인 맥고니걸은 그녀의 전문성을 살려 기발한 생각을 떠올렸다. 바로 자신의 전문분야인 게임으로 뇌진탕을 극복할 수 있겠다는 아이디어가 떠오른 것이다. 그녀는 회복 이후 출간한 저서 《누구나 게임을 한다》에서 자신의 회복

過정을 자세하게 소개했다.

우선 제인 맥고니걸은 뇌진탕으로 인해 자신이 하루에 최대로 집중력을 발휘할 수 있는 1시간을 투자하여 뇌진탕 증후군에 관한 의학계의 여러 학술지와 보고서를 연구했다. 그리고 증후군에 관한 모든 상해와 질병에 공통적으로 적용할 수 있는 다음과 같은 3대 극복 전략을 발견했다.

첫째, 낙관적인 태도를 유지하고 목표를 세우며 긍정적인 발전 사항에 집중한다.

둘째, 가족과 친구의 도움을 받는다.

셋째, 증상을 온도계처럼 읽는 방법을 익힌다. 그래야 그때그때 몸과 마음의 느낌을 보면서 활동을 늘려야 할지 줄여야 할지, 아니면 쉬어야 할지 알 수 있으며 조금씩 강도를 높일지를 결정할 수도 있기 때문이다.

이 3가지 전략을 대체 현실 게임에 그대로 적용할 수 있다고 파악한 제인 맥고니걸은, 게임처럼 단계적으로 더 어려운 문제에 도전하고 가족을 포함한 내가 좋아하는 사람과 교류하도록 자신의 삶을 게임으로 설계하기 시작했다. 게임에서 중요한 기반 스토리나, 목표 같은 기본 요소들도 첨가해 자신만의 게임이자 뇌진탕 극복을 목표로 하는 이른바 심신 회복 게임인 '슈퍼 베터(Super Better)'를 완성하여 그녀의 삶에 적용했다. 자신을 슈퍼 히어로로 지정하고 주인공인 배트맨을 옆에서 돕는 로빈과 같은 동료도 정했다.

《스트레스의 힘》의 저자로 유명한 쌍둥이 여동생 켈리 맥고니걸 (Kelly McGonigal)과 남편이 바로 그녀의 든든한 동료가 되었다. 뇌진탕을 극복할 수 있는 다양한 활동들을 슈퍼 히어로 액션으로 설정하여 완벽하게 게임으로 설계했고 그 게임을 통해 뇌진탕 개선을 위한 체계적인 노력을 기울인 결과, 그녀는 성공적으로 뇌진탕을 극복해낸다.

슈퍼 베터는 앞서 말했듯이 심신 회복을 멀티 플레이 모험으로 옮긴 슈퍼 히어로 게임이다. 게임의 목적은 사람들이 잠시라도 육체적인 고통을 잊고 빠르게 회복하거나 만성 질환을 극복할 수 있도록 돕는 것이다. 게임은 아래와 같은 다섯 개의 미션으로 시작한다. 적어도 하루에 하나씩은 수행하기를 권장하므로 일주일도 지나기 전에 모든 미션을 완성할 수 있다. 물론 할 만하다 싶으면 더 빨리 미션을 완수할 수도 있다.

미션 1: 슈퍼 베터, 비밀 신분을 만드시오.
당신은 이 모험의 주인공입니다. 좋아하는 이야기에서 어떤 캐릭터도 고를 수 있습니다. 007, 가십 걸, 트와일라잇, 해리 포터 등 가장 좋아하는 이야기를 선택하십시오. 그들의 초능력을 빌려 당신이 직접 주인공으로 활약할 것입니다.

▲ 제인 맥고니걸은 자신을 '뱀파이어 퇴치사 버피'로 선정해, 뇌진탕 증상을 뱀파이어로 정의하고 이를 이겨가는 영웅으로 설정했다.

미션 2: 동지를 모으시오.
슈퍼 히어로라면 곁에 힘이 되어 주는 동료들이 있기 마련입니다. 가장 의지가 되는 사람들을 택해 함께 게임을 하자고 초청하고, 구체적인 역할을 부탁하십시오. 배트맨은 로빈과 알프레드, 제임스 본드는 M, Q, 미스 머니페니가 필요합니다. '트와일라잇'의 벨라라면 적어도 에드워드, 제이콥, 앨리스 정도는 있어야 합니다. 각각의 친구에게 캐릭터와 관련된 구체적인 임무를 부여하십시오. 상상력을 발휘하고, 필요한 게 있으면 무엇이든 망설이지 말고 부탁하십시오. 그리고 동지 중 적어도 한 사람에게 매일 또는 매주 당신의 업적을 알려 달라고 하십시오. 다시 말해 당신이 최근 슈퍼 히어로로서 거둔 놀라운 성과를 칭찬해 달라고 하십시오.

▲ 제인 맥고니걸은 자신의 쌍둥이 여동생과 남편에게 도움을 요청했다.

미션 3: 악당들을 찾으시오.

이 싸움에서 이기려면 적을 알아야 합니다. 온종일 무엇이 기분을 상하게 하는지 주의 깊게 살펴보고 악당 목록에도 올리십시오. 악당들과 오래 싸울 수 있는 날도 있고 그렇지 않은 날도 있습니다. 그런데 싸울 때마다 대탈주를 하고 싶은 마음이 들 것입니다. 즉 악당의 손에 만신창이가 되기 전에 달아나고 싶어질 것입니다. 악당은 언제든지 발견하는 내로 목록에 추가할 수 있습니다. 한 놈을 완전히 극복하면 목록에서 지우고 그에 대한 영원한 승리를 선포할 수 있습니다.

▲ 제인 맥고니걸은 뇌진탕을 극복하는 것을 방해하는 악당 중 하나를 좋아하는 커피의 카페인으로 정의하고 이를 극복하기 위해 노력하였다.

미션 4: 능력 강화제를 찾으시오.

다행히 당신에게는 초능력이 있습니다. 어쩌면 흔히 생각하는 초능력과는 다를지 모릅니다. 그래도 분명히 하고 나면 금방 기분이 좋아지는 재미있는 일들이 있을 것입니다. 그 능력을 목록으로 만들고, 악당들이 이기려고 들면 언제든 활용할 수 있게 준비하십시오. 그렇습니다. 날마다 능력 강화제를 있는 대로 다 모으십시오!

▲ 제인 맥고니걸은 능력 강화를 위한 노력으로 후각을 강화하려고 애썼다. 자신이 좋아하는 향수 매장에 가서 샘플 10개를 가져와서 향을 느끼고 향기의 변화를 구별하는 방법을 익혔다.

미션 5: 슈퍼 히어로의 할 일 목록을 만드시오.

모든 미션을 다할 수 있는 것은 아니지만 큰 꿈을 가져서 나쁠 것은 없습니다. 목표를 목록으로 만드십시오. 지금 당장 할 수 있다고 확신하는 것부터 아프기 전에는 꿈에도 생각 못했던 것까지 무엇이든 괜찮습니다. 단, 자부심을 느끼고 강점을 뽐낼 수 있는 것이어야 합니다. 날마다 발전해서 목록에서 할 일을 하나씩 지울 수 있도록 노력하십시오. 동료들에게 도움과 조언을 구하는 것도 잊지 마십시오.

▲ 제인 맥고니걸의 슈퍼 히어로의 할 일 목록 중에서 가장 쉬운 일은 동네 사람들에게 쿠키를 구워 주는 일이었고, 가장 어려운 일은 자신의 저서인 《누구나 게임을 한다》를 마무리하는 일이었다.

출처: 《누구나 게임을 한다》 중에서

제인 맥고니걸의 슈퍼 베터(https://www.superbetter.com)는 무료 앱으로 누구나 컴퓨터나 스마트폰에 쉽게 다운받아, 자신만의 간헐적 몰입 전략을 재미있게 실생활에 활용해 볼 수 있다.

앞서 살펴보았듯이 인간에게 있어 놀이와 게임은 깊은 몰입을 이끌어내는 간헐적 몰입을 위한 최고의 방법 중 하나이다. 이미 게임 외적인 분야에도 문제 해결, 지식 전달, 행동 및 관심 유도 등 게임의 메커니즘을 접목시킨 '게이미피케이션(Gamification)'은 세계적인 메가 트렌드가 되었다. 혁명이라고까지 일컬어지는 메타버스의 부상과 더불어 게이미피케이션은 더욱더 우리의 삶에 강력한 영향을 줄 것으로 예측되고 있다. 이런 거대한 흐름을 따라 삶의 효과적인 변화와 인간 잠재력의 극대화를 위해 게임을 활용하는 지혜를 삶에 적용해 보길 권한다.

　물론 제인 맥고니걸처럼 큰 문제에만 게임과 놀이라는 간헐적 몰입 기술을 적용할 수 있는 것은 아니다. 매일 보내는 하루 일과에도 같은 방식을 재미있게 적용한다면 그날의 목표를 무리하지 않고도 즐겁게 수행할 수 있다. 물론 중간중간 휴식 시간을 넣어 놓는 것도 잊지 말자. 그리고 혹시나 우리가 살아가면서 뜻하지 않는 상황을 맞이했을 때, 마치 인생을 게임의 퀘스트를 수행하듯 대하면 문제에 압도되지 않고 오히려 생각보다 수월하게 그 상황을 헤쳐나갈 수 있을 것이다. 그러한 가벼운 마음의 대처가 오히려 생각지도 못한 돌파구를 만들어 줄 수 있다.

에너지 활용 시스템의 달인: 스콧 애덤스

이제까지 본서를 통해 자신만의 리듬에 따라 삶을 살아가는 것이 얼마나 중요한지에 대해 설명했다.

자연 본연의 리듬에 맞춰 사는 것이 너무나 쉽고 당연하다 생각할 수도 있다. 하지만 인간의 감정과 생각은 언제나 요동치는 파도와 같아 때때로 삶의 방향 감각을 잃게 만든다. 그래서 애초에 계획한 대로 시간을 제대로 사용하지 못하는 것은 물론, 늘 조급한 마음으로 전전긍긍하며 하루를 보내게 되는 경우를 종종 경험하게 된다. 그런데 자신의 리듬에 맞춰 에너지를 투자하는 시스템을 활용하여 성공과 행복이라는 두 마리 토끼를 동시에 잡은 사람이 있다. 바로 세계적인 만화가 스콧 애덤스다.

스콧 애덤스는 지난 30여 년 동안 세상 사람들에게 가장 많이 읽힌 연재만화 중 하나인 《딜버트》의 작가다. 평범한 회사원인 딜버트의 험난한 회사 생활을 시니컬한 유머로 풀어낸 이 작품은 전 세계 직장인들의 공감을 얻어 무려 65개국 2,000여 개 신문사에 실리는 엄청난 성공을 거두었다. '딜버트'가 세계 최초의 직장인 만화였다는 장점이 이러한 대성공을 이뤄냈지만 실패로 가득찬 인생을 보냈던 스콧 애덤스가 갑작스럽게 이러한 성공을 한 이유는 바로 자신만의 특별한 '에너지 활용 시스템'을 활용한 데 있다.

스콧 애덤스는 앞서 설명한 대로 세상 누구에게도 뒤지지 않을 만큼 많은 실패와 좌절을 경험한 사람이었다. 목소리가 잘 나오지 않아 3년 넘게 말을 제대로 못했으며, 새끼손가락에 경련이 일어나기도 했다. 오랫동안 근무했던 회사에서 해고당했으며, 수많은 사업에 실패하기도 했다. 그러던 어느 날 애덤스는 비행기에서 만난 어떤 CEO로부터 '목표가 아닌 시스템을 지녀야 한다'는 말을 처음으로 듣게 된다. 그리고 목표를 세우는 것과 열심히 하는 것에 집중했던 자신의 삶이 실패한 이유를 알게 되었다.

스콧 애덤스는 개인적 에너지를 극대화하기 위해 어떻게 시간대에 따라 활동들을 배치하고 이를 시스템화하는지가 삶의 성패를 좌우한다는 깊은 깨달음을 얻었다. 이후 애덤스는 자신의 삶을 '에너지 관리'에 모든 초점을 맞추고 생활했다.

그는 《딜버트》 작업을 가장 효율적이고 생산적으로 처리하기 위해 하루 동안 자신이 어떤 시간에, 어떤 업무를 잘 수행해 내는지 면밀히 관찰했다. 늦은 오후에 스토리를 짜는 창의적 활동을 시도했지만 그때 나오는 아이디어는 어딘가에서 본 듯한 쓸모없는 것이 대부분이었다. 그러나 이른 아침에는 자신이 괜찮은 아이디어가 떠오르는 창의적 모드가 된다는 것을 알게 되었다. 그렇게 면밀히 자신을 관찰한 후 일과표를 만들었는데 아침 6시에 스토리를 만들고 점심 때가 되면 간단하게 식사를 하고 테니스나 헬스클럽에서 운동을 한 다음 오후 2시가 되면 《딜버트》의 마무리 작업을 하거나 혹은 인터넷 청구서를 처리하는 등 기계적이고 단순한 업무들을 수행했다.

애덤스는 이런 규칙적인 일과로 하루 동안 자신의 에너지를 최고의 질로, 최대로 활용할 수 있도록 시스템을 디자인한 덕분에 30여 년간 번아웃 없이 새로운 소재를 만화에 끊임없이 담을 수 있게 된 것이다.

애덤스는 저서 《더 시스템》에서 이처럼 에너지를 분배하고 사용하는 것이 마치 회사가 예산을 관리하는 것과 동일한 것이라고 설명했다. 회사가 예산과 관련된 크고 작은 결정들을 하게 되면 그것은 회사의 기준이 되고, 이는 다시 다른 조직 전체에 영향을 미치게 되는 것처럼, 이런 체계적이고 통합적인 '매니징'은 개인에게도 동일하게 적용할 수 있다고 말한다. 그렇기 때문에 보다 장기적 관점에서 큰 시야를 가지고 개인 삶의 에너지를 관리해야 한다고 강조한다.

우리가 흔히 아는 큰 성공을 거둔 사람들 역시 애덤스와 마찬가지로 에너지 관리에 대한 깊은 이해를 바탕으로 자신의 에너지 활용을 극대화할 줄 아는 이들이었다. 스티브 잡스와 마크 저커버그가 매번 같은 옷을 입는 것도 우선순위에서 중요하지 않은 일에 소진되는 에너지를 최소화하기 위함이었다. 애덤스는 일의 우선순위를 정하는 기준 또한 '에너지'라는 단 하나의 기준에 집중했다. 에너지 최적화라는 방침에 따라 일의 우선순위를 결정하다 보면 수행해야 하는 모든 일의 관리가 매우 쉬워졌기 때문이었다. 그리고 애덤스는 이 '에너지'를 신체적, 정신적으로 우리에게 기운을 북돋아주고 즐겁게 해 주는 무언가라고 정의했다. 스콧 에덤스는 에너지 극대화를 위해 기본적으로 지켜야 할 룰을 만들었는데 올바른 식사와 운동과 더불어 불필요한 스트레스를 피하고 충분한 수면을 취하는 스케줄을 '시스템화'해서 정확하게 지켰다.

"패자는 목표를 세우고, 승자는 시스템을 만든다."

애덤스는 자신의 성공 비결을 위의 한마디로 정의했는데 보다 적은 에너지로 최대한의 효과를 내는 자신만의 '간헐적 몰입 시스템'을 이만큼 완벽하게 표현할 문장은 없다고 생각된다.

그가 아침에 스토리를 구성하는 일을 일과표에 넣은 이유도 일어나자마자 가장 신나는 일을 하기 위해서였고, 자신이 보다 수월하게 수행할 수 있는 과제를 적절한 시간에 배치한 이유도 매일 작은 성공을 여러 번 경험하면서 긍정적인 마인드를 유지하기 위해서였다. 자기 행복의 범위 최고점에서 보내는 시간을 최대한 늘리고 최저점에서 보내는 시간을 되도록 줄일 수 있도록, 자연스러운 에너지의 흐름을 극대화시키기 위해 에너지 활용 시스템을 지혜롭게 디자인한 것이다. 자신만의 간헐적 몰입 시스템의 장점에 대해 스콧 애덤스는 《더 시스템》을 통해 다음과 같이 설명했다.

> "만약 누군가 내년 토요일 아침 6시 20분에 뭘 하고 있을 거
> 냐고 내게 물어본다면 평일에 그린 만화의 마무리 작업을 하
> 고 있을 거라 대답할 것이다. 지난주 토요일 아침 6시 20분
> 에도 나는 그 일을 하고 있었고, 다음 주 토요일에도 같은 일
> 을 할 계획이다. 아침에 일어나서 그날 뭘 해야 할지 생각하
> 던 때가 마지막으로 언제였는지 기억도 나지 않는다. 기상
> 후 적어도 몇 시간만큼은 나는 언제나 같은 일을 한다. 아침
> 6시 5분에는 늘 바나나 하나를 먹고, 6시 10분에는 커피 첫
> 모금을 마시고, 점심시간까지 허기를 달래줄 단백질 바를 먹
> 는다. 아침에 일어나서 언제 무슨 일을 해야 할지 고민하느
> 라 뇌세포를 낭비하지 않는다. 한 시간이면 끝낼 일을 하나
> 하나 계획하고 결정하느라 두 시간을 허비하는 사람이 당신
> 주위에도 있을 것이다. 그런 사람들과 나를 비교해 보라. 내
> 가 더 행복하다."

인간은 삶에 선택지가 너무 많을 때 오히려 불행해진다고 한다. 많은 선택지 하나하나를 모두 조사하고 잘 따져 봐야 할 것 같은 기분이 들고, 선택 후에는 선택하지 않은 것들을 더 매력적으로 바라보게 되며, 하지 않은 일을 더 후회하며 자신의 선택을 의심하게 되기 때문이다. 다른 선택지에 대한 아쉬움과 의심은 어쩌면 합리

적인 생각일 수도 일겠지만, 너무나 많은 선택지들은 오히려 삶의 행복을 방해할 수도 있는 것이다. 그래서 스콧 애덤스처럼 시스템을 활용해 수많은 선택지가 존재하기 마련인 삶을 단순화하는 것이 중요하다. 정해진 시간에 정해진 과제를 수행함으로써 삶을 단순화시킬 때, 오히려 삶의 건강한 리듬이 만들어질 수 있는 것이다. 이와 같이 시스템을 통해 영적, 정신적, 감정적, 육체적으로 효과적이고 효율적인 에너지 활용을 추구하는 것은 행복한 삶을 위한 훌륭한 지혜가 되어 줄 것이다.

마지막으로 애덤스의 성공 8계명을 소개한다.

1 올바른 식사를 하라.

2 운동하라.

3 충분한 수면을 취하라.

4 설사 믿지는 않더라도 멋진 미래를 상상하라.

5 유연한 스케줄을 가질 수 있도록 노력하라.

6 지속적으로 성장할 수 있는 것을 하라.

7 자신을 다 도운 다음에 다른 사람을 도와라.

8 매일 내려야 하는 결정을 일상적인 규칙을 통해 줄여라.

쓰러지고 나서
수면 전도사가 된
아리아나 허핑턴

온라인 미디어계의 판도를 바꾼 혁신의 아이콘으로 불리는 아리아나 허핑턴(Arianna Huffington), 그녀는 그리스에서 태어나 영국 케임브리지 대학 커튼 컬리지를 졸업하고 《여성(The Female Woman)》이라는 책을 출간하며 작가로서 성공하게 된다. 이후 13권의 책을 출간했을 뿐만 아니라 다양한 분야에 저널리스트로 활동했으며 마이클 허핑턴(Michael Huffington) 공화당 상원의원과 결혼하여 워싱턴 정계에 입문한 뒤에는 날카로운 통찰이 돋보이는 논객으로 활약하면서 저명인사가 되었다.

그러나 직접 정치에 출마해 정치인으로 거듭나려던 시도는 실패했고 그녀 나이 55세에 자신이 가장 자신 있는 분야에 다시 도전하기로 한다. 2005년에 만든 블로그 기반의 뉴스 미디어 기업 '허핑턴 포스트(The Huffington Post)'가 그것이다.

'허핑턴 포스트'는 출발 즉시 반응이 뜨거웠으며 2009년 페이스북과 연계 서비스를 시작하면서 언론계의 거대 기업인 《워싱턴 포스트》보다 많은 방문자수를 기록하며 세계 최고의 미디어 기업 중 하나로 자리매김했다. 직원 단 세 명으로 시작해 6년 만에 3억 1500만 달러 상당의 가치로 성장한 회사가 되었고 신생 기업으로 서, 그것도 보수적이고 국가 간 문턱이 높은 언론계에서 10여 년 동안 16개국에 진출한 성공적인 스타트업으로 2012년 온라인 매 체로는 최초로 보도 부문 퓰리처상을 수상하기도 했다. 이로 인해 아리아나 허핑턴은《타임》지가 선정한 '세계 100대 영향력 있는 인 물'에 두 차례나 선정되었으며 2011년에는 미국의 디지털 미디어 기업인 AOL(America Online, Inc.)에 1,500만 달러에 매각하는 잭팟 을 터트렸고 허핑턴의 편집장으로 업무를 지속할 수 있었다. 그만 큼 그녀의 영향력은 막강했다.

이것이 우리가 흔히 아는 그녀의 화려한 성공 스토리이다. 그러 나 그녀는 회사를 성장시키기 위해 수년간 하루 18시간을 일에 매 진해야만 했다. 게다가 두 아이를 양육하는 일마저 병행해야 했기 에 '슈퍼우먼'과도 같은 삶을 소화해야만 했다. 회사의 지속적인 성 장을 위해 매일 연속되는 회의에, 수백 통의 이메일과 여러 가지 업무를 처리하며 글까지 써야 했다. 직책에 맞게 허핑턴에게 주어 진 일이었기에 어느 하나 소홀히 할 수도 없었다. 하지만 감당할 수 없는 과도한 스케줄을 몇 년간 지속하던 어느 날 결국 일이 터 지게 된다.

아리아나 허핑턴은 피를 흥건히 흘린 채 홈 오피스의 바닥에 쓰 러지고 만다. 책상에서 일어서려다 책상 모서리에 머리를 부딪쳤고 눈가가 찢어졌으며 광대뼈가 부러졌다. 과로와 수면 부족으로 인한 탈진이었다. 뇌종양을 의심하여 여러 의사를 찾아다니며 진단을 받았지만, 다행히 건강에 별다른 문제는 없었다. 병원 침대에 누워 검사를 기다리는 시간 동안 허핑턴은 자신이 정말로 제대로 된 삶을 살고 있는지에 대해 자문하게 된다. "남들이 부러워하는 삶을 살고 있고, 나 자신도 만족하는 성공을 이루었는데 왜 항상 불안하고 피곤하며 끝없는 스트레스 속에서 살아야 할까?"

세상의 기준으로 그녀의 삶은 모든 면에서 성공한 인생임에는 분명했으나, 무엇인가 잘못되었음을 온몸으로 깨닫게 되는 계기를 마주하게 된 것이다. 사고 이후 허핑턴은 '잘 사는 것'에 대한 답을 찾기 위해 주변의 많은 구루들을 만나 여태껏 자신이 추구하던 삶에 문제가 있다는 것을 깊이 깨닫고 행복한 삶에 대해 다시 생각하게 되었다. 그리고 그녀가 이러한 뼈아픈 경험을 통해 집필한 《제3의 성공》이라는 책을 통해 돈과 권력으로는 행복을 살 수 없음을 강조하며, 새로운 제3의 성공을 위한 4개의 기둥을 다음과 같이 제시한다.

첫째 기둥은 명상과 마음챙김을 통한 웰빙, 둘째 기둥은 직관과 내면의 지혜를 활용하는 능력, 셋째 기둥은 경이로움을 느끼는 여유, 넷째 기둥은 다른 사람과 공감하고 조건 없이 베푸는 마음이다.

2016년 허핑턴은 허핑턴 포스트의 모든 직함에서 물러나 웰빙과 건강 콘텐츠 스타트업 회사 '스라이브 글로벌(Thrive Global)'를 설립했다. 존 피치(John Fitch)와 맥스 프렌젤(Max Frenzel)은 《이토록 멋진 휴식》에서 그녀가 만든 조직의 운영 방식에 주목한다. 허핑턴은 이 조직을 통해 '성공이란 곧 번아웃이라는 종착역에 다다르는 것'이라는 잘못된 성공 공식에 마침표를 찍으려 노력했다. 일하는 방식을 바꾸려 노력한 것이다. 이를 위해 먼저 '스라이브 타임(Thrive Time)'이라는 간헐적 몰입 시스템을 도입한다. 스라이브 타임이란 과도한 업무 이후에 회복과 재충전의 시간을 갖는 것이다.

업무의 강도가 개개인마다 다르듯, 재충전되는 시간도 모두에게 다르게 적용된다. 단 몇 시간일 수도 있고, 하루 종일 혹은 누구에겐 하루 이상의 긴 시간이 적용된다. 그리고 이 스라이브 타임은 휴가나 병가, 기타 유급휴가에 포함되지 않는 보장된 휴식의 시간이다. 관리자의 권유로 스라이브 타임을 쓰는 경우도 종종 있다고 한다.

아리아나 허핑턴은 자신의 과거 삶의 패턴을 되짚어 보면서 바쁜 일정을 유지하기 위해 잠을 자지 않았던 '수면 부족'이 가장 큰 문제 중의 하나였음을 깨달았다. 수면 부족으로 말미암아 깨어 있는 동안 늘 무질서와 혼돈, 스트레스가 함께 한다는 사실을 알게 되었고, 그녀 스스로 '잠'에 대해 광범위한 연구를 시작했다. 이를 통해 아리아나 허핑턴은 우리가 실패하는 이유는 노력 부족이 아니라 수면 부족 때문이라는 중대한 결론에 이르게 된다. 이와 같은 연구를 바탕으로 《수면 혁명》이라는 책을 집필한 그녀는 숙면의 유익함과 요령들을 다음과 같이 소개한다.

매일 7시간 이상 자면 주의력과 집중력이 높아지고 기억도 더 선명하게 입력된다. 뇌는 우리가 자는 동안에만 뇌 속 유해한 화학물질과 독소를 청소하는 기능이 활성화된다. 심장마비, 뇌졸중, 당뇨, 비만 등 온갖 질환이 일어날 가능성이 낮아진다. 수면 시간을 늘리면 피로 수치가 떨어지고 몸의 반응 시간도 빨라진다. 뿐만 아니라 정신적 에너지가 유지되고, 스트레스에 대처할 힘을 갖게 된다. 등교 및 수업 시작 시간을 늦추자 학생들의 성적과 주의력이 올라갔다. 일본에서 실시한 한 연구에 따르면 일찍 잠드는 학생 그룹은 새벽 늦게 잠드는 학생 그룹보다 자신을 더 좋아한다고 응답한 비율이 더 높았다. 즉 자존감과도 상관관계가 있다.

이렇게 유익한 잠을 최대한 지혜롭게 실생활에 적용할 수 있도록 허핑턴이 제시한 수면 혁명 10계명은 다음과 같다.

1 매일 7~9시간을 자라.

2 침실은 어둡고 시원하게 유지하라.

3 훌륭한 베개와 잠옷이야말로 남는 투자다.

4 잠들기 30분 전부터는 전자 기기를 사용하지 마라.

5 침실 주변에서 스마트폰을 충전하지 마라.

6 과식과 늦은 식사를 피하라.

7 잠들기 전 따뜻한 물로 샤워하거나 목욕하라.

8 간단한 스트레칭이나 요가, 명상 등으로 몸과 마음을 잠으로 유도하라.

9 침대에서는 절대 일이나 공부를 하지 마라.

10 '오늘의 감사 목록'을 작성하는 것으로 하루를 마감하라.

이민자, 정치인, 언론인 등 다양한 경험의 스펙트럼과 최고의 성공을 거두었음에도 그녀가 최종적으로 다다른 삶의 행복은 '균형 잡힌 삶'이라는 점에 주목해야 한다. 특히 가장 원초적인 욕구인 잠의 중요성에 대해 내린 결론은 더 이상 밤새워 죽어라고 일하는 것이 성공의 지름길이라는 생각, 잠을 시간 낭비나 게으름의 상징으로 여기는 생각은 이제 물러날 때가 되었다는 것이다.

아리아나 허핑턴뿐만 아니라 인간에게 잠의 중요성은 이미 많은 과학자들이 수십 년에 걸쳐 연구한 주제이기도 하다. 인간이 잠을 자는 이유에 대한 수많은 연구 결과가 공통적으로 내린 결론은 크게 3가지로 요약할 수 있다.

첫 번째는 신체와 뇌의 회복과 치유다. 앞서 살펴보았듯이 우리 몸의 송과선은 낮 시간에 생성된 세로토닌을 감지하며 멜라토닌으로 전환하는 작업을 한다. 멜라토닌은 인체에 분비되는 모든 호르몬 중에 최상위 호르몬으로 효과가 높은 항산화제이다. 멜라토닌은 인간의 생체 시계에 따라 몸을 회복시켜 항상성을 유지하도록 기여하고 있다. 그리고 성장호르몬 역시 수면 중에 증가하는데 손상된 세포, 조직의 회복을 담당한다.

2013년 미국 로체스터 대학 마이켄 네더가드(Maiken Nedergaard) 교수팀 역시 인간이 활동하는 동안 뇌에 쌓인 노폐물이 자는 동안 뇌 밖으로 능동적으로 배출된다는 사실을 《사이언스》지에 발표했다.

앞서 뇌파에 대해 설명한 것처럼 잠을 자는 동안 뇌세포 사이의 공간에 뇌척수액이 통과하면서 노폐물을 씻어 내는 것이다.

두 번째는 정보처리 기능이다. 잠은 뇌가 낮 동안 수집한 정보를 정리하는 시간이다. 뇌에는 신경세포를 서로 연결하는 시냅스라는 것이 존재하는데 낮 동안은 엄청난 양의 시냅스 연결이 관찰되지만 수면 상태에서 스스로 그 연결을 끊어낸다. 불필요한 경로를 차단하며 정보를 처리하는 것이다. 단 20퍼센트 정도의 시냅스는 계속 유지되는데 이것은 장기적으로 필요한 정보나 기억이다.

세 번째는 정서적 안정감이다. 멜라토닌은 신체 리듬 회복에 있어 가장 큰 영향을 주는 호르몬이자 대표적인 항우울 호르몬이다. 멜라토닌은 새벽 2시부터 5시까지 가장 분비가 활성화되는 시간으로 알려져 있는데 우리가 수면을 잘 운용한다면 신체는 안정적으로 회복되고 회복된 신체는 정서적 안정감을 가져다 준다. 정서적 안정감은 자존감을 높여 주어 자신이 하는 일에 대해 보다 능동적인 태도를 만들어 준다.

인식의 변화 가운데 수면 혁명 트렌드는 세계적으로 퍼져나가고 있다. 허핑턴 포스트 사무실을 비롯해 구글, 나이키, 자포스 등 세계 유수의 기업들에서 수면실을 마련했고, 의료계, 스포츠계, 호텔업계에서도 수면 혁명은 진행 중이다. 아리아나 허핑턴의 삶에 대한 가치관의 변화는 그동안 출간한 책을 살펴보면 단번에 알아차릴 수 있다. 그녀가 한창 자신의 회사를 만들고 키울 때 낸 책은 《담대하라, 나는 자유다》이다. 해당 책에서 그녀는 전 세계 여성들에게 여자라면 누구나 한 번쯤 경험했을 법한 두려움을 이겨내고 자신만의 삶을 당당하게 살아 나가라고 한다. 그리고 무리한 일정으로 인해 건강에 적신호가 온 후, 진정한 행복이 무엇인지에 대한 탐구가 담겨 있는 《제3의 성공》을 출간했고, 마지막으로 가장 최근 출간한 《수면 혁명》은 잠이 성공과 행복에 지대한 영향력을 가지고 있다는 것을 설명했다.

고도로 발전하고 있는 기술 문명과 과로를 동반하는 번아웃 증상이 성공하기 위해 필수적이라는 집단적 최면이 만연하는 시대에서 우리의 소중한 수면은 끊임없이 위협받고 있다. 나도 어렸을 때부터 부모님과 학교로부터 '3당 4락'이라는 말을 들으며 잠을 줄여 공부해야 한다는 압박에 얼마나 시달렸는지 모른다. 학창 시절 그 압박감과 불안감 속에서 불을 제대로 끄고 자 본 일이 없을 정도였다. 하지만 이제는 더이상 밤새 공부하고 일하는 것만으로는 건강한 성공에 이를 수 없음을 잘 안다. 인간의 창의성이 무기가 되는 새로운 시대에 들어선 이상, 잠을 단지 시간 낭비나 게으름의 상징으로 여기는 어리석은 생각에서 벗어나야 한다. 4~5시간만 자도 7~8시간 충분히 잤을 때와 다름없이 일할 수 있다는 생각은 크나큰 착각이기 때문이다. 허핑턴은 주석만 약 70페이지 1,200여 개

에 달하는 방대한 자료, 다양한 사람들의 폭넓은 이야기와 경험을
바탕으로 한 연구를 통해 단도직입적으로 말한다. 규칙적이고 충
분한 숙면이 진정한 성공과 번영으로 귀결된다고. 잠은 모든 생명
활동의 중심에 있는 '허브'이며 잠을 잘 자는 것이야말로 건강, 학
습, 생산성, 성과, 관계, 성공 등 모든 문제의 궁극적인 해결책이라
고 말이다. 잠을 잘 때 우리는 깨어 있는 동안 받았던 번민과 근심,
스트레스로부터 해방된다. 잠을 잘 자면 신경이 안정되어 더욱 지
혜로워진다. 그녀는 이것이 바로 새로운 시대의 성공 비결, 즉 전
문성과 창조성의 근원이라고 강조한다.

다시 말해 아리아나 허핑턴은 수면이 단순히 일을 더 잘할 수
있도록 도와주거나 심신을 더 건강하고 활기차게 만들어주기 때문
이 아니라, 더 깊은 자아와 교감할 수 있는 유일한 방법이기에 이
특별한 영역을 반드시 지켜야 한다고 결론 내리고 있는 것이다. 아
리아나 허핑턴은 우리 모두가 수면의 모든 신비와 충만함을 깨달
아 수면과의 관계를 새롭게 하고, 수면 혁명에 동참하여 개인의 삶
을, 그리고 우리의 세계를 매일 밤 조금씩 변화시켜 나가야 한다고
강조한다.

4시간 30분,
간헐적 몰입 글쓰기의 성과:
세계적인 베스트셀러 작가,
토니 슈워츠

　　한때 '인간에게 한계는 없다'는 말
이 유행이었던 적이 있다. 유명 영화배우 이소룡의 말이 스포츠 브
랜드의 광고에 등장하면서 마치 그 말이 사실처럼 받아들여졌는
데, 이것은 인류와 문명의 발전이라는 거시적 의미와 영적 성장이
라는 의미에서는 맞는 말이다. 하지만 그저 평범한 대부분의 사람
들은 정신적, 신체적으로 여러 제한된 한계 속에서 소소한 일상을
살아가게 된다. 본서의 2장에도 에릭슨 박사의 연구 결과를 통해
보통 인간이 온전히 몰입할 수 있는 최대 시간은 하루 4시간 정도
라고 이야기했다.

　　내가 이 책을 집필하면서 가장 많은 영감을 받은 작가 중 한 명
은 토니 슈워츠(Tony Schwartz)다. 그는 기업 성과 관리 컨설팅 회사
인 '에너지 프로젝트'의 창업자이자 CEO이고 전 세계 28개 언어로
소개된 대표작《몸과 영혼의 에너지 발전소》의 작가이기도 하며 이
후에도《거래의 기술》,《무엇이 우리의 성과를 방해하는가》와 같은

월드 베스트셀러들을 집필하였다. 지금은 세계적으로 손꼽히는 에너지 관리 전문가이지만 그도 에너지 활용의 비밀을 깨닫고 이를 마스터하기까지 시행착오를 겪었다고 한다.

토니 슈워츠는 작가란 직업을 가지게 된 초창기에 아침 7시에서 저녁 7시까지 별다른 휴식 시간을 가지지 않은 채 책상에 앉아 꾸역꾸역 글을 썼다. 긴 시간 자리를 지키던 그도 우리의 모습과 별반 다르지 않았던 것이다. 일하는 도중에 딴짓을 하기도 하고 전화가 오거나 다른 급한 일정과 같은 방해들로 인해 글쓰기 작업이 종종 끊기기도 했다. 하지만 그렇다고 다른 뾰족한 수를 알지도 못했고 어차피 완벽하게 집중해서 일을 한다는 것은 불가능하다고 생각했기 때문에 무조건 책상에 앉아 있으면 된다는 태도로 억지로 글을 쓰며, 별다른 성과 없이 육체적으로, 정신적으로 지친 채로 하루를 마무리하곤 했다.

이렇게 효과나 효율성과 관계없이 억지 노력을 쥐어짜며 애를 쓰던 어느 날, 그는 더 이상 글을 단 한 글자도 쓸 수 없는 지경에 이르고 만다. 두려움에 사로잡혀 견딜 수 없어진 토니 슈워츠는 무작정 밖으로 나가 한참 동안 걸었다. 따뜻한 햇살을 맞으며 일에 대한 생각을 내려놓은 채 충분한 산책을 즐긴 그는 집에 돌아와 깊은 잠에 들었다. 그렇게 충분한 휴식을 취하고 다음날 다시 책상에 앉자 다시는 쓸 수 없을 것 같았던 글이 써지기 시작했고 토니 슈워츠는 휴식으로 에너지가 충전되어 글쓰기가 다시 가능하게 되었다는 것을 깨닫게 된다.

그는 그때서야 비로소 충분한 휴식을 해야 더 효과적으로 일을 할 수 있다는 의미가 무엇인지 이해할 수가 있었다. 이후 토니 슈워츠는 잠자는 동안은 물론 깨어 있는 동안에도 우리 몸이 90분을 주기로 상승과 하강을 반복하는 바이오 리듬을 탄다는 '생체리듬 (Ultradian)'에 대한 과학적 연구 결과를 알게 된 후 자신의 글쓰기 방식을 완전히 바꾸게 된다.

그는 철저하게 이 90분의 생체 주기에 맞춘 나름의 간헐적 몰입 글쓰기 시스템을 계발하기 시작했다. 우선 매일 아침 7시에 책상에 앉아 집필을 시작한다. 하지만 그 전과는 다르게 엉덩이를 의자에 무작정 붙이고 앉아 글을 쓰는 방식이 아니라 생체 리듬에 따라 정확하게 90분 간격으로 3회로 나누어 간헐적 휴식 시간을 통해 에너지를 재충전하며 글쓰기를 한다.

토니 슈워츠의 '4시간 30분' 베스트셀러 글쓰기 시스템을 더욱 구체적으로 살펴보면 다음과 같다.

- 첫 번째 휴식 시간에는 요가나 심호흡을 한 후, 아침을 먹는다.
- 두 번째 휴식 시간에는 30~40분 정도 달리기를 한다.
- 세 번째 휴식 시간에는 점심을 먹고 신문이나 재미있는 책을 읽거나 유난히 피곤한 날에는 짧은 낮잠을 잔다.
- 네 번째 휴식 시간까지 가지는 경우에는, 근력 운동이나 명상을 한다. 전화나 이메일처럼 비교적 낮은 집중력으로도 처리할 수 있는 일들은 주로 늦은 오후 시간에 한다.

'4시간 30분' 글쓰기 시스템의 성과는 놀라웠다. 토니 슈워츠가 함께 공저한 《루틴의 힘 2》에 따르면 그가 하루 종일 책상에 앉아 집중하려고 몸부림쳤던 때는 책 한 권을 쓰는데 최소 1년이 걸렸지만, 그가 독자적으로 개발한 간헐적 몰입 시스템을 활용하여 글쓰기를 한 이후로는 하루에 일하는 시간이 절반 이하로 줄었다고 설명했다. 그럼에도 불구하고 집중력과 몰입도는 훨씬 높아졌고 사고의 깊이와 작문 실력도 비약적으로 발전했다고 한다. 결과적으로 이전과 다르게 더 짧은 시간을 투자했음에도 불구하고 6개월도 안 되어서 신작 두 권을 마무리하는 수준에 이르렀다.

사실 프리랜서가 아닌 이상 누구나 토니 슈워츠처럼 하루 4시간 30분을 온전히 확보하는 일이 쉽지는 않을 것이다. 하지만 우리의 신체의 자연스러운 주기에 맞추어 하루에 1시간 30분씩, 1회나 2회 정도 꾸준히 간헐적 몰입을 해보길 권한다. 앞에서 소개했던 뽀모도로 테크닉을 활용해 차근차근 간헐적 몰입을 습관화해 간다면, 여러분이 에너지를 쏟고 있는 분야에서 스스로 놀라운 성과를 확인하게 될 것이다.

이렇게 토니 슈워츠는 개인과 조직의 에너지 전문가답게 그는 자신의 제한된 에너지를 최대화하는 비결을 터득하게 되었고, 에너지 패러다임이 바뀌어 가고 있음을 다음 페이지의 도표로 설명했다.

토니 슈워츠는 사람의 원초적 욕구와 에너지 극대화의 관계성에 관해 많은 사람들에게 전파했는데 개인과 기업이 이 원리를 이

낡은 패러다임	새로운 패러다임
시간 관리	에너지 관리
스트레스 회피	스트레스 추구
인생은 마라톤	인생은 단거리의 연속
휴식은 시간 낭비	휴식은 재생의 시간
성과의 원동력은 '보상'	성과의 원동력은 '목적'
핵심 규칙은 '자기규율(Self-discipline)'	핵심 규칙은 '의식(Ritual)'
긍정적인 사고의 힘	완전한 몰입의 힘

출처: 짐 로허, 토니 슈워츠의 《몸과 영혼의 에너지 발전소》 중에서

해한다면 지속적으로 좋은 컨디션을 유지하면서도 보다 나은 성과를 낼 수 있다고 했다. 그는 《몸과 영혼의 에너지 발전소》에서 모든 차원에서 에너지를 기술적으로 관리할 때 완전한 몰입이 가능하다는 사실을 밝혔는데, 그 4가지 차원은 신체, 감정, 정신, 영적 에너지이다. 그리고 완전한 몰입은 서로 별개지만 연결되어 있는 이 4가지 에너지원을 모두 필요로 한다고 말한다. 4가지 중 어느 하나에 변화가 생기면 연쇄적으로 다른 차원의 에너지에 상호 영향을 미친다. 그리고 가장 기본적인 에너지원은 신체 에너지이고, 가장 중요한 것은 영적 에너지라고 말한다.

이 4가지 에너지원과 능력은 다음과 같이 연결된다.

- 신체적 능력은 에너지 양에 의해 결정된다.
- 감정적인 능력은 에너지 질에 의해 결정된다.

- 정신적인 능력은 에너지 집중에 의해 결정된다.
- 영적인 능력은 에너지 힘에 의해 결정된다.

그리고 최적의 성과를 실현하기 위한 필수 요소는 최대치의 에너지 양, 최고치의 에너지 질, 명료한 에너지 집중, 최대치의 에너지 힘으로 구성된다고 한다.

활력이 넘치는 신체적 몰입 에너지, 잘 조율된 감정적 몰입 에너지, 집중된 정신적 몰입 에너지, 비전과 일치된 삶에서 오는 영적 몰입 에너지가 행복한 성공을 위한 비결인 것이다. 그리고 완전한 몰입을 위한 성공적인 에너지 관리를 위해서는 리추얼을 통하여 에너지의 적절한 양과 방향과 집중도를 계산하고 이를 효과적으로 이끌어낼 수 있어야 한다고 토니 슈워츠는 강조한다.

지금까지 의미 있으면서도 충만한 삶을 즐겁게 살아가고 있는 세계적인 인물들의 놀라운 삶의 성취의 비밀을 함께 살펴보았다. 솔직한 이야기로 평범한 우리가 살아가면서 이런 인물들만큼 '위대한 성취'를 이루며 살아가고 있는 것이 거의 불가능한 일일지도 모른다. 하지만 우리는 어떻게 보면 소박하고 시시해 보일 수도 있는 우리의 삶을 '위대하게' 살아갈 수 있다. 바로 간헐적 몰입을 통해, 내 안의 최고의 나를 일깨워 보자. 진정 나답게 살아가는 나만의 영웅의 여정을 떠나 보자. 애벌레가 나비가 되어 날아오르듯, 내게 주어진 환경과 조건이 어떻든 간에, 그 주어진 한계를 뛰어넘어 나만의 잠재력을 한껏 발휘하며, 나답게, 자유롭게, 충만하게 살아가

는 것, 그것이 우리의 삶을 위대하게 살아가는 참된 비결이라고 믿

으며 책을 마무리 지어본다.

간헐적 몰입의
최적화를 위한 실천 방법

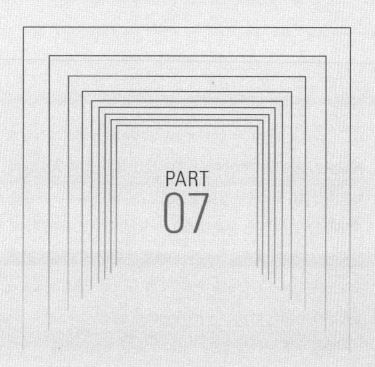

PART
07

의식적 업무와
무의식적 업무

우리는 로봇이나 컴퓨터가 아니기에 오랜 시간 쉼없이 빠른 속도로 작동할 수 없다. 즉 하루 종일 에너지가 동일하게 충분한 상태에서 살아갈 수 없는 한계를 지닌 존재이다. 하지만 우리는 이런 한계를 고려하지 않은 시간 계획으로 인해 시간 관리에 실패하게 된다. 따라서 기계적인 스케줄이 아닌 우리 체내의 시계 유전자의 리듬에 맞춰 하루 스케줄을 계획하고 실행할 때, 최고의 인생을 누리며 살아갈 수 있다.

어떻게 하면 이런 방법이 가능할까? 실행 방법은 매우 간단하다. 각자 자신의 최고의 '황금 시간대'를 찾아 일과 휴식을 배치하면 된다. 내 생체 리듬과 에너지가 최고조에 있을 때, 즉 컨디션이 가장 좋은 시간에는 가장 생산적이고 창의적인 활동을 하고, 에너지가 떨어지는 시간에는 단순 반복적인 일이나 잡무를 처리하거나, 가벼운 마음으로 편안한 휴식을 선택하면 된다. 이렇게 자신이 최고의 활력을 낼 수 있는 시간을 알게 되면 효과적으로 시간을 활용하고 누리면서 만족감으로 충만한 하루를 보낼 수 있다.

캘리포니아 대학교 데이비스 캠퍼스의 두 연구자, 킴벌리 엘스바흐(Kimberly D. Elsbach)와 앤드루 해거든(Andrew Hargadon) 박사는 우리가 처리해야 할 업무 중 의식해서 해야 하는 활동과 무의식적으로도 할 수 있는 활동을 번갈아가며 처리할 때 창의성과 효율성이 최고의 아웃풋을 낼 수 있다는 사실을 발견했다.

이를 육체적 활동에 비유한다면 장거리 마라톤을 완주해야 한다고 가정할 때, 이 장거리 마라톤을 일반적인 마라톤처럼 쉬지 않고 계속 달리는 것이 아니라 단거리를 뛰고 짧게 쉬고, 다시 뛰고 쉬고 하는 식의 단거리 경주의 연속으로 구성하는 것이 인간의 육체적, 심리적인 본성에 적합하다는 의미이다. 《조직 과학(Organization Science)》이라는 저널에 실린 두 연구자의 보고서에 의하면 단순 제조 조립 업무, 복사, 장비 세척, 단순 서비스 업무(포장해체 및 저장) 등을 '무의식적 업무'로 정의했고 문제 해결, 발명 등과 연관된 핵심 과제나 창의력이 요구되는 과제를 '의식적 업무'로 정의했다. 그리고 의식적 업무에서 무의식적 업무로 전환할 때 우리 뇌는 이완된 상태에서 복잡한 문제를 처리할 수 있는 여유를 가지게 되고 다음번 의식적 업무에 필요한 에너지가 충전된다고 한다. 게다가 사람마다 생산성과 효율성이 발휘되는 시간은 각기 다르며 시간의 길이 역시 다르기 때문에 자신의 에너지 수준이 올라가고 떨어지는 시간을 반드시 기록해야 한다. 각자의 고유한 바이오 리듬에 바탕을 둔 일과표에 따라 의식적 업무와 무의식적 업무를 전환하는 스케줄을 배치한다면 누구나 스콧 애덤스나 토니 슈워츠같이 롱런하는 하이 퍼포머(High Performer)에 다가 설 수 있다.

간헐적 몰입을 위한
에너지 리듬 패턴 그리기

본격적으로 간헐적 몰입을 위한 자신만의 에너지 리듬을 파악해 보자.

24시간 동안 자신의 에너지 패턴을 도표로 기록하며 발산하는 전형적인 에너지 파장을 도표로 기록하라. 자신이 어떤 스트레스도 받지 않고 있는 최상의 컨디션이라고 상상해 보라. 이것은 상상에 불과할지 모르지만 매우 유용한 방법이다. 이런 에너지 상태가 자신의 독특한 생체 에너지 리듬을 측정하는 데 도움이 되기 때문이다.

다음의 도표를 보고 1시간 단위로 마련된 빈칸에 자신의 에너지 상태를 수치별로 체크하도록 하라. 깨어 있는 시간 동안 0은 당신의 에너지가 가장 바닥인 상태를 뜻하고, 10은 최상의 컨디션인 상태를 의미한다. 잠든 시간 동안 0은 불면증, 혹은 긴장 상태에서 수시로 잠에서 깨어나는 상태를 의미하고, 10은 가장 깊은 수면을 취하는 상태를 나타낸다. 잠든 시간 동안 에너지 상태를 가늠하기는 쉽지 않지만 언제 잠이 들기 쉽고 숙면의 느낌은 어느 정도는 알 수 있다. 만약 어려우면 그냥 잠자는 시간 동안의 표기는 생략해도 좋다. 24시간 동안에 체크된 지점들을 모두 연결하면 원초적인 당신의 에너지 패턴이 나타난다.

이 도표를 잘 활용하면 자신의 에너지가 상승 곡선을 그리는 곳에서 최고의 몰입이 필요한 활동을 배치하고, 하향 곡선을 그리는 각 단계에서 휴식이나 취미 활동과 같이 심신의 긴장을 풀 수 있는 무의식적 활동을 배치하면 된다.

자신의 에너지 리듬을 완벽하게 파악하게 된다면 하루 종일 일에 치여 우왕좌왕하는 일은 앞으로 없을 것이다. 무리하지 말고 4시간이나 4시간 30분 정도를 최종 목표로 점차적으로 몰입 시간을 늘려가 보자. 필요하다면 뽀모도로 테크닉도 활용해 보자. 그리고 일단 목표 시간 동안 충분히 몰입을 한 후에는 편안히 쉬고, 재미있게 놀면서 에너지를 충전하는 간헐적 몰입 라이프 스타일을 습관화하도록 하라.

➕ 자신의 잠재력을 극대화하기 위해서 다음 페이지의 간헐적 몰입 에너지 도표를 활용하여 전략적으로 휴식과 일을 배치해 보자. ▶▶▶

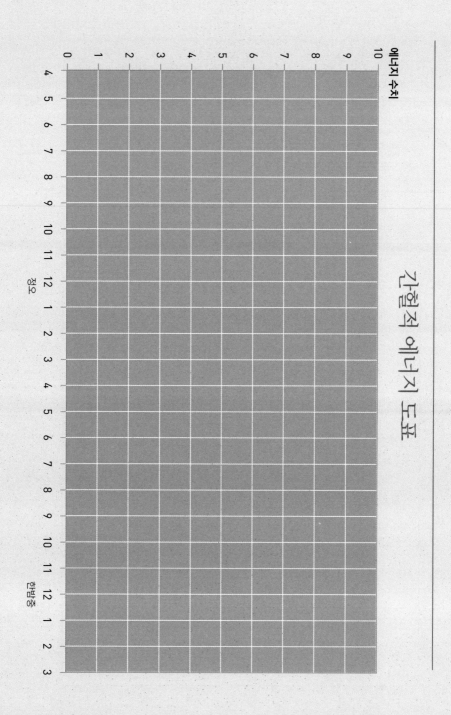

간헐적 에너지 도표

에너지 수치

0
1
2
3
4
5
6
7
8
9
10

정오

4 5 6 7 8 9 10 11 12 1 2 3 4 5 6 7 8 9 10 11 12 1 2 3

한밤중

간헐적 몰입 활동 리스트 체크

앞의 도표로 자신의 간헐적 몰입을 위한 에너지 패턴을 파악했다면, 다음 예시를 바탕으로 활동 시간대에 맞는 자신만의 간헐적 몰입 실천 리스트를 구성해 보자.

간헐적 몰입 활동 리스트	
에너지 충전을 위한 다양한 활동들	일광욕, 어싱, 낮잠, 산책, 단식, 디지털 단식, 아티스트 데이트, 독서.
	산책, 조깅, 달리기, 트레킹, 사이클링, 수영, 볼링, 당구, 야구, 축구 등.
	무술, 검도, 활쏘기, 스킨스쿠버, 암벽 등반, 서핑, 스키, 스노보드, 골프, 필라테스.
	가족들과 캠핑하기, 노을 바라보기, 아기 돌보기, 오랜 친구들과 만나기.
	와인 공부, 바리스타 공부.
	보드 게임, 바둑, 장기, 체스, 두뇌 퍼즐.
	사진, 글쓰기, 인터넷 개인방송, 만화 그리기, 캘리그래피, 서예.
	홈 인테리어, 그림과 일러스트 그리기, 옷 만들기, 완구 만들기, 자수, 프라모델 만들기.
	외국어, 역사, 문학, 철학, 천문학, 심리학 공부.
	꽃꽂이, 프리저브드 플라워, 수석.
	천문 관측, 캠핑, 주말농장, 낚시.
	음악, 춤, 무용, 영화, 미술, 연극, 뮤지컬, 사진, 건축물 등의 다양한 문화적 자극들.
	문화재 지킴이, 숲해설가, 환경보호 활동.
	기도, 마음챙김, 명상, 요가, 태극권, 국선도.
	호스피스 자원봉사, 의료봉사, 동물보호 활동.

간헐적 몰입 게임 디자인

마지막으로 게임 디자이너 제인 맥고니걸의 '슈퍼 베터' 게임화를 응용하여 다음과 같은 자신만의 간헐적 몰입 게임을 디자인해 보자.

간헐절 몰입 게임 디자인		
단계	미션	혜택
1단계	슈퍼 히어로 설정	자신의 닉네임 정하기 (ex: 에너자이저, 럭키 등)
2단계	동료 설정	나만의 간헐적 몰입 라이프 스타일 구축을 도와줄 주변 가족이나 친구들
3단계	악당 설정	간헐적 몰입을 방해하는 나쁜 습관 등

4단계	레벨업 능력 설정	신체 파워 업 정서 파워 업 정신 파워 업 영혼 파워 업
5단계	슈퍼 히어로 액션	간헐적 몰입을 위한 행동 계획들 아래 액션 플랜으로 구체화

슈퍼 히어로 액션 플랜				
미션	기간	달성 혜택	장애물	반드시 실행하게 하는 시스템 행동 전략
맨발로 산책하기	매일 아침	건강한 신체와 좋은 기분	게으름, 위생에 대한 걱정	하루 빼먹을 때마다 3만 원씩 기부하기

지금까지 살펴본 3가지 방법들은 자신의 하루 동안 에너지 패턴을 파악해 간헐적 몰입을 실생활에 적용해 볼 수 있는 유용한 팁이 되어 줄 것이다. 이 방법들을 기본으로 하고 추가로 자신에게 맞는 방법까지 응용한다면 당신은 빠른 시일 내에 원하는 것을 최소 에너지로 성취할 수 있는 간헐적 몰입 마스터의 경지에 성큼 다가설 수 있을 것이다.

자신 안에 잠든 가능성을
온전히 꽃피우길 바라며

연휴에 친구와 친지들이 다녀간 후 아무래도 과식한 것 같다고, 나가서 좀 걷고 오라는 아내의 성화에 초등학교 입학 전인 여덟 살 딸 아이와 근처 공원으로 산책을 나갔다. 공원 잔디밭에서 하늘로 쏘아 올리는 불빛 낙하산 장난감을 한참 가지고 논 후, 돌아오는 길에 공원 잔디밭에서 어싱을 하는 내 모습을 보며, 딸 아이가 물었다.

"아빠, 뭐 하는 거야?"

"응, 아빠 몸과 땅을 연결하려고 어싱하는 거야."

"어싱은 왜 하는 거야?"

"아빠, 엄마가 스마트폰을 사용하거나, 전기차를 타려면 충전해야지? 그거랑 똑같아."

"왜 충전해야 해?"

"좋은 에너지로 잘 충전하면 스마트폰도 전기차도 잘 움직이겠지? 사람도 마찬가지야."

"사람도 스마트폰이나 전기차처럼 충전해야 된다고?"

"응 맞아, 태양열 지붕 봤지? 사람도 태양 전지처럼 햇빛과 달빛을 충분히 쐬면서 충전해야 하고 맨발로 땅을 걸으면서 땅으로부터 충전해야 하고, 깊이 숨을 쉬면서 산소로 충전해야 하고, 다른 사람들과 함께 사랑과 우정을 나눔으로써 마음과 심장으로부터 사랑과 감사를 충전해야 하는 거야. 우리 '책추녀(딸 아이 애칭)'도 골고루 좋은 에너지로 잘 충전하고 즐겁게 지내면 된단다."

"아빠, 사람은 잠잘 때 충전이 잘 되는 거야?"

"그래, 엄마 아빠가 잠잘 때 스마트폰을 가득 충전해 놓는 것처럼, 사람도 자는 동안 잘 자면, 제로 포인트 필드에 연결되어서 에너지가 가득 충전되어서 신나게 살 수 있는 거야. 제로 포인트 필드에 연결되는 것은 전기 콘센트 알지? 전기 콘센트에 전기 코드 꼽는 거랑 똑같은 거야."

"아하~ 그렇구나!"

"그래서 아빠가 키 많이 크려면 잘 자야 한다고 했지? 그러면 키 크는 성장 호르몬도 잘 흘러나와서 키가 쑥쑥 크니깐, 공부할 때 몰입해서 하고, 놀 때 신나게 몰입해서 놀고, 또 잘 자야 한다."

"네!"

산책길에 딸 아이의 호기심 어린 질문에 무심코 나눈 답변에서 간헐적 몰입을 가장 요약적으로 설명해 준 것 같은 생각이 들었다.

'우리는 어떻게 하면 자신의 최대 잠재력을 마음껏 발휘하며 살 수 있을까?'라는 화두를 품고 인생을 살아온 것 같다. 그리고 그 비밀의 열쇠가 '간헐적 몰입'에 있음을 본서를 통해 탐구해 보았다.

사실 내 안의 진짜 나는 언제나 우리의 성장을 바라고 있고, 성장을 위해 지금 무엇이 필요한지 잘 알고 있다. 본서를 통해 참된 나인 셀프(SELF)의 메시지를 듣고 느꼈다면 간헐적 몰입의 기술들을 삶 가운데 직접 실천해 보라. 간헐적 몰입의 기술을 익히면 익힐 수록 우리에게 어떤 일이 일어나게 될까? 먼저, 자신이 일하고 있는 영역에서 점차 탁월한 성과를 발휘하게 될 것이다. 그뿐만 아니라 일상생활의 여러 면들도 자연스럽게 함께 개선되기 시작할 것이다.

뇌의 기능을 연구하는 최신 뇌 과학에 따르면 인간은 뇌세포의 겨우 20퍼센트 정도도 제대로 활용 못하다가 생을 마감한다고 한다. 무의식을 연구하는 심층 심리학 분야에서도 우리는 마음속 깊이 숨겨진 능력의 극히 일부만을 활용할 뿐이라고 말한다. 꽃으로 비유하면 꽃망울이 조금 벌어진 정도라고나 할까? 만약 이들의 연구 결과가 사실이라면, 그래서 우리가 잠들어 있는 능력을 최대한 깨워낼 수 있다면 과연 어떤 일이 벌어지게 될까?

앞서 살펴보았던 간헐적 몰입의 천재들을 통해 우리는 그 결과를 미리 엿볼 수 있다. 사실 우리는 쉽게 탁월한 천재들의 남다른 재능에 감탄한다. 그러나 '나는 저런 천재가 아니니까 저렇게 뛰어난 재능을 발휘하는 일은 불가능해'라며 스스로에 대해서는 너무나 쉽게 한계를 규정지어 버리는 경향이 있다. 하지만 천재라고 불리는 사람들의 모습은 바로 우리 안에도 같은 가능성이 잠재되어 있음을 보여준다. 그들의 존재 자체가 이러한 진실을 증명하고 있는 것이다. 우리도 자신의 타고난 잠재적 능력을 온전히 실현시켰을 때, 어떤 모습으로 멋지고 아름답게 피어날 수 있는지를 천재라 불리는 이들이 살아있는 삶으로 직접 보여 주고 있는 것이다.

그렇다면 왜 많은 사람들이 자신의 잠재력을 온전히 꽃피우지 못하고 살아가게 되는 것일까? 주된 이유 중 하나는 바로 우리가 스스로와 잘못 동일시하고 하고 있는 가짜 나, 에고(ego) 때문이다. 우리 대부분은 '나는 못 해, 나는 안 돼' 등등 에고가 내면에서 불필요하게 지껄이는 거짓말들을 무의식적으로 믿으며 살아가고 있다. 이같은 무의식적인 자기 제한은 우리를 정신적으로는 물론 육체적으로까지 방해한다. 그래서 우리는 자신의 잠재력을 온전히 발휘하지 못한 채 극히 일부분만을 간신히 사용하며 그저 그런 인생을 살아가게 되는 것이다. 그렇다면 어떻게 해야 이런 무의식적인 자기 제한에서 풀려날 수 있을까?

그것은 우리가 무의식적으로 믿고 있는 세계관을, 패러다임을 바르게 재정립하는 것에서 시작할 수 있다. 간헐적 몰입 라이프 스타일로 살아간다는 것은 우주와 세상을 에너지 관점에서 바라보는 패러다임으로 전환한다는 의미이기도 하다.

우주 만물은 에너지와 정보이고, 우주 만물은 모두 연결되어 있으며, 이 에너지의 근원이 되는 제로 포인트 필드가 존재한다는 양자물리학이 밝혀낸 새로운 패러다임에 따라, 우리 내면의 자연적인 리듬에 맞추어 음양의 역동적이고 조화로운 균형을 추구하며 제로 포인트 필드에 가능한 자주 연결하며 사는 것이 바로 간헐적 몰입의 핵심이 될 것이다.

세상에서 가장 영향력 있는 의학자 1위로 손꼽히는 디팩 초프라 박사는 자신의 저서 《우주 리듬을 타라》에서 이와 같은 삶의 모습을 다음과 같이 아름답게 묘사한다.

"당신 몸으로 하여금 우주와 더불어 춤추게 하라. 당신 안에 있는 긴장과 속박을 모두 풀어버려, 당신 몸이 우주의 리듬을 타면서 쉬게 하라. 당신 몸을 움직이고 운동시키고 그렇게 계속 움직여라. 당신 몸이 우주와 더불어 춤을 추면 출수록 그만큼 당신은 기쁨, 생명력, 에너지, 창조력, 동시성, 그리고 조화를 경험하게 될 것이다."

IT기술의 발달과 더불어 다양한 SNS가 등장하여 24시간 우리를 온라인에 접속시키는 지금을 초연결의 시대라고 이야기하지만, 오히려 우리의 내면과는 단절되는 초단절의 시대가 아닌가 하는 생각이 든다. 부디 최고의 나를 일깨우는 위대한 삶의 기술인 간헐적 몰입을 통해, 무한한 우주 에너지의 근원인 제로 포인트 필드에 깊은 차원으로 연결함으로써, 주어진 인생에서 자신 안에 잠든 가능성을 온전히 꽃피우며 기쁘고 행복하게 살아가는 데 있어 본서가 조금이라도 도움이 되기를 기도하며 책을 마친다.

_북서울 꿈의 숲에서 갈대들의 춤을 보며 책추남 코코치

참고문헌

- Carl Gustav Jung, 《Synchronicity : An Acausal Connecting Principle》, Collected Works VIII, pp.419-420.
- Cindy Wigglesworth at TEDxLower East Side, 'The Roadmap to nobility'.
- Ervin Laszlo,《Science and the Akashic Field, Rochester, VT: Inner Traditions》, 2004년.
- Haider Abdul-Lateef Mousa, 〈Prevention and treatment of COVID-19 infection by earthing〉, Center for Open Science, 2020년.
- Hans Selye, 《The Stress of Life》, McGraw Hill, 1978년.
- K. Anders Ericsson, Ralf Th. Krampe, and Clemens Tesch-Romer, 〈The Role of Deliberate Practice in the Acquisition of Expert Performance〉, Psychological Review, 1993년.
- M. 스캇 펙 지음, 조성훈 옮김, 《끝나지 않은 여행》, 율리시즈, 2011년.
- Martin Moore Ede, 《The twenty four hour society》, Addison Wesley, 1993년.
- Salvador Dali and Haakon M. Chevalier, 《50 Secrets of Magic Craftsmanship》, Dover Publications, 1992년.
- 가게야마 테쓰야 지음, 이정현 옮김, 《써드 씽킹》, 21세기북스, 2021년.
- 그렉 브레이든 지음, 김시현 옮김, 《디바인 매트릭스, 느낌이 현실이 된다》, 김영사, 2021년.
- 그렉 브레이든 지음, 황소연 옮김, 《잃어버린 기도의 비밀》, 김영사, 2021년.
- 김민기, 조우석 지음, 《행운 사용법》, 문학동네, 2013년.
- 김상운 지음, 《마음을 비우면 얻어지는 것들》, 21세기북스, 2012년.
- 네고로 히데유키 지음, 이연희 옮김, 《호르몬 밸런스》, 스토리3.0, 2016년.
- 네고로 히데유키 지음, 이희정 옮김, 《시계 유전자》, 경향피비, 2017년.
- 뇔르 C. 넬슨, 지니 르메어 칼라바 지음, 이상춘 옮김 《소망을 이루어주는 감사의 힘》, 한문화, 2012년.
- 니콜레 슈테른 저, 박지희 옮김, 《혼자 쉬고 싶다》, 책세상, 2018년.
- 다나 조하, 이안 마셜 지음, 조혜정 옮김, 《SQ 영성지능》, 룩스북, 2001년.
- 다사카 히로시 지음, 한이명 옮김, 《운을 끌어당기는 과학적인 방법》, 김영사, 2020년.
- 대니얼 카너먼 지음, 이창신 옮김, 《생각에 관한 생각》, 김영사, 2018년.
- 댄 애리얼리, 그레첸 루빈, 세스 고딘 외 지음, 정지호 옮김, 《루틴의 힘》, 부키, 2020년.
- 데이비드 호킨스 지음, 백영미 옮김, 《의식혁명》, 판미동, 2011년.
- 디팩 초프라 지음, 김병채 옮김, 《성공을 부르는 일곱 가지 영적 법칙》, 슈리크리슈나다스아쉬람, 2010년.

376

- 디팩 초프라 지음, 도솔 옮김, 《마음의 기적》, 황금부엉이, 2018년.
- 람타 지음, 유리타 옮김, 《람타, 현실 창조를 위한 입문서》, 아이커넥, 2012년.
- 레이먼드 프랜시스 지음, 전익주, 전해령 옮김, 《암의 스위치를 꺼라》, 에디터, 2017년.
- 로드 주드킨스 지음, 이정민 옮김, 《대체 불가능한 존재가 돼라》, 위즈덤하우스, 2015년 .
- 로라 데이 지음, 이균형 옮김, 《성공을 부르는 직관의 테크닉》, 정신세계사, 1997년.
- 리노 말레 지음, 홍승준 옮김, 《아쉬탕가 요가》, 침묵의 향기, 2015년.
- 릭 핸슨 지음, 김윤종 옮김, 《뉴로다르마》, 불광출판사, 2021년.
- 린 로빈슨 지음, 방영호 옮김, 《직관이 답이다》, 다음생각, 2010년.
- 뤼디거 달케 지음, 송소민 옮김, 《운명의 법칙》, 블루엘리펀트, 2012년.
- 린 맥태거트 지음, 이충호 옮김, 《필드》, 김영사, 2016년.
- 마거릿 체니 지음, 이경복 옮김, 《니콜라 테슬라》, 양문, 1999년.
- 말콤 글래드웰 지음, 노정태 옮김, 《아웃라이어》, 김영사, 2009년.
- 말콤 글래드웰 지음, 이무열 옮김, 《블링크》, 김영사, 2020년.
- 문요한 지음, 《오티움》, 위즈덤하우스, 2020년.
- 미즈노 남보쿠 지음, 류건 옮김, 《절제의 성공학》, 바람, 2013년.
- 미하이 칙센트미하이 지음, 김우열 옮김, 《몰입의 재발견》, 한국경제신문사, 2009년.
- 미하이 칙센트미하이 지음, 심현식 옮김, 《몰입의 경영》, 황금가지, 2006년.
- 미하이 칙센트미하이 지음, 이삼출 옮김, 《몰입의 기술》, 더불어책, 2003년.
- 박동창 지음, 《맨발로 걸어라》, 국일미디어, 2021년.
- 사이토 히토리 지음, 노은주 옮김, 《운 좋은 놈이 성공한다》, 나무한그루, 2004년.
- 사이토 히토리 지음, 이정환 옮김, 《1퍼센트 부자의 법칙》, 한국경제신문사, 2004년.
- 세라 윌리엄스 골드헤이건 지음, 윤제원 옮김, 《공간 혁명》, 다산사이언스, 2019년.
- 스콧 애덤스 지음, 김인수 옮김, 《더 시스템》, 베리북, 2020년.
- 스테판 뇌테부르 지음, 신승환 옮김, 《시간을 요리하는 뽀모도로 테크닉》, 인사이트, 2010년.
- 스티븐 나흐마노비치 지음, 이상원 옮김, 《놀이, 마르지 않는 창조의 샘》, 에코의 서재, 2008년.
- 스티븐 코틀러 지음, 이경식 옮김, 《멘탈이 무기다》, 세종서적, 2021년.
- 시바무라 에미코 지음, 선우수민 옮김, 《가진 것이 없다면 운으로 승부하라》, 라이스메이커, 2020년.
- 신도 마사아키 지음, 김은진 옮김, 《니콜라 테슬라, 과학적 상상력의 비밀》, 여름언덕, 2008년.

- 신야 히로미 지음, 제효영 옮김, 《약 없이 스스로 낫는 법》, 청림Life, 2010년.
- 아리아나 허핑턴 지음, 강주헌 옮김, 《제3의 성공》, 김영사, 2014년.
- 아리아나 허핑턴 지음, 이현주 옮김, 《담대하라, 나는 자유다》, 해냄, 2012년.
- 아리아나 허핑턴 지음, 정준희 옮김, 《수면 혁명》, 민음사, 2016년.
- 안데르스 에릭슨, 로버트 풀 지음, 강혜정 옮김, 《1만 시간의 재발견》, 비즈니스북스, 2016년.
- 안데르스 한센 지음, 김아영 옮김, 《인스타 브레인》, 동양북스, 2020년.
- 안드레아스 모리츠 지음, 정진근 옮김, 《햇빛의 선물》, 에디터, 2019년.
- 알렉스 수정 김 방 지음, 박여진 옮김, 《일만 하지 않습니다》, 한국경제신문사, 2018년.
- 야마다 도모 지음, 조해선 옮김, 《스탠퍼드식 최고의 피로회복법》, 비타북스, 2019년.
- 야마시타 히데코 지음, 박전열 옮김, 《버림의 행복론》, 행복한 책장, 2011년.
- 에릭 슈미트, 소녀선 로센버그, 앨런 이글 지음, 박병화 옮김, 《구글은 어떻게 일하는가》, 김영사, 2014년.
- 엘리자베스 퀴블러 로스 지음, 강대은 옮김, 《생의 수레바퀴》, 황금부엉이, 2019년.
- 요한 하위징아 지음, 이종인 옮김, 《호모 루덴스》, 연암서가, 2018년.
- 울리히 슈나벨 지음, 김희상 옮김, 《휴식》, 걷는나무, 2011년.
- 윌리엄 더건, 황상민 지음, 윤미나 옮김, 《제7의 감각》, 비즈니스맵, 2008년.
- 이본 쉬나드 지음, 이영래 옮김, 《파타고니아, 파도가 칠 때는 서핑을》, 라이팅하우스, 2020년.
- 이송미 지음, 《기적의 상상치유》, 한언출판사, 2010년.
- 이시형 지음, 《세로토닌하라!》, 중앙북스, 2010년.
- 이어령 지음, 《지성에서 영성으로》, 열림원, 2017년.
- 제이슨 펑, 지미 무어 지음, 이문영 옮김, 《독소를 비우는 몸》, 라이팅 하우스, 2018년.
- 제인 맥고니걸 지음, 김고명 옮김, 《누구나 게임을 한다》, 알에이치코리아, 2012년.
- 제임스 아서 레이 지음, 홍석윤 옮김, 《조화로운 부》, 라이온북스, 2021년.
- 조 디스펜자 지음, 추미란 옮김, 《당신도 초자연적이 될 수 있다》, 샨티, 2019년.
- 조지프 캠벨 지음, 노해숙 옮김, 《블리스로 가는 길》, 아니마, 2020년.
- 조지프 캠벨, 넬 모이어스 지음, 이윤기 옮김, 《신화의 힘》, 21세기북스, 2020년.
- 조지프 캠벨 지음, 이윤기 옮김, 《천의 얼굴을 가진 영웅》, 민음사, 2018년.
- 조슈아 필즈 밀번, 라이언 니커디머스 지음, 신소영 옮김, 《미니멀리스트》, 이상, 2015년.

- 존 아사라프, 머레이 스미스 지음, 이경식 옮김, 《부의 해답》, 알에이치코리아(RHK), 2022년.
- 존 크럼볼츠, 엘 레빈 지음, 이수경 옮김, 《굿럭》, 새움, 2021년.
- 존 카밧진 지음, 김언조, 고명선 옮김, 《존 카밧진의 마음챙김 명상》, 물푸레, 2013년.
- 존 크럼볼츠, 앨 레빈 지음, 이수경 옮김, 《굿럭》, 새움, 2012년.
- 존 피치, 맥스 프렌젤 지음, 손현선 옮김, 《이토록 멋진 휴식》, 현대지성, 2021년.
- 줄리아 카메론 지음, 임지오 옮김, 《아티스트 웨이》, 경당, 2012년.
- 찰스 핸디 지음, 노혜숙 옮김, 《정신의 빈곤》, 21세기북스, 2009년.
- 천시아 지음, 《제로》, 젠북, 2020년.
- 칼 뉴포트 지음, 김정아 옮김, 《대학성적 올에이 지침서》, 롱테일북스, 2011년.
- 칼 뉴포트 지음, 김태훈 옮김, 《디지털 미니멀리즘》, 세종서적, 2019년.
- 켄 윌버 지음, 정창영 옮김, 《켄 윌버의 통합비전》, 김영사, 2014년.
- 크리스티안 부슈 지음, 서명진 옮김, 《세렌디피티 코드》, 비즈니스북스, 2021년.
- 클린턴 오버, 마틴 주커, 스티븐 시나트라 지음, 《어싱》, 히어나우시스템, 2011년.
- 키스 캐머런 스미스 지음, 신솔잎 옮김, 《더 리치》, 비즈니스북스, 2020년.
- 토니 슈워츠 외 지음, 박세연 옮김, 《무엇이 우리의 성과를 방해하는가》, 리더스북, 2011년.
- 토니 슈워츠, 짐 로허 지음, 유영만 옮김, 《몸과 영혼의 에너지 발전소》, 한언, 2004년.
- 티모시 걸웨이 지음, 조윤경 옮김, 《테니스 이너게임》, 푸른물고기, 2010년.
- 틱낫한 지음, 진우기 옮김, 《걷기 명상》, 한빛비즈, 2018년.
- 페니 피어스 지음, 김우종 옮김, 《감응력》, 정신세계사, 2009년.
- 피터 홀린스 지음, 공민희 옮김, 《어웨이크》, 포레스트 북스, 2019년.
- 필립 코틀러 지음, 안진환 옮김, 《마켓 3.0》, 타임비즈, 2010 .
- 허버트 벤슨 지음, 양병찬 옮김, 《이완반응》, 페이퍼로드, 2020년.
- 헤로도토스 지음, 박현태 옮김, 《헤로도토스 역사》, 동서문화서, 2008년.
- 혼다 켄 지음, 한진아 옮김, 《원하는 대로 산다》, 경향피비, 2017년.

간헐적 몰입

발행일 2024년 6월 25일 2판 1쇄 발행

지은이 조우석
펴낸곳 나비스쿨
디자인 studio J
인쇄 예원프린팅

등록 No.2020-00008
주소 서울특별시 성북구 돌곶이로 40길 46
이메일 navischool21@naver.com

ISBN 979-11-984403-9-6 (03190)